俄罗斯《古史纪年》研究

The Study on *the Primary Chronicle*

史思谦 著

社会科学文献出版社
SOCIAL SCIENCES ACADEMIC PRESS (CHINA)

图书在版编目(CIP)数据

俄罗斯《古史纪年》研究 / 史思谦著 . -- 北京:
社会科学文献出版社,2020.2
(中国社会科学博士后文库)
ISBN 978 - 7 - 5201 - 6218 - 0

Ⅰ.①俄… Ⅱ.①史… Ⅲ.①俄罗斯 - 中世纪史 - 编
年史 - 研究 Ⅳ.①K512.3

中国版本图书馆 CIP 数据核字(2020)第 029744 号

·中国社会科学博士后文库·

俄罗斯《古史纪年》研究

著 者 / 史思谦

出 版 人 / 谢寿光
组稿编辑 / 高明秀
责任编辑 / 高明秀
文稿编辑 / 刘 燕 杨云芳

出 版 / 社会科学文献出版社·国别区域分社(010)59367078
地址:北京市北三环中路甲 29 号院华龙大厦 邮编:100029
网址:www. ssap. com. cn
发 行 / 市场营销中心(010)59367081 59367083
印 装 / 三河市龙林印务有限公司

规 格 / 开 本:787mm × 1092mm 1/16
印 张:12.25 字 数:204 千字
版 次 / 2020 年 2 月第 1 版 2020 年 2 月第 1 次印刷
书 号 / ISBN 978 - 7 - 5201 - 6218 - 0
定 价 / 78.00 元

本书如有印装质量问题,请与读者服务中心(010 - 59367028)联系

第八批《中国社会科学博士后文库》
编委会及编辑部成员名单

（一）编委会

主　任：王京清

副主任：崔建民　马　援　俞家栋　夏文峰

秘书长：邱春雷

成　员（按姓氏笔画排序）：

卜宪群	王立胜	王建朗	方　勇	史　丹
邢广程	朱恒鹏	刘丹青	刘跃进	孙壮志
李　平	李向阳	李新烽	杨世伟	杨伯江
吴白乙	何德旭	汪朝光	张车伟	张宇燕
张树华	张　翼	陈众议	陈星灿	陈　甦
武　力	郑筱筠	赵天晓	赵剑英	胡　滨
袁东振	黄　平	朝戈金	谢寿光	樊建新
潘家华	冀祥德	穆林霞	魏后凯	

（二）编辑部（按姓氏笔画排序）：

主　任：崔建民

副主任：曲建君　李晓琳　陈　颖　薛万里

成　员：	王　芳	王　琪	刘　杰	孙大伟	宋　娜
	张　昊	苑淑娅	姚冬梅	梅　玫	黎　元

序　言

　　博士后制度在我国落地生根已逾30年，已经成为国家人才体系建设中的重要一环。30多年来，博士后制度对推动我国人事人才体制机制改革、促进科技创新和经济社会发展发挥了重要的作用，也培养了一批国家急需的高层次创新型人才。

　　自1986年1月开始招收第一名博士后研究人员起，截至目前，国家已累计招收14万余名博士后研究人员，已经出站的博士后大多成为各领域的科研骨干和学术带头人。其中，已有50余位博士后当选两院院士；众多博士后入选各类人才计划，其中，国家百千万人才工程年入选率达34.36%，国家杰出青年科学基金入选率平均达21.04%，教育部"长江学者"入选率平均达10%左右。

　　2015年底，国务院办公厅出台《关于改革完善博士后制度的意见》，要求各地各部门各设站单位按照党中央、国务院决策部署，牢固树立并切实贯彻创新、协调、绿色、开放、共享的发展理念，深入实施创新驱动发展战略和人才优先发展战略，完善体制机制，健全服务体系，推动博士后事业科学发展。这为我国博士后事业的进一步发展指明了方向，也为哲学社会科学领域博士后工作提出了新的研究方向。

　　习近平总书记在2016年5月17日全国哲学社会科学工作座谈会上发表重要讲话指出：一个国家的发展水平，既取决于自然科学发展水平，也取决于哲学社会科学发展水平。一个没有发达的自然科学的国家不可能走在世界前列，一个没有繁荣的哲学社会科学的国家也不可能走在世界前列。坚持和发展中国特色社会主义，需要不断在实践和理论上进行探索、用发展着的理论指导发展着的实践。在这个过程中，哲学社会科学具有不可替代的重要地位，哲学社会科学工作者具有不可替代的重要作用。这是党和国家领导人对包括哲学社会科学博士后在内的所有哲学社会科学领域的研究者、工作者提出的殷切希望！

中国社会科学院是中央直属的国家哲学社会科学研究机构，在哲学社会科学博士后工作领域处于领军地位。为充分调动哲学社会科学博士后研究人员科研创新积极性，展示哲学社会科学领域博士后优秀成果，提高我国哲学社会科学发展整体水平，中国社会科学院和全国博士后管理委员会于 2012 年联合推出了《中国社会科学博士后文库》（以下简称《文库》），每年在全国范围内择优出版博士后成果。经过多年的发展，《文库》已经成为集中、系统、全面反映我国哲学社会科学博士后优秀成果的高端学术平台，学术影响力和社会影响力逐年提高。

下一步，做好哲学社会科学博士后工作，做好《文库》工作，要认真学习领会习近平总书记系列重要讲话精神，自觉肩负起新的时代使命，锐意创新、发奋进取。为此，需做到：

第一，始终坚持马克思主义的指导地位。哲学社会科学研究离不开正确的世界观、方法论的指导。习近平总书记深刻指出：坚持以马克思主义为指导，是当代中国哲学社会科学区别于其他哲学社会科学的根本标志，必须旗帜鲜明加以坚持。马克思主义揭示了事物的本质、内在联系及发展规律，是"伟大的认识工具"，是人们观察世界、分析问题的有力思想武器。马克思主义尽管诞生在一个半多世纪之前，但在当今时代，马克思主义与新的时代实践结合起来，愈来愈显示出更加强大的生命力。哲学社会科学博士后研究人员应该更加自觉坚持马克思主义在科研工作中的指导地位，继续推进马克思主义中国化、时代化、大众化，继续发展21世纪马克思主义、当代中国马克思主义。要继续把《文库》建设成为马克思主义中国化最新理论成果的宣传、展示、交流的平台，为中国特色社会主义建设提供强有力的理论支撑。

第二，逐步树立智库意识和品牌意识。哲学社会科学肩负着回答时代命题、规划未来道路的使命。当前中央对哲学社会科学愈发重视，尤其是提出要发挥哲学社会科学在治国理政、提高改革决策水平、推进国家治理体系和治理能力现代化中的作用。从2015年开始，中央已启动了国家高端智库的建设，这对哲学社会科学博士后工作提出了更高的针对性要求，也为哲学社会科学博士后研究提供了更为广阔的应用空间。《文库》依托中国社会科学院，面向全国哲学社会科学领域博士后科研流动站、工作站的博士后征集优秀成果，入选出版的著作也代表了哲学社会科学博士后最高的学术研究水平。因此，要善于把中国社会科学院服务党和国家决策的大智库功能与《文库》的小智库功能结合起来，进而以智库意识推动品牌意识建设，最终树立《文库》的智库意识和品牌意识。

第三，积极推动中国特色哲学社会科学学术体系和话语体系建设。改革开放30多年来，我国在经济建设、政治建设、文化建设、社会建设、生态文明建设和党的建设各个领域都取得了举世瞩目的成就，比历史上任何时期都更接近中华民族伟大复兴的目标。但正如习近平总书记所指出的那样：在解读中国实践、构建中国理论上，我们应该最有发言权，但实际上我国哲学社会科学在国际上的声音还比较小，还处于有理说不出、说了传不开的境地。这里问题的实质，就是中国特色、中国特质的哲学社会科学学术体系和话语体系的缺失和建设问题。具有中国特色、中国特质的学术体系和话语体系必然是由具有中国特色、中国特质的概念、范畴和学科等组成。这一切不是凭空想象得来的，而是在中国化的马克思主义指导下，在参考我们民族特质、历史智慧的基础上再创造出来的。在这一过程中，积极吸纳儒、释、道、墨、名、法、农、杂、兵等各家学说的精髓，无疑是保持中国特色、中国特质的重要保证。换言之，不能站在历史、文化虚无主义立场搞研究。要通过《文库》积极引导哲学社会科学博士后研究人员：一方面，要积极吸收古今中外各种学术资源，坚持古为今用、洋为中用；另一方面，要以中国自己的实践为研究定位，围绕中国自己的问题，坚持问题导向，努力探索具备中国特色、中国特质的概念、范畴与理论体系，在体现继承性和民族性，体现原创性和时代性，体现系统性和专业性方面，不断加强和深化中国特色学术体系和话语体系建设。

新形势下，我国哲学社会科学地位更加重要、任务更加繁重。衷心希望广大哲学社会科学博士后工作者和博士后们，以《文库》系列著作的出版为契机，以习近平总书记在全国哲学社会科学座谈会上的讲话为根本遵循，将自身的研究工作与时代的需求结合起来，将自身的研究工作与国家和人民的召唤结合起来，以深厚的学识修养赢得尊重，以高尚的人格魅力引领风气，在为祖国、为人民立德立功立言中，在实现中华民族伟大复兴中国梦征程中，成就自我、实现价值。

是为序。

王京清

中国社会科学院副院长

中国社会科学院博士后管理委员会主任

2016 年 12 月 1 日

摘　要

　　《古史纪年》（*Повесть временных лет*）是古罗斯民族最为古老亦最为重要的编年史之一，其首个版本约编纂于 1113 年，是古罗斯民族国家建立史、古罗斯宗教史以及古罗斯民族思想史中开端奠基的一环，以编年史史书形式记载了古罗斯民族的神圣起源、古罗斯由氏族部落向罗斯国家逐步建立的历程、古罗斯基督教化的宗教历程、古罗斯与异族外邦的交往历程、古罗斯的内外战争史以及古罗斯民族思想的变迁历程等。时至今日，《古史纪年》这一编年史本身，以及由《古史纪年》所衍生而来的种种民族、宗教、文化现象，已成为俄罗斯民族史、宗教史与思想史等层面的重要文化现象。

　　作为一部编年史史书作品，《古史纪年》的史书记载呈现了文学与史学两个维度，并由此构建了其尤为特殊的诗学与编写特征：经由对古罗斯国家内外各个重要历史事件的拣选、排序、排列与编纂，通过运用圣经化记载、重复、删减、空白等编纂手段，古罗斯编年史家显示出尤为独特的历史观与编纂观，使《古史纪年》呈现出别具一格的文本结构与叙事策略。古罗斯编年史家力图赋予古罗斯民族源自《圣经》的神圣起源，赋予《古史纪年》中所载古罗斯民族国家之时空源自《圣经》的神圣时空的特征，进一步确立斯拉夫种族、古罗斯人的神圣，以及古罗斯历史对于整个《圣经》所载历史、整个世界史进程的参与和融入，确立古罗斯民族在整个世界民族之林中的重要作用与殊异地位。

　　在世界各民族的中古史书中，有相当一部分史书的重要叙事内容是宗教叙事。在《古史纪年》的记载文本中，宗教叙事

（按照叙事内容，可将其分为多神教叙事与基督教叙事）亦是尤为重要的叙事组成部分。古罗斯编年史家以围绕"罗斯受洗"的各个历史事件为依托，展示了"罗斯受洗"的斑斓画卷，反映了古罗斯基督教化、由多神教信奉向基督教信仰转向的宗教引入历程。世界各民族大多具有本民族对于世界、造物、神、人等维度的最初想象与民族观照，《古史纪年》亦记载了古罗斯人对世界与本民族来源的初始断想。而《古史纪年》中的魔鬼形象作为与上帝形象分庭抗礼、相伴相生的重要形象，既可被视为解读上帝形象的"参照"与"反面"，也在极大程度上反映了古罗斯基督教化历程中所遭遇的困难与阻碍。

"神圣罗斯"思想是罗斯首任都主教伊拉里昂在古罗斯文献《法与神赐说》中首次提出的重要思想，其后这一思想在《古史纪年》的记载文本中亦曾得到间接表达：古罗斯人认为他们是神圣的民族，是被上帝所最后选中因而也更为接近上帝的民族，是真正的"上帝之选民"。古罗斯编年史家以一系列古罗斯国内外历史事件，隐晦地反映了古罗斯时期的神人、生死及善恶等观念，表达了古罗斯民族骁勇善战、拥护团结、虔诚信仰、追求终极等民族精神。可以认为，《古史纪年》是展示古罗斯诸多民族精神的发端源流之作，其记载文本显示了古罗斯民族在最初时期就已形成的某些重要民族精神特征，这些精神特征后来在相当大程度上在俄罗斯民族精神中被继承与保留，形成了俄罗斯民族尤为重要的民族精神图景。

关键词：《古史纪年》；古罗斯；文学；史学；宗教；民族精神

Abstract

Russian initial chronicle compliation *the Primary Chronicle* is the oldest and most important chronicle compliation of ancient Rus. Its first edition was compiled at about 1113. This is a beginning but most important link of the building of ancient Rus's country, the history of ancient Rus's religion and the history of Russian national thoughts in the form of history books, which recorded the holy origination of ancient Rus, the building progress of ancient Rus from clannish tribe to Rus country, the religional introductional progress of ancient Rus's chriatianization, the communicating progress between ancient Rus and the other races and countries, the history of ancient Rus's wars, and the changing progress of ancient Rus's national thoughts. In nowadays, *the Primary Chronicle* itself and some religion-cultural phenomena from this work have become important cultural phenomena in the history of Russian nations, religions and thoughts.

As a literature-historical work with the type of chronicle, the text of *the Primary Chronicle* contains double narrates of literatural and historical dimensions, which forms the unique narrative and compiling characteristics of *the Primary Chronicle*: with the election, sequence, codification and arrangement of the different historical events in and abroad the ancient Rus, by using biblical writing, repetition, deletion, blanking and other means of arrangement, chroniclers from ancient Rus shows unique view of history and arrangement, and the text of *the Primary Chronicle* demonstrates a special textual structure and narrative strategy. Chroniclers tried to give a holy origination from the *Bible*, the holy time and space with the characteriatics of the biblical time and space to the ancient Rus, in order to establish the holy of slavic race and ancient Rus's people, the participation and intergration of ancient Rus to the whole history in the *Bible* and the whole process of world's history, thus establish the important role and special position of the ancient Rus nation in the forest of nations in the whole world.

In the history books of middle ages of various nationalities in the world, the religious narrative is an important narrative part of many historial books. As in the recording text of *the Primary Chronicle* is also the same (according to the narrtive content, it can be divided into polytheistic narrative and Christian narrative). Based on the different historical events surrounding Christianization of Kievan Rus, chroniclers of ancient Rus shows a colorful historical picture about Christianization of Kievan Rus, reflects the Christianization of ancient Rus and the religious introductional process from polytheism to Christianity. Most nations in the world have their own original imagination and national observation of the world, creation, god, human and other dimensions. In *the Primary Chronicle* also recorded the initial thoughts of ancient Rus's people to the origination of the world and their nation. As an important image that stands up to and accompanies the image of the God, the image of the devil in *the Primary Chronicle* not only can be regarded as the " reference " and " opposite " to the interpretation of the image of the God, but also reflects the differences and obstacles in the process of Christianization of ancient Rus to a great extent.

The idea of " Holy Rus " was first advanced by the whole Rus's metropolitan Hilarion in his work " The word on Law and Grace " (1051), which got more clear and concrete interpretation in the recording text of *the Primary Chronicle*: people from ancient Rus regarded themselves as a holy nation, which was chosen by the God lastly and closed to the God mostly, ancient Rus is the real nation " chosen by the God ". The chroniclers from ancient Rus impilcitly reflected the opinions of the God and people, life and death, kindness and evil in the time of ancient Rus by a serious of historical events in ancient Rus and abroad, expressed ancient Rus's national spirits like heroic and brave spirit, ethnic solidarity, devotion to the God and the seek of the terminal. It is believed that *the Primary Chronicle* is an initial and original work that demonstrates many Russian national spirits, which laterly was considerablely inherited and retained in the Russian national spirits, forming an important picture of Russian national spirits.

Key Words: *The Primary Chronicle*; Ancient Rus; Literature; History; Religion; National Spirits

目　录

Contents

绪　论

　　《古史纪年》（*Повесть временных лет*，全称 *Се повести времяньных лет*，*откуду есть пошла Руская земля*，*кто в Киеве нача первее княжити и откуду Руская земля стала есть*），汉译亦为"往年故事""往年纪事"等，是俄罗斯文学作品的开源之作，在俄罗斯文学史中具有极其重要的、不可逾越的意义与地位。《古史纪年》的体裁为编年史（*Летопись*），为文学与史学相结合的体裁，这一体裁本身点明了《古史纪年》的叙事特征，即其兼具文学与史学的双重叙事特征。《古史纪年》记载了从6360（852）① 年至6618（1110）年的古罗斯史实，其中包括古罗斯作为一个国家的建立历程、古罗斯的基督教引入历程、古罗斯内外战争史以及古罗斯对外交往史等。

　　据俄罗斯学界考订，《古史纪年》的首个版本约于公元1113年出自基辅洞窟修道院（Киево-Печерский монастырь）的僧侣涅斯托尔（Нестор，生卒年月不详）之手。1116年，罗斯大公弗拉基米尔·莫诺马赫（Владимир Мономах，1053—1125）命维杜比茨修道院（Михайловский Выдубицкий монастырь）院长西尔维斯特尔（Сильвестр）对《古史纪年》加以修订与补充。1118年，罗斯王公姆斯季斯拉夫·弗拉基米罗维奇（Мстислав Владимирович）的近臣对《古史纪年》进行了第三次修订，并将弗拉基米尔·莫诺马赫的《训诫书》（*Поучение*）收入其中。编纂于1377年的《拉夫连季编年史》（*Лаврентьевская летопись*）将该版本的《古史纪年》收入其中。1950年，根据《拉夫连季编年史》版本，苏联科学院整理

---

① 这里显示了古罗斯编年史家的不同纪年方式。6360年指从上帝创世到该记载年项的时间为6360年，括号内852年指公元852年。整部《古史纪年》的时间记载均为此种纪年方式。

并出版了《古史纪年》（其中包括古俄语原文、现代俄语译文、注释等）。

《古史纪年》曾由俄罗斯学者利哈乔夫（Д. С. Лихачев, 1906—1999）、特沃罗戈夫（О. В. Творогов, 1928—2015）、库兹明（А. Г. Кузьмин, 1928—2004）等译为现代俄语版本，并被世界各国学者译为其他语言，目前已有法语（1884）、瑞典语（1919）、德语（1931、2000）、罗马尼亚语（1935）、英语（1953）、捷克语（1954）、波兰语（1968）、乌克兰语（1990）、汉语（1994、2011）等多语种译本。

一、俄罗斯学界研究概述

俄罗斯学界对俄罗斯古代文学的研究日臻成熟，已有一大批致力于俄罗斯古代文学研究的专家、学者，如俄罗斯编年史研究专家、语文学家沙赫玛托夫（А. А. Шахматов, 1864—1920），语文学家特沃罗戈夫，俄罗斯科学院院士利哈乔夫等。俄罗斯学界对《古史纪年》的研究范围，既涵盖广阔又不失细致，其研究涉及史料学、版本学、文本学、宗教学、语言学等多个学科领域。

俄罗斯历史学家、收藏家波戈金（М. П. Погодин, 1800—1875）致力于对鞑靼桎梏前的俄罗斯史展开研究。波戈金在其博士学位论文《论涅斯托尔编年史》（О летописи Нестора, 于 1834 年通过答辩）中首次提出《古史纪年》的史料考证问题。波戈金支持世界史学界有关罗斯国家起源的"诺曼说"理论，并在其基础上发展了"官方民族性"理论（теория официальной народности）①。此外，其还著有《涅斯托尔·有关俄罗斯编年史开端的历史－评论论说》（Нестор. Историко-критические рассуждения о начале русских летописей., 1839）。该专著论述涉及俄罗斯史中是否存在"信史"、首部俄罗斯编年史的创作时间与地点问题、编年史家涅斯托尔的生平、《古史纪年》的史料来源、俄罗斯王公同希腊皇帝签订的各个条约等问题。

① "官方民族性"理论最先由俄罗斯学者佩平（А. Н. Пыпин）提出，指受尼古拉一世统治期间，文学领域对俄罗斯帝国国家形态意识系统的一种概观性理论；乌瓦洛夫（С. С. Уваров）在就任俄罗斯教育部部长的就职典礼演说中提出该理论的三个主要原则，即东正教信仰（Православная вера）、君主制（Самодержавие）、民族性（Народность）等。后来，这一理论在波戈金的诠释下得到了进一步发展。

　　俄罗斯语文学家、语言学家、俄罗斯编年史研究专家沙赫玛托夫对俄罗斯编年史（其中包括《古史纪年》）进行了奠基性研究。沙赫玛托夫针对《古史纪年》展开研究的维度颇为多元，从文本学、版本学、史料学等各个层面展开研究，并对《古史纪年》的主要编纂者涅斯托尔进行了传记学、创作特色等维度的研究。沙赫玛托夫著有《关于涅斯托尔编年史的研究》（*Исследование о Несторовой летописи*，1890）、《论圣涅斯托尔的创作》（*О сочинениях преподобного Нестора*，1890）、《略论费奥多西的圣涅斯托尔使徒传记》　（*Несколько слов о Несторовом Житии Феодосия*，1896）、《〈古史纪年〉的若干最古老版本》（*Древнейшие редакции "Повести временных лет"*，1897）、《〈古史纪年〉的纪年起点》（*Исходная точка летосчисления "Повести временных лет"*，1897）等多部以《古史纪年》为蓝本的研究专著。沙赫玛托夫对俄罗斯古代文学、史学等学科的贡献，主要在于其对古代俄罗斯编年史文本的修复、重建工作，其首次提出《古史纪年》等俄罗斯编年史文本并非一次编纂而成，而是具有不同的编纂阶段，且其文本存在多个词层；通过一系列细致的版本学研究，沙赫玛托夫确立了希腊史学家格奥尔吉·阿玛尔托尔的《年代记》等一系列《古史纪年》的史料来源，得出结论，认为在《古史纪年》之前还存在一个最早的俄罗斯古代编年史，尽管该编年史的确切文本已不可考，但沙赫玛托夫认为，利用现有的《古史纪年》文本，有可能重建最初的俄罗斯古代编年史文本。

　　俄罗斯科学院院士、俄罗斯古代文学研究专家利哈乔夫一生致力于对俄罗斯古代文学的研究。利哈乔夫针对古俄文学展开的研究，涉及诗学特征分析、文化学诠释、民族学查考、文本学分析等多个角度，著有一系列专著，如《俄罗斯编年史与其文化－历史意义》（*Русские летописи и их культурно-историческое значение*，1947）、《古罗斯文学中的人》（*Человек в литературе древней Руси*，1958）、《文本学：基于10—17世纪俄罗斯文学的研究》（*Текстология：на материале русской литературы X-XVII веков*，1983）、《伟大的遗产：古罗斯经典文学作品》（*Великое наследие. Классические произведения литературы Древней Руси*，1987）等，著述颇丰。利哈乔夫是最早将《古史纪年》文本从古俄语译为现代俄语的译者之一（其译文出版于1950年），并为所译现代俄语版本添加了大量注释。其在专著《伟大的遗产：古罗斯经典文学作品》中对《古史纪年》进行了专章研究，认为《古史纪年》是处于两种社会制度（已消逝的古代制度与封建制度）、两种历史观（叙事型历史观与编年史型历史观）之间的产物；俄罗斯古代口头史料赋予了《古史纪年》史料来源与修辞形式，而书面编纂传统赋予了《古史纪年》叙事结构框架。利哈乔夫分析了流传至今的古代俄罗斯编年史都有多个版本流传于世的原因，认为这是由于许多读者、抄写者在无数次的阅读、抄写过程中对初始编年史文本进行的持续不断的增补与改写；在《古史纪年》中可以区分出两类传说，即关于最初俄罗斯基督徒的教会传说与关于最初俄罗斯王公——多神教徒的民间传说（这两类传说很明显并不出自同一作者之手）。利哈乔夫列举了一系列俄罗斯学界对《古史纪年》主要作者是否为涅斯托尔的不同论断，认为涅斯托尔是《古史纪年》主要作者这一论断是正确的。

俄罗斯史学家、考古学家阿廖什科夫斯基（Алешковский М. Х.，1933—1974）针对《古史纪年》展开的研究涉及文本学、考古学、版本学等方面，相关研究成果包括学术论文《〈古史纪年〉的首个版本》（*Первая редакция "Повести временных лет"*，1969）、《论〈古史纪年〉首个版本日期的确定》（*К датировке первой редакции "Повести временных лет"*，1970）、《论〈古史纪年〉文本的类型学研究》（*К типологии текстов Повести временных лет*，1975）等；著有专著《〈古史纪年〉：一部古罗斯文学作品的命运》（*"Повесть временных лет". Судьба литературного произведения в древней Руси*，1971）、《〈古史纪年〉：从创作史与版本修订谈起》（*"Повесть временных лет". Из истории создания и редакционной переработки*，2015）等。其中《〈古史纪年〉：一部古罗斯文学作品的命运》一书，从文本学、版本学等角度对《古史纪年》展开研究。作者通过《古史纪年》文本所体现的种种时代痕迹，来判断《古史纪年》的创作时间与创作史，而在标题、其编纂者在该文本中提及的作者生平等信息中，就隐含了这类时代痕迹。作者认为，《古史纪年》的文本历经数位编纂者的修订与补充，其中必然存在矛盾之处，在叙事风格、文本叙事完整性、古俄语单双数的使用、所述情节内容等方面都存在矛盾之处；作者对《古史纪年》文本中部分事件的放置顺序提出了多种假设；同时，作者根据《古史纪年》文本的词汇运用习惯，从语言学角度指出有关挪亚三子划分土地的叙述、1054年项下雅罗斯拉夫之死的叙述和1073年项下有关雅罗斯拉维奇家族的叙述出自同一编纂者之手，大胆做出假设，认为《古史纪年》中有关弗谢沃洛特的叙述为其本人亲自编纂，并对此说法进行了论证。

（一）俄罗斯学界对《古史纪年》编纂者的研究概述

德裔历史学家施莱采尔（А. Л. Шлецер，1735—1809）的专著《涅斯托尔：古斯拉夫语俄罗斯编年史》（*Нестор. Русские летописи на древле-славянском языке, сличенные*，1809）对《古史纪年》的编纂者涅斯托尔的生平展开研究，并从历史学、地理学、民族学等角度对《古史纪年》中涅斯托尔的编纂内容展开研究，其对基辅建立的传说、使徒安德烈的传说、古罗斯部落联盟情况等问题均有所涉及。

布特科夫（П. Г. Бутков，1775—1857）的学术论文《关于俄罗斯编年史家涅斯托尔的新问题的回答》（*Ответ на новый вопрос о Несторе, летописце русском*，1850）对涅斯托尔的身份进行了界定，认为写就《鲍利斯与格列布的故事》（*Повесть о Борисе и Глебе*）的涅斯托尔的身份不仅是一位作家，更是一位编年史家。

布戈斯拉夫斯基（С. А. Бугославский，1888—1945）的学术论文《论圣涅斯托尔的文学活动之性质与范围问题》（*К вопросу о характере и объёме литературной деятельности пред. Нестора*，1914），对多个版本的《古史纪年》进行了对比，并对《古史纪年》中有关基辅洞窟修道院院长费奥多西的文本与涅斯托尔所作《费奥多西使徒传》文本进行了对比分析。布戈斯拉夫斯基在文中指出，不论从叙事风格还是从所述内容来看，涅斯托尔都不可能是《古史纪年》中关于基辅洞窟修道院文本的执笔者；作为编年史的《古史纪年》力图传达的是真实史实，而《费奥多西使徒传》所传达的史实内容甚至不到《古史纪年》相关内容的一半，其创作目的并非传达史实，而在于塑造费奥多西的使徒形象。

基济洛夫（Ю. А. Кизилов）的学术文章《〈古史纪年〉作者的历史世界观》（*Историческое мировоззрение авторов "Повести временных лет"*，1978）列举了一系列俄罗斯学界对《古史纪年》编纂者历史观念（包括神意观、政治观等）的不同阐释，并指出《古史纪年》的历史观实际是基督教史观与基督教传入之前史观相互融合的产物；基济洛夫还对拜占庭基督教与斯拉夫多神教对于神祇的不同观念进行了对比与解读，指出斯拉夫多神教赞同拜占庭基督教的"神祇是创造万物的真神"的观念，但其认为神祇并不会参与世间万物的自我运行，氏族首领只有在处于极度危险的境地（即死亡、患病或处于危险战争中等）才能达到与神祇交流的状态。

托尔斯泰（Н. И. Толстой，1923—1996）在学术论文《〈古史纪年〉作者、编年史家涅斯托尔的民族自我认知与自我意识》（Этническое самопознание и самосознание Нестора Летописца, автора "Повести временных лет"，1993）中，从民族学角度对《古史纪年》文本展开研究，指出涅斯托尔对"基督徒"（христианин）一词的用法释义：其既指"罗斯受洗"事件后的东斯拉夫人，也指向该词现今所具有的社会、阶级意义。托尔斯泰认为，涅斯托尔的民族自我意识是一个复杂、完整的系统，其中存在森严、有序的等级；作者提出了五点构成—标志的想象聚合体，包括宗教标志（基督徒—多神教徒）、共同部族标志（斯拉夫人—非斯拉夫人）、部族内部标志（利亚赫人—非利亚赫人）、部分部族标志（马佐夫舍人—非马佐夫舍人）、国家标志（波兰人—非波兰人）等，以确定9—12世纪斯拉夫民族自我意识的特征。

（二）俄罗斯学界对《古史纪年》文学维度研究概述

俄罗斯学界对《古史纪年》文学维度的研究包括文本学研究、圣（伪）经叙事元素研究、时空研究等。

1. 《古史纪年》文本学研究概述

俄罗斯学界针对《古史纪年》文本学展开了一系列研究，出版了一系列专著、学术论文等。丹尼列夫斯基（И. Н. Данилевский）在专著《〈古史纪年〉：编年史文本史料学的诠释基础》（"Повесть временных лет": Герменевтические основы источниковедения летописных текстов，2004）一书中对《古史纪年》编年史文本的理解、其编纂过程中的史料来源、其文本情节的语义学分析、"时空体"问题、编年史文本的社会功能等问题进行了翔实解读，指出应将编年史汇编视为编年史发展过程中的具体阶段，以在文本学分析的基础上，使对其文本展开的重建工作成为可能；通过对《古史纪年》文本的史料学分析，作者指出，《圣经》等文本正是古罗斯编年史家进行编年史编纂所倚赖的重要史料来源，《古史纪年》文本有相当部分情节与《圣经》情节有所关联，并有所发展与衍生；《古史纪年》的时空构建通常与罗斯历史上发生的重大事件有所关联，其时空构建旨在暗示俄罗斯大地即为《圣经》所述"圣地"，而基辅则被视为"新耶路撒冷"。俄罗斯学界对《古史纪年》文本的时空问题展开的研究，还包括利沃夫（А. С. Львов, 1905—1976）的学术论文《〈古史纪年〉中的时间概念表达》（*Выражение понятия времени в Повести временных лет*, 1968）、斯米尔诺娃（Смирнова Л. Г.）的学术论文《编年史文本年项下的时空组织（基于〈古史纪年〉展开的研究）》（*Пространственно-временная организация летописных погодных статей: На материале "Повести временных лет"*, 1986）、沙伊金（Шайкин А. А., 1944—）的学术论文《〈古史纪年〉中的时间作用》（*Функции времени в "Повести временных лет"*, 1989）等。

沙伊金著有学术论文《〈古史纪年〉中的史诗性英雄、人物及其描绘方式》（*Эпические герои и персонажи "Повести временных лет" и способы их изображения*, 1986）、《〈古史纪年〉中的开端与结尾诗学》（*Поэтика начал и концовок в "Повести временных лет"*, 2002）, 专著《〈古史纪年〉: 对人的描述与文本的文学完整性问题》（*"Повесть временных лет": изображение человека и проблема литературной целостности текста*, 1991）等。在《〈古史纪年〉中的开端与结尾诗学》一文中, 沙伊金指出《古史纪年》文本中存在独特的叙事方式——其叙事视角是逐渐缩小的, 叙事视角可以作为划分叙事对象的重要依据; 在《古史纪年》文本中存在对"神性时间"的描述; 沙伊金认为, 不应将《古史纪年》视为一部终结性的作品, 因为作为一部描绘历史进程之作, 其在原则上是没有穷尽的。

博布罗夫（А. Г. Бобров）的学术论文《〈古史纪年〉中的笑》（*Смех в "Повести временных лет"*, 2014）对《古史纪年》中存在"笑"的文本片段进行分析, 对《古史纪年》中各种不同类型的"笑"进行了细致解读。博布罗夫认为, "笑"与"哭"相对, 在《古史纪年》中有关王公奥列格之死的叙述即鲜明地体现了这一点; "笑"亦同未来、死亡有密切联系, 有些时候也与错误的期待、预言相关; 同时, 呈现在《古史纪年》中的"笑"同源自中世纪的狂欢化、笑文化有所关联。

此外, 俄罗斯学界对《古史纪年》标题的诠释问题展开了一系列研究, 如丹尼列夫斯基的学术论文《〈古史纪年〉的构思与名称》（*Замысел и название "Повести временных лет"*, 1995）与《〈古史纪年〉的日期象征与名称》（*Символика дат и название "Повести временных лет"*,

1996）、梅利尼科娃（Е. А. Мельникова，1941—）的学术论文《〈古史纪年〉的标题与古罗斯编年史家的民族文化自我认同》（*Заглавие "Повести временных лет" и этнокультурная самоидентификация древнерусского летописца*，1998）、吉皮乌斯（А. А. Гиппиус，1963—）的学术论文《〈古史纪年〉：论标题的意义及其来源可能》（*"Повесть временных лет": о возможном происхождении и значении названия*，2000）等。丹尼列夫斯基的《〈古史纪年〉的构思与名称》，指出《古史纪年》最初名称与现今名称有所不同，但其前三句是固定不变的；《古史纪年》的名称具有非常多义的内涵，丹尼列夫斯基从词语"记述、记载"（即повесть）、词组"逝去年月、过往年代"（временных лет）等方面进行了意义诠释，并指出 временных лет 实质上来自一篇更为古老的文献，即《帕列亚书》；丹尼列夫斯基认为，《古史纪年》名称所谈及的不仅是过去的年月，也暗示了《古史纪年》叙事的最终目的所在，即俄罗斯民族对世界末日的准备；也正是这一目的赋予了《古史纪年》整个文本统一性与完整性。丹尼列夫斯基的另一篇学术论文《〈古史纪年〉中的日期象征与名称》试图在《古史纪年》记载文本的时间系统中对其标题意义进行考察。丹尼列夫斯基首先对《古史纪年》的时间系统展开分析，认为可将《古史纪年》任一日期置于现实与象征双重背景下进行诠释，而日期出现的频率与其他对日期的提及等可以作为重要的诠释依据。丹尼列夫斯基认为，《古史纪年》的标题与其文本中 6360（852）年项下的时间核算有直接关系，编年史家在标题中已然给出了其所欲记载的时间范围，即从俄罗斯大地出现起，至《圣经》所描述的最后审判。

2. 《古史纪年》文本中的圣（伪）经元素研究概述

利亚平（Д. А. Ляпин）的学术论文《伪经传说与〈古史纪年〉》（*Апокрифические сказания и "Повесть временных лет"*，2008），研究《古史纪年》文本同若干伪经传说间的亲缘关系。利亚平在文中对《圣经》、某些伪经文本以及《古史纪年》文本对大洪水后挪亚三子划分大地情节的不同描述进行了对比研究，认为《古史纪年》中的若干《圣经》情节，同《旧约》中的相应情节有所差异，而与一篇伪经所述有较大程度的雷同，从而得出结论，认为希腊伪经文学对俄罗斯初期文学具有很大的影响。

相关学术论文有普舍尼奇内（С. А. Пшеничный）的学术论文《〈古史

纪年〉对基督教与多神教斗争的反映》（*Отражение борьбы христианства с язычеством по "Повести временных лет"*，1988）、奥杰斯基（М. Одесский，1961—）的学术论文《斯拉夫人的开端与摩西五经：〈古史纪年〉中多神教传说的圣经上下文》（*Начало славян и Пятикнижие: библейский контекст языческих преданий в "Повести временных лет"*，1998）、彼得鲁辛（В. Я. Петрухин，1950—）的学术论文《圣经传统上下文中的斯拉夫史与罗斯史：〈古史纪年〉中的神话与历史》（*История славян и Руси в контексте библейской традиции: миф и история в "Повести временных лет"*，2003）、沙伊金的学术论文《〈古史纪年〉中的罗斯多神教》（*"Повесть временных лет" о язычестве на Руси*，2004）等。沙伊金在《〈古史纪年〉中的罗斯多神教》中对《古史纪年》文本所呈现的多神教情况进行了历史、文化层面的解析，对多神教神祇的民族来源与其重要宗教作用进行了诠释。沙伊金指出，斯拉夫多神教既是宗教，也是世界观；多神教参与了罗斯生活的方方面面，如在罗斯与希腊签订的和约中，基督教神祇、多神教神祇的名字是共同出现的；在《古史纪年》中基督教与多神教的关系并不平和，呈现在其中的基督徒形象都是"好人"，而多神教徒形象则被赋予轻蔑、敌意的色彩；巫师作为多神教的祭司，具有非常强大的力量；同时，沙伊金认为《古史纪年》中基督徒被杀事件、有关杨的事件等都是反映古罗斯历史中宗教转向的关键事件。

3. 《古史纪年》同俄罗斯民间文学及其他民族文学间关系的研究概述

阿德里阿诺娃 – 佩列茨（В. П. Адрионова-Перетц，1888—1972）的学术论文《11—15 世纪初的历史文学与民间诗歌》（*Историческая литература XI-начала XV в. и Народная Поэзия*，1951）就 11—15 世纪初的俄罗斯历史文献（包括《古史纪年》）中所包含的俄罗斯民间文学因素展开研究。阿德里阿诺娃 – 佩列茨认为，《古史纪年》这类编年史作品囊括了丰富的俄罗斯民间文学因素，这类编年史的创作同民间史诗密不可分，民间文学元素是《古史纪年》文本重要的史料来源与思想支撑。

克拉利克（О. Кралик）的学术论文《〈古史纪年〉和克利斯提安关于圣维亚切斯拉夫和柳德米拉的传说》（*"Повесть временных лет" и Легенда Кристиана о святых Вячеславе и Людмиле*，1963）就《古史纪年》中关于基里尔、梅福季的叙事同古代捷克关于克利斯提安的传说（该传说中亦有关于基里尔、梅福季的情节）在叙事、情节等方面的相似性进行了分析。克拉利克列举了一系列俄罗斯学界对该问题的阐释与观点，认为《古史纪年》与克利斯提安传说之间存在一个共同的前文本，即《古斯拉夫特权书》（*Старославянский Privilegium*）。

哈布尔加耶夫（Г. А. Хабургаев）的专著《同构建东斯拉夫语言起源任务相关的〈古史纪年〉民族学》（*Этнонимия "Повести временных лет" в связи с задачами реконструкции восточнославянского глоттогенеза*，1979）研究了古代俄罗斯各方言的形成与相互作用过程，其中运用了较为晚近的语言学、历史学与考古学数据，并对东斯拉夫与俄罗斯民族起源的问题进行了探讨。

沙伊金的学术论文《〈古史纪年〉中的历史与童话》（*История и сказка в "Повести временных лет"*，2005），运用俄罗斯民俗学家弗·雅·普罗普的"神奇故事"理论，对《古史纪年》文本中的俄罗斯民间童话叙事因素展开分析，认为《古史纪年》有关使徒安德烈的叙事中具有"神奇助手""神奇手段"（即安德烈与十字架）的"神奇故事"元素；在有关基易的叙事中具有"预先考验"的"神奇故事"母题；有关先知奥列格与阿斯科尔德、基尔的斗争被认为是同"神奇故事"理论中的"虚假主人公"进行的斗争；而弗拉基米尔①同雅罗波尔克的斗争被认为在"功能""结构"上与"神奇故事"中"主人公获得王国"的母题相近。沙伊金认为，在《古史纪年》的开端部分（有关使徒安德烈旅行的叙事、有关奥布尔人、哈扎尔人的叙事等）虽有俄罗斯民间童话情节存在，但其情节因素并不十分完整；在《古史纪年》的中间部分（有关奥莉加向德列夫利安人进行四次复仇、别尔哥罗德老人制作来自大地的面羹的叙事等）可以明显地发现"葬礼""死亡—婚礼"等俄罗斯民间童话主题的存在。

阿柳京娜（И. В. Алютина）在其博士学位论文《〈古史纪年〉和斯堪的纳维亚史诗中的情节诗学》（*Поэтика сюжетов в "Повести временных лет" и скандинавских сагах*，2006）中将《古史纪年》中的编

---

① 这里的"弗拉基米尔"指弗拉基米尔一世（Владимир I，－1015），系斯维亚斯拉夫一世（Святослав I）之子，雅罗波尔克（Ярополк）、奥列格（Олег）的兄弟。本书出现的弗拉基米尔，除弗拉基米尔·莫诺马赫（Владимир Мономах）外，均为弗拉基米尔一世，即弗拉基米尔·斯维亚托斯拉维奇（Владимир Святославич）。

年史传说同斯堪的纳维亚史诗进行了对比研究。阿柳京娜分别对《古史纪年》与斯堪的纳维亚史诗情节中的历史事件（包括战争、基督教化等）、王公的生活与死亡（包括出生、教育、婚姻、活动、死亡等）、复仇母题分章节进行了解析，指出斯堪的纳维亚史诗既是《古史纪年》中若干情节的史料来源，也囊括了古罗斯历史事件的重要信息。

（三）俄罗斯学界对《古史纪年》版本学研究概述

沙赫玛托夫的学术论文《〈古史纪年〉及其史料来源》（"*Повесть временных лет" и её источники*，1940）对《古史纪年》展开了细致的文本学解读与版本学分析。本文的解读范围，涉及对《古史纪年》之前各编年史汇编的列举与考证，对《古史纪年》文本构成部分的考证，对其叙事范围的解读，对其创作年代、编纂地点的考证，以及对其各版本文本叙事特征的研究等。沙赫玛托夫以现存最古老的《古史纪年》版本即《拉夫连季编年史》版本为研究底本，指出在《古史纪年》出现之前，至少存在7个编年史汇编版本；认为可以通过分析《古史纪年》各版本对某一具体片段的记载之不同，确定其来自某一编年史汇编的可能性；通过一系列对比与考证，沙赫玛托夫指出，《古史纪年》的史料来源包括希腊史学家阿玛尔托尔（Амартол）的《年代记》（*Хроника*）、罗斯与希腊签订的四个条约、关于基辅洞窟修道院的叙事（沙赫玛托夫根据编纂时间范围，判定其编纂者不可能是涅斯托尔）、《圣经》教义叙事及鲍利斯和格列布使徒传等。

吉皮乌斯就《古史纪年》版本学展开了一系列研究：学术论文《论〈古史纪年〉的文本批评与新的翻译－建构》（*О критике текста и новом переводе-реконструкции "Повести временных лет"*，2002）、《初始编年史的两个开端：论〈古史纪年〉的结构历史问题》（*Два начала Начальной летописи：К истории композиции "Повести временных лет"*，2006）、《论〈古史纪年〉的版本问题 I》（*К проблеме редакцией "Повести временных лет" I*，2007）、《论〈古史纪年〉的版本问题 II》（*К проблеме редакцией "Повести временных лет" II*，2008）等。吉皮乌斯将《古史纪年》版本划分为四组，即《古史纪年》最初版本（*Оригинал "Повести временных лет"*，1113—1116）、《古史纪年》西尔维斯特尔版本（*Список Сильвестра "Повести временных лет"*，1116）、《古史纪年》拉夫连季版本组（*Списки Лаврентьевской группы*，其中包括拉夫连季版本、圣三一版本、拉济维洛夫版本、莫斯科科学院版本）、《古史纪年》伊帕季耶夫版本

组（*Списки Ипатьевской группы*，其中包括伊帕季耶夫版本、赫列布尼科夫版本等），并在此基础上对《古史纪年》的版本学展开了尤为细致的版本学研究。

济博洛夫（В. К. Зиборов，1947—）的专著《论涅斯托尔编年史：11 世纪俄罗斯编年史编纂的主要编年史汇编》（*О летописи Нестора: Основной летописный свод в русском летописании XI в.*，1995）分章节对涅斯托尔所作《鲍利斯和格列布使徒传》（*Житие Бориса и Глеба*）、《洞窟修道院费奥多西使徒传》（*Житие Феодосия Печерского*）及小抄本的《诺夫哥罗德初始编年史》（*Новгородская первая летопись младшего извода*）进行了研究，从文本学角度对涅斯托尔的创作特征进行了诠释。

米赫耶夫（С. М. Михеев，1926—2008）的专著《谁写了〈古史纪年〉?》（*Кто писал "Повесть временных лет"?*，2011）对《古史纪年》版本史进行了细致梳理与解读。米赫耶夫对流传于世的《古史纪年》所有版本进行了对比分析，点明各版本间的先后关系，并对《古史纪年》文本进行了结构意义上的层次区分；米赫耶夫在该专著中进行了同前人沙赫玛托夫的贡献相类似的工作，即试图通过版本学与文本学的研究，对《古史纪年》之前的初始编年史之重建工作做出补充。米赫耶夫在沙赫玛托夫版本学研究贡献的基础上，对《古史纪年》各版本（共计六个版本）中对同一事件的不同记载进行对比（如莫诺马赫《训诫书》的嵌入时间、留里克称王地点的记载等），展示出一个较前人研究（主要是吉皮乌斯的版本学研究图谱）更为详尽的《古史纪年》各版本图谱；通过对《古史纪年》构成文本的结构、词汇等进行的层次分析［其分析范围涉及"罗斯受洗"事件之前的《古史纪年》文本、有关"罗斯受洗"事件的《古史纪年》文本、有关弗拉基米尔王公执政终结及 11 世纪头十年内讧事件的《古史纪年》文本、6527（1019）— 6620（1112）年的《古史纪年》文本等］，点明《古史纪年》文本形成的不同阶段所具有的不同文本结构；最后，米赫耶夫通过对用词习惯的词汇分析，指出《古史纪年》中有关基辅洞窟修道院的两部分文本叙事［即 6559（1051）年项与 6582（1074）年项的文本叙事］是出自不同编年史家之手，对《古史纪年》的建构历程提出了翔实、细致的假说。

（四）俄罗斯学界对《古史纪年》史学研究概述

兰钦（А. М. Ранчин）的学术论文《格奥尔吉·阿玛尔托尔〈年代记〉

与〈古史纪年〉：使徒康斯坦丁与弗拉基米尔·斯维亚托斯拉维奇王公》
（"Хроника" Георгия Амартола и "Повесть временных лет"：Константин
равноапольный и князь Владимир Святославич，1999）将《古史纪年》中的弗拉
基米尔王公（其被比作新的康斯坦丁）与格奥尔吉·阿玛尔托尔《年代
记》中罗马皇帝康斯坦丁的形象、生平事迹等进行了对比，结合多个不同史
料所载史实（如古罗斯《法与神赐说》等），指出在弗拉基米尔与康斯坦丁
同为其国家的首个施洗者形象的背景下，两人的生平经历又有所不同；兰钦
指出，存在一个共同母题（即成为其所统治国家的施洗者）使弗拉基米
尔与康斯坦丁的形象具有了相似性；水、雕像、铜马等意象成为阐释弗拉
基米尔形象的重要意象；《年代记》中关于康斯坦丁接受基督教的叙事内
容，对《古史纪年》来说，起到了既是典范又是背景的重要作用，《年代
记》与《古史纪年》文本既存在共通之处，也各有差异。

尼基京（А. Л. Никитин，1935—2005）的专著《作为史料来源的
〈古史纪年〉》（"Повесть временных лет" как исторический источник，
2001）研究了《古史纪年》所载史料的真实性问题。该书分章节讨论了
"诺夫哥罗德人瓦西里"与《古史纪年》第三个版本之间的关系、《古史
纪年》中的地方志学家——基辅人、"瓦良格人、斯洛文尼亚人、波利安
人、罗斯人和德列夫利安人"词汇释义，以及"从瓦良格至希腊之路"
与关于使徒安德烈的传说等，并对《古史纪年》的作者问题、其记载时
间范围与时间年表等展开了论述。

沙伊金的学术论文《〈古史纪年〉的历史观念与布局》（Историческая
концепция и композиция "Повести временных лет"，2001）以俄罗斯学者雷
巴科夫（Б. А. Рыбаков，1908—2001）将《古史纪年》史实区分为三个
时间阶段的观点等为研究基础，结合《古史纪年》文本所载史实，将
《古史纪年》文本所载史实分为四个时间阶段，并对各个阶段进行诠释。
沙伊金指出，《古史纪年》的历史观是使整个文本由单纯的年限记载成为
完整作品的贯穿之物，其历史观也是《古史纪年》文本的结构所在。

斯维尔德洛夫（М. Б. Свердлов，1939—）的学术论文《〈古史纪
年〉中历史信息的筛选与阐释》（Отбор и интерпретация исторической
информации в "Повести временных лет"，2006）以沙赫玛托夫对《古史
纪年》的史学研究为依托，对《古史纪年》中关于王公夫人奥莉加的叙
事、关于罗斯接受基督教的叙事等文本内容进行了细致的史料学解析，分

析了古罗斯编年史家对历史信息筛选、取舍的理由，指出不仅政治、教会是影响历史信息筛选的缘由，天主教与东正教之间的差异与矛盾也是影响古罗斯编年史家对历史信息展开取舍的重要因素。

（五）俄罗斯学界对《古史纪年》词汇学研究概述

利沃夫的专著《〈古史纪年〉中的词汇》（*Лексика "Повести временных лет"*，1975）以《古史纪年》若干版本为研究基础，研究《古史纪年》文本词汇构成中古俄语、古教会斯拉夫语词汇所占构成比例。在对《古史纪年》中日常生活词汇、战争词汇、贸易词汇、文化词汇、教育词汇等进行分析后，利沃夫得出结论，认为《古史纪年》中约有 2/3 的词汇是来自古俄语，这一结论十分有助于古俄语起源问题的解决。

特沃罗戈夫的专著《〈古史纪年〉的词汇构成：词汇索引与频率词目表》（*Лексический состав "Повести временных лет"*：*Словоуказатели и частотный словник*，1984）点明了《古史纪年》在整个俄罗斯文学史中的重要地位，指出《古史纪年》不同版本的文本之间存在词汇层面上的巨大差异，总结了《古史纪年》文本的一系列句法特征，并构建了《古史纪年》文本的词汇索引，对其文本各类词汇的使用频率等进行了细致的归纳与整理。

此外，围绕《古史纪年》文本的词汇问题俄罗斯学界涌现了一系列博士学位论文成果，其中包括姆斯塔菲娜（Э. К. Мустафина）的博士论文《〈古史纪年〉文本中未来时间意义的表达方式（论古俄语中的未来时间问题）》[*Способы выражения значения будущего времени в тексте "Повести временных лет"*（*к вопросу о будущем времени в древнерусском языке*），1984]，其以《古史纪年》古俄语文本为研究蓝本［其中包括начьну（почьну）+ инфинитив 结构、буду + -лъ 结构等]，对古俄语对未来时间的表述方式展开研究。

卡扎扎耶娃（М. А. Казазаева）的博士学位论文《古俄语中动词быти 的功能 - 语义聚合体：基于拉夫连季版本〈古史纪年〉与伊帕季耶夫版本〈古史纪年〉展开的研究》（*Функционально-семантическая парадигма глагола "быти" в древнерусском языке*：*На материале "Повести временных лет" по Лаврентьевскому и Ипатьевскому спискам*，2000）以拉夫连季版本与伊帕季耶夫版本的《古史纪年》文本为研究对象，对古俄语中的动词"存在，有，是"（быти）的所有词汇 - 语法形式与功能 -

语义聚合体展开研究，从整个古俄语历史发展的角度解读动词 быти 一词的功能－语义聚合体的形成与演变历程。

尼古拉耶娃（И. В. Николаева）的博士学位论文《〈古史纪年〉中 "自我" 与 "他者" 语义》（*Семантика "своих" и "чужих" в "Повести временных лет"*，2003）则分两个章节，对代表 "他者" 的古俄语形容词（иные、другие、чужие）与代表 "自我" 的古俄语形容词（свои、мы）的语义进行了细致分析，尼古拉耶娃指出，在《古史纪年》文本中，代表 "自我" 与 "他者" 词汇间的语义泾渭分明，而区分这两类词语的标准之一即为宗教因素。

奥帕林娜（А. В. Опарина）的博士学位论文《〈古史纪年〉各版本中作者情态模式的表现特征：词汇－语法层面》（*Специфика проявления авторской модальности в списках "Повести временных лет"：Лексико-грамматический аспект*，2004）对《古史纪年》文本中 "作者" "作者形象" "作者情态模式" 的概念进行了区分，分章节对《古史纪年》各版本中作者情态模式的表达特征、对其各版本中作者情态模式的不同解读进行了阐释，认为对《古史纪年》词汇层面的分析是体现作者情态模式的方法之一，而要想全面揭示作者情态模式，还需要对《古史纪年》各版本文本的创作时间、地点，以及作者生平事件等深入研究。

阿尼金（Д. В. Аникин）的博士学位论文《〈古史纪年〉编写者的语言个性研究》（*Исследование языковой личности составителя "Повести временных лет"*，2004）较为全面、系统地对《古史纪年》文本所显示的编写者的语言个性进行了研究。该博士学位论文分章节对《古史纪年》编写者语言个性研究的理论与方法论基础、《古史纪年》编写者的语言个性模式等进行了研究，其研究既涉及广义范围上的《古史纪年》文本研究，也涉及《古史纪年》中具体的历史事件叙事文本，如 "6374（866）年项下阿斯科尔德和基尔进军希腊" "6390（882）年项下奥列格王公攻占基辅" 等。

捷里娜（С. В. Терина）的博士学位论文《编年史〈古史纪年〉中的古俄概念 "荣誉" 及其语言表现》（*Древнерусский концепт честь и его языковая репрезентация в летописи "Повесть временных лет"*，2007）以《古史纪年》文本为研究材料，对 "荣誉"（честь）一词的语言学、语义

学表现进行了解析。捷里娜得出结论，指出古俄语中的 честь 一词是在社会环境中出现并被运用，授予荣誉是权力阶层的特权；其首先作为物质文化概念出现，而该词语的内核与外延随古罗斯时代变化而不断发生词义的衍变。

此外，俄罗斯学界对《古史纪年》其他层面亦展开了部分研究。齐布（С. В. Цыб）的专著《〈古史纪年〉中的古俄历法》（*Древнерусское времяисчисление в "Повести временных лет"*，1995）以国内外学界对《古史纪年》等古代俄罗斯文献以及其他民族古代文献中的时间的研究成果为基础，对古罗斯的日历系统与年代计算进行了复原工作。

戈卢博夫斯基（Д. А. Голубовский）的学术论文《〈古史纪年〉与〈基辅洞窟修士传〉中"鞠躬"与"亲吻"语义学研究》（*Семантика поклонов и поцелуев в "Повести временных лет" и Киево-печерском патерике*，2008）对《古史纪年》与《基辅洞窟修士传》中的"鞠躬""亲吻"行为出现的情节进行了解析，指出鞠躬这一行为不仅出现在虔诚的基督信徒身上（其中包括亚伯拉罕、使徒、修士等），亦是非虔诚信徒（如保加尔人、耶路撒冷人）经常进行的行为；在有关宗教取舍的情节中，正是鞠躬行为引起了弗拉基米尔王公的出现；而在这两个文本中，亲吻多出现于对十字架的亲吻情节中。戈卢博夫斯基将"鞠躬"与"亲吻"列入"历史姿势"（исторический жест）的范畴之内，认为这两个行为都具有较为浓厚的宗教含义。

综上所述，俄罗斯学界对《古史纪年》展开的研究较为多元，涉及文学、版本学、史学、词汇学等多个维度，研究层面兼具深度与广度，其研究已达到较为深入、广泛的程度。

二、中国学界研究概述

中国学界针对《古史纪年》展开的研究，主要集中在对《古史纪年》中古罗斯民族起源、其所蕴含的各类俄罗斯文化现象等层面。目前《古史纪年》的汉语译本有 3 部，即《往年纪事译注》（王钺，甘肃民族出版社 1994 年版）、《古史纪年：古俄语—汉语对照》（王松亭译注，商务印书馆 2010 年版）、《往年纪事》（拉夫连季编，朱寰、胡敦伟译，商务印书馆 2011 年版）。

（一）中国学界对《古史纪年》的译介情况

曹靖华在其主编的《俄苏文学史》（1992）一书中，在第一章"古代文学"部分对《古史纪年》进行了简要介绍。曹靖华认为，作为流传至今最古老的俄罗斯编年史，《古史纪年》又译作"俄罗斯编年叙史"，其开头部分具有浓厚的基督教色彩，自852年项之后开启了较为贴近史实的史料记载。《古史纪年》充满古罗斯民族对祖国命运的深切关怀、对制造内讧的诸侯之谴责，以及对祖国统一的热切向往，表达了古罗斯人的世界观、民族观；《古史纪年》囊括了历史纪实、故事、传奇、传记等诸多文学形式，是古代俄罗斯乃至中世纪欧洲文化宝库中独具特色的重要文献。

杨隽的学术论文《〈古史纪年〉汉译本简评》（1995）对《古史纪年》汉译本的三个构成部分、其记载年项的时间跨度以及其文本所被增补的内容（如945年项下的记载、莫诺马赫的《训诫书》等）进行了介绍与论述。杨隽认为，《古史纪年》涉及古罗斯政治、经济、语言、文学、军事、地理、民俗、国际关系等层面，堪称古罗斯社会生活的百科全书。王松亭在学术论文《俄〈古史纪年〉汉译本简介》（1995）中亦对《古史纪年》的成书过程、作者及其所呈现的历史图景进行了简要介绍。

（二）中国学界对《古史纪年》起源说研究概述

李铁匠的学术论文《从拉夫连季〈当代记事〉看罗斯的起源》（1980）以《拉夫连季编年史》为研究蓝本，对古罗斯的起源问题展开研究。李铁匠从世界史学界对罗斯起源的争议、最初的罗斯国家之含义、"罗斯"一词的历史演变、苏联时期的伪罗斯起源说等问题出发，列举了世界史学界关于罗斯起源的不同观点，分析了"罗斯"一词在《当代记事》中作为部落名称、地名、部落以及国家的意义而出现的衍变历程，指出最初的罗斯人是来自斯堪的纳维亚人的一支；李铁匠认为，随着《当代记事》所记载的古罗斯国家之建立过程，"罗斯国家""罗斯人"这些词所涵盖的意义范围是逐渐扩大的。

张爱平的学术论文《从〈往年纪事〉看古罗斯国家的起源》（1991），借助一系列史料记载，对《往年纪事》文本6370（862）年项下关于罗斯建国内容的叙事、其文本所载罗斯国家的起源形式及不同民族展开研究。张爱平认为，不应将罗斯人与瓦良格人、诺曼人、瑞典人等概念混同起来，罗斯人实际上是隶属瓦良格人的一个支脉；基辅罗斯并非东斯拉夫人自然发展而成的社会产物，而是由罗斯人与东斯拉夫人所共同形成的；而对古罗斯国家起源问题的考察，应置于北欧"海盗时代"的大背景下予以考量。

王丹的学术论文《对斯拉夫人发源地推论的分析》（2001）以《古史纪年》为主要参照文本，对世界史学界研究斯拉夫人发源地的三个阶段（即以《圣经》史学思想为基础、受拜占庭史学传统影响的 12—19 世纪初阶段；受启蒙思想推动、以浪漫主义兴起为背景的 19—20 世纪初古斯拉夫文献考证阶段；20 世纪初至今受新史学思想影响，综合人类学、史前考古学、民俗学等研究成果阶段）之主要观点进行了梳理与分析。王丹认为，对斯拉夫人发源地问题的探讨与解决，还应依靠多学科研究的共同推动来完成。

（三）中国学界对《古史纪年》历史学研究概述

劳作的学术论文《读史记要——记古代罗斯在公元 9 世纪内几个以"2"结尾的年份》（2007）对《古史纪年》所载 6320（812）年、6360（852）年、6390（882）年项下"罗斯"一词正式出现、留里克大公即位、定都基辅等内容进行了介绍，并对基辅罗斯历史的起始、终止问题进行了探讨。劳作认为，在探讨基辅罗斯终止日期等问题时，应考虑因基辅公国的建立导致的基辅罗斯政治文化中心的迁移、其曾沦为强大邻国之"附庸国"等历史背景因素。

国春雷的学术论文《对"罗斯受洗"时间的争论》（2010）以《古史纪年》记载为参照蓝本，对"罗斯受洗"这一重大历史事件的真正发生时间进行考证。国春雷列举了世界史学界对"罗斯受洗"事件提出的三个时间——公元 988 年、989 年和 990 年分别进行了分析，在世界各国学者（包括 В. Г. 瓦西里耶夫斯基、东方学专家 В. Р. 罗森、11 世纪阿拉伯作家叶海亚、А. Ю. 卡尔波夫等人）研究的基础上，以天文学史中"火柱"[①] 的真正出现时间为定位与时间参照点，以《古史纪年》与他国历史所载该天文现象的时间、"罗斯受洗"事件在一系列历史事件中的不同发生顺序为依照，对赫尔松城被罗斯人攻陷、"罗斯受洗"事件发生的真正时间进行了论证。国春雷指出，目前俄罗斯学界、宗教界及官方政府

---

① 该天文学意义上的"火柱"是伴随雷电天气出现的一种天文现象。中国学者国春雷在此引用了阿拉伯作家叶海亚对此的记载："989 年 4 月 7 日夜间，在开罗出现了霹雳、闪电与强烈的暴风雨，它们不间断地直到半夜。……在空中出现了类似火柱一样的东西，天空与大地因为它而变得火红一片。"（参见国春雷《对"罗斯受洗"时间的争论》，《世界历史》2010 年第 2 期）

对"罗斯受洗"事件发生的真正时间依旧存在不同意见，目前尚无法确认"罗斯受洗"前后事件的发生顺序，该问题的真正解决，有待新史料及新研究方法的发现与突破。

马骊的学术论文《"俄罗斯编年史"历史价值的探讨》（2012）对俄罗斯编年史的编纂起始点、其重要历史价值、俄罗斯学界对编年史的研究历程等进行了细致梳理。马骊以《往年纪事》《诺夫哥罗德第一编年史》等古罗斯文献文本为例，对俄罗斯编年史的研究方法、文本重建与修复等问题进行了列举与论述。

胡朝霞的学术论文《扭曲的历史——话语视角中的〈往年纪事〉》（2012）运用米歇尔·福柯的历史观与权力观理论，从《往年纪事》的民族意识形态、宗教意识形态及性别意识形态出发，探究《往年纪事》作者的历史叙事策略。胡朝霞认为，《往年纪事》的作者通过对罗斯同其他民族（包括希腊人、保加尔人、突厥游牧部落及更边缘民族）生活习俗的对比，以及对罗斯英雄（包括奥列格、伊戈尔、奥莉加等）的列举，凸显了罗斯民族的神圣与文明。

（四）中国学界对《古史纪年》所蕴含俄罗斯文化因素的研究概述

谢春艳的学术论文《从〈古史纪年〉看俄罗斯文化与文学》（2005）从《古史纪年》所体现的文学、宗教、民族精神、人物形象等层面出发，对《古史纪年》的"壁画式"写作手法，其文本所反映的古罗斯时期基督教、多神教双重宗教共存的信仰状况，其所体现的俄罗斯民族尚武精神，以及《古史纪年》中唯一的女性人物奥莉加等内容进行了探讨。谢春艳认为，《古史纪年》是许多俄罗斯文学与文化现象的源头所在。

皮野的学术论文《基辅洞窟修道院在俄罗斯文化史中的意义与价值》（2012）以《往年纪事》所载有关基辅洞窟修道院的文本叙事为研究中心，结合其他史料记载，探讨基辅洞窟修道院和《往年纪事》在整个俄罗斯文化史中的重要地位。皮野认为，《往年纪事》作为现存最古老的俄罗斯编年史，是了解古罗斯文化的重要窗口；而基辅洞窟修道院的细枝末节，也已然生发为重要的俄罗斯文化现象，成为关涉古罗斯政治、经济、军事、宗教、文学、绘画、建筑、造型艺术乃至图书发行等层面的根系庞大、语义充盈的文化系统。

郭小丽的学术论文《俄罗斯认同中"我－他"身份构建的历史流变》（2013）以《古史纪年》等古罗斯文献为研究基础，探讨俄罗斯不断在各类神话文本中寻求民族归属的文化认同历程。郭小丽认为，《古史纪年》等古罗斯文献反映了古罗斯人自我认知的历程，记载了古罗斯人对"罗斯受洗"事件的认知；《古史纪年》的编纂者不仅以使徒安德烈的故事刻意回避了罗斯基督教源自拜占庭的事实，反而强调罗斯信仰来自上帝本身的思想，这不仅是古代俄罗斯人通过他者文化完善自身及对自身的认知，也是在与他者的交流过程中以希望的幻想所构建出的强大自信。

此外，纪明的学术论文《〈古史纪年〉中女性形象探析》（2015）对《古史纪年》中的女性形象（包括蕾别季、奥莉加、玛卢莎、罗戈涅达、安娜、玛利亚、叶夫普拉克西娅、卡捷琳娜、杨卡、普列德斯拉芙娜等）进行了统计学分析，认为其女性形象大致可分为四种类型：基督徒形象（其中包括奥莉加、安娜、玛利亚、叶夫普拉克西娅、卡捷琳娜、杨卡、普列德斯拉芙娜等）、睿智统治者形象（奥莉加）、母亲形象（奥莉加）、纯粹陪衬形象（包括玛利亚、玛卢莎、罗戈涅达等）。纪明认为，能够列入《古史纪年》记载的女性形象至少需符合两个条件：属于贵族阶级，并且是虔诚的基督徒。对于《古史纪年》记载中女性形象数量明显少于男性形象的现象，纪明认为，该现象出现在很大程度上是由于其编纂者对于所记载形象具有明显的性别倾向，以基督教文化为记载背景的《古史纪年》是倾向于对男性展开编纂的。

三、主要研究方法与理论支撑

《古史纪年》的首个版本约编纂于公元 1113 年，在其记载年项范围内，公元 988 年罗斯正式引入基督教为国教的事件是尤为重要的事件之一，古罗斯编年史家在其记载中以公元 988 年为界，渐次展现了古罗斯基督教化的历程。本书对《古史纪年》宗教维度的研究，包括创建神话、宗教叙事、上帝与魔鬼形象三个方面。

作为一部记载古罗斯民族史的编年史汇编，《古史纪年》同时也是一部古罗斯的民族思想史，该民族思想史在其记载文本中是隐性而含蓄地通过古罗斯编年史家对所记载事件的拣选、排列而形成的，《古史纪年》文本展现出古罗斯民族思想的形成与变迁史。本书对《古史纪年》思想维度的研究，包括《古史纪年》中的"神圣罗斯"理念萌芽，其文本所反映的神人、生死与善恶观，以及《古史纪年》中所体现的俄罗斯民族精神。

本书对《古史纪年》文学维度展开的分析，采用法国叙事学家热拉尔·热奈特的叙事学理论，对《古史纪年》的文本结构、诗学特征等展开分析，并探究其兼具文学虚构性与史学真实性的叙事策略。

对《古史纪年》宗教维度展开的分析，采用加拿大《圣经》研究专家诺思洛普·弗莱的圣经学诠释方法，对《古史纪年》文本的各类宗教叙事进行解析，并运用史料对比分析法，探究《古史纪年》文本对重大天象事件的时间参照与反映。

对《古史纪年》思想维度展开的分析，采用文本细读法，借鉴俄罗斯思想家尼·别尔嘉耶夫、宗教思想家谢·布尔加科夫的思想理念，对《古史纪年》文本所反映的"神圣罗斯"理念，神人、生死、善恶等观念展开研究。

四、研究意义与学术价值

俄罗斯古代文学是整个俄罗斯文学的发轫阶段与源泉所在，其为俄罗斯文学的发展奠定了总体基调与厚重基石。作为俄罗斯古代文学的发端之一，《古史纪年》是最具影响的俄罗斯古代编年史，着重叙述了罗斯国家、罗斯民族的起源，古罗斯作为一个国家逐渐建立的国家史，并将古罗斯史同世界史以及斯拉夫民族史贯穿、联系起来。编年史家对古罗斯国家的建立、因外敌入侵与内讧战乱而造成的不断分裂以及再度统一的封建割据情况进行了翔实记录与文学表达，以基督教教义为纲、以罗斯王公间兄弟友爱的情谊为轴，强调了虔诚信仰基督教、维护国家统一与罗斯民族团结的重要意义。

我国国内目前对俄罗斯古代文学的研究已有一定基础，出版了数十篇专题论文、数本译作，如《古史纪年》（又译《往年纪事》）的三个译本，《伊戈尔出征记》（又译《伊戈尔远征记》）的两个译本，北京大学左少兴教授编著的《俄语古文读本》（北京，1997 年版）、《十七世纪俄国文学作品选读》（北京，2013 年版），并在多个版本的俄罗斯文学史中有关于俄罗斯古代文学的专题论述。目前国内学界对《古史纪年》的系统性研究尚有很大的研究空间。

本书拟从文学、宗教、思想三个维度对俄罗斯初始编年史《古史纪年》展开研究，探究作为文学作品的《古史纪年》所具有的文学特征

（文本结构、叙事策略与时空观照），作为宗教叙事作品的《古史纪年》中的宗教维度（创建神话、宗教叙事与神魔形象），以及作为古罗斯民族思想记载史的《古史纪年》所呈现的思想维度（"神圣罗斯"理念萌芽，神人、生死与善恶观念，其所体现的俄罗斯民族精神），以呈现一个不同维度、多层面的《古史纪年》。

第一章 《古史纪年》的文学维度

俄罗斯学者利哈乔夫认为，在俄罗斯是"文学组成了一个民族"[①]。对俄罗斯民族来说，文学已然超越了一般意义上的学科概念，转而化身为其民族精神的象征意指，成为整个俄罗斯历史进程与民族精神建构的重要见证。俄罗斯古代文学是整个俄罗斯文学的发端源流，《古史纪年》则是这一发端源流的开端之作，12 世纪史诗性作品《伊戈尔远征记》（Слово о полку Игореве）、14 世纪末至 15 世纪初《顿河彼岸之战》（Задонщина）等其他古代俄罗斯文学作品对《古史纪年》既有所传承，又各有区别。

《古史纪年》最初由基辅洞窟修道院僧侣涅斯托尔（Нестор）约于1113 年编纂而成，而后于 1116 年由维杜比茨修道院院长西尔维斯特尔在1113 年本基础上予以续编，其后由后人不断加以修订与增补。俄罗斯《简明文学百科》（Краткая литературная энциклопедия）对《古史纪年》的定义为："《古史纪年》（这是对往年历史的记载，记述罗斯民族从何而来，谁是基辅的开国大公，以及罗斯国是如何形成的）是首部全俄罗斯编年史汇编。其将更为早期的编年史汇编和记录作为编纂基础，其中包含文件记录、氏族传说、故事和富有历史及民间童话特色的传奇，以及一系列引自希腊编年史的资料。《古史纪年》的首个版本出现于 12 世纪初期（1113 年，涅斯托尔），其构建基础为 1037 年最为古老的基辅汇编、1050 年古代诺夫哥罗德汇编以及 1073 和 1095 年的基辅洞窟汇编。在基辅都主教教堂里就已出现的编年史编纂工作在基辅洞窟修道院得到了继续；第二个版本由维杜比茨修道院的院长西尔维斯特尔在 1116 年编纂而

[①] ［俄］德·谢·利哈乔夫：《解读俄罗斯》，吴晓都等译，北京大学出版社 2003 年版，第 265 页。

成（保存在《拉夫连季编年史》中），第三个版本在1118年基辅洞窟修道院中编纂而成（保存在《伊帕季耶夫编年史》中）。《古史纪年》讲述了斯拉夫民族的迁移、罗斯接受基督教的历程，描绘了首批基辅王公的形象以及罗斯同游牧民族的斗争。其中还收纳了首批俄罗斯使徒的传记、有关奇迹与天象的叙述和纯文学性的作品（如弗拉基米尔·莫诺马赫的《训诫书》）。整部作品具有明显的政论倾向。编年史家们在确立俄罗斯大地统一性的同时，号召人们有力地迎击敌人。编年史的风格具有明显的简练性与形象性；频繁使用直接引语、战争小说的传统样式以及谚语和俗语；编年史的语言在保存了传记叙述和《圣经》引语中教会斯拉夫语汇的同时，同11—12世纪富有活力的俄罗斯语亦有着紧密联系。"[1]

自古希腊亚里士多德起始，已出现了历史叙事与文学叙事的分野。《古史纪年》将史学的真实性与文学的虚构性熔为一炉，并未令读者有文史分离之感，尽管其文本叙事囊括了文学叙事与历史叙事的双重叙事形式，但其仍更应被视为文学作品：首先，《古史纪年》的体裁——编年史（Летопись）本身即是史学与文学相结合的体裁；其次，《古史纪年》有其贯穿始终的各个主题或母题，其各年项记载、嵌入文本或神话传说等文本片段皆围绕各个主题或母题展开形象塑造或文本叙事；再次，各文本片段的叙事顺序或插入位置，显示了其作者/编纂者对整个文本进行构建的历史因果观和事件拣选观，这本身点明了叙述者形象、叙述视角和作者意识的存在，而在史书、史家典籍这类纯粹有关史实记录的作品、文献中不应有编纂者形象等叙事元素的明确出现；最后，史家典籍应为纯粹的事件记录，其中不存在对事件的描写与描述，而在《古史纪年》中不仅存在纯粹的事件记录，也存在对事件的文学性描述。

第一节 《古史纪年》的体裁与结构

美国学者杰拉德·普林斯（Gerald Prince）在其《叙述学词典》中对文学作品的结构做出了定义，认为结构（structure）是指"在整体中各种

---

① http：//feb-web.ru/feb/kle/Kle-abc/default.asp.

不同成分之间和每一成分与整体之间获得的关系网络。例如，如果说叙述被界定为由故事 STORY 和话语 DISCOURSE 构成，那么其结构应为从故事和话语、故事与叙述以及话语与叙述之间得到的那个关系网络"①。换言之，文学作品的结构是其各叙事层面（包括故事、话语、叙述等）间共同作用所产生的联系与结果，对文学文本的结构之判定与确立，需要对其形式（或诗学）和内容之间的相互关系加以考察。就作为文学作品的《古史纪年》来说，其对于不同故事的运用、对于部分嵌入文本的插入以及对各年代事件、各部分的安排与衔接等共同构成了《古史纪年》的文本结构。

一、体裁问题

对《古史纪年》体裁的界定，首先应确定其是一部编年史——在俄罗斯学界有关《古史纪年》的诸多论述中，其编年史体裁已被视为确切定论。在俄罗斯文明百科辞典《神圣罗斯》（Святая Русь. Энциклопедический словарь русской цивилизации）中，编年史（летопись）被定义为"11—17 世纪历史作品，在其中叙事是按年进行的。在编年史中关于每年发生事件的记述通常自'在某一年'（в лето）起始，由此得名编年史（летопись）。编年史是最重要的史料来源，也是表达古罗斯文化与社会思想最重要的古代文献。通常在编年史中俄罗斯历史从其开端开始叙述，有时以《圣经》故事为开端，以古罗马、拜占庭和俄罗斯事件接续。编年史在为古罗斯王公政权提供思想论据、宣扬俄罗斯大地统一性的过程中起着重要作用。同时，编年史囊括了关于东斯拉夫部族的起源，关于其与其他民族、国家及部族内部间相互关系的重要材料。一部编年史通常由其之前的编年史及其他材料组成（如历史记载、传记、信函、条约等），并包括由当时编年史家所记录的同时期事件；文学作品亦作为编年史史料的一种；故事、传说、史事歌、条约、立法、王公及教会的档案文件等亦常被编年史家们交织纳入其历史叙事"②。在俄语语言图景中，除 Летопись 之外，表达"编

---

① ［美］杰拉德·普林斯：《叙述学词典》（修订版），乔国强、李孝弟译，上海译文出版社 2011 年版，第 219—220 页。

② Платонов О. А. Святая Русь Энциклопедический словарь русской цивилизации, М. : Православное издательство Энциклопедия русской цивилизации, 2000, C. 761.

年史"之意的俄文词语还有 Хроника、Анналы、Временник 等。

编年史合集而成的汇编也是古罗斯的一种文学体裁，即 Летописный свод。这一体裁实际上反映了如《古史纪年》类编年史作品的形成过程：古罗斯编年史家对一个崭新的编年史作品的编纂，总是伴随着对旧有的、其所参照的前一个（或数个）编年史的改写和重建，其中必然涉及对所参照编年史的删减与增补，编年史汇编的形成过程如同堆积的山岩般层层累积，其形成历程伴随不同编年史家的逐渐增补与对旧有文本的不断修改与修订。俄罗斯学者沙赫玛托夫指出，流传至今的《古史纪年》文本并非其最初的文本形式，"《古史纪年》并未以其最初的形式流传至今，其仅仅被作为最晚近编年史汇编的组成部分而保存下来，并同其他编年史相联结"①。

尽管《古史纪年》属于编年史类作品，但在其标题中显示的体裁却为 Повесть（为"记述、记载"之意），即其标题 Повесть временных лет 所示。很显然这里的 Повесть 并非现代文学意义上的"中篇小说"，而表示一种更为古老的记述形式。"Повесть временных лет 的名称（确切地说，在古代俄罗斯文本中 Повесть 一词已被大量运用）通常被释义为'对逝去年月的记录、记载'（即 Повесть минувших лет），但亦有其他诠释，包括'叙事在其中按年进行的记录'（即 Повесть，в которой повествование распределено по годам）、'在过往期限内的叙述'（即 Повествование в отмеренных сроках）、'有关最后时刻的叙述'（即 Повествование о последних временах）"。② 也有俄罗斯学者将对 Повесть 一词的诠释同"预言"的意义联系起来，认为"Повесть 不仅意为'记述'（повести）、'言说'（рассказы），也意为'描述'（описания）、'叙述'（сообщения）、'教诲'（поучения）、'训诫'（наставления）、'阐释'（объяснения），以及'预言'（предсказание）与'预示'（предвозвещение）之意……而 времяньных 一词在这里被理解为'暂时的'（временный）、'多变的'（непостоянный）、'易逝的'（преходящий），也意味着'并非永恒的'（не всегда）、'并非永恒存在的'（не вечно существующее）、'一切尘世

---

① Шахматов А. А. Повесть временных лет и её источники. *ТОДРЛ IV*，М. Л.：Издательство Академии наук СССР，1940，С. 12.

② Ранчин А. Повесть временных лет летопись，http：//www. krugosvet. ru/enc/kultura _ i _ obrazovanie/literatura/POVEST_ VREMENNIH_ LET_ LETOPIS. html？page = 0，1.

的'（все земное）、'非永久的'（не вечное），并在很大程度上等于与'天堂'（небесное）相对立的'尘世'（земное）。"① 其认为由编年史（Повесть）所体现出的《古史纪年》整个文本的叙事方式是以对消息进行逐条记述的形式来展开的，认为《古史纪年》不仅是对古罗斯逝去历史的重现，更是对《圣经》所述末日审判的预示；整部《古史纪年》的主题思想带有末世论（Эсхатология）的特征。我们认为，编年史（Повесть）在这里表示的是《古史纪年》文本的言说方式，其意味着一种以时间为主要叙事框架的叙事模式，即按照事件、信息设置的叙事框架来展开其记载与描述，是囊括在《古史纪年》编年史体裁写作方式下的一种有关时间与事件的言说形式。

在《古史纪年》编年史的体裁外衣下散布着体裁各异的各个片段，其文本实质是由各个片段性文本在其所记载的时间轴线上连缀、组合而成的。俄罗斯学界对《古史纪年》文本内部各体裁进行了不同视角的类别区分。俄罗斯学者赫鲁晓夫（Хрущов И. П.）按照《古史纪年》所载各事件之间的"时间距离"来进行区分，认为《古史纪年》体裁可分为按年纪事（Погодные записи）、故事（Рассказы）、传说（Сказания）和小说（Повести）四个类型。②

本文拟从叙事风格及描述的具体与否，对《古史纪年》编年史体裁下散布的各个小体裁进行分类。根据叙事风格及所述内容，可分为《圣经》叙事体裁与非《圣经》叙事体裁：《圣经》叙事体裁包括《古史纪年》中与基督教及《圣经》文本叙事特征相关的所有叙事，其中包括有关魔鬼的叙事及具有使徒传特征的叙事（如关于鲍利斯和格列布死亡的叙事）；非《圣经》叙事体裁则包括对事件进行单纯记载与描述的叙事。在《古史纪年》中，很明显《圣经》叙事体裁所占的比重比非《圣经》叙事体裁大得多，大部分带有描述性质的叙事力图从《圣经》文本中获取其合法性或具有《圣经》文本的叙事特征，这一点说明了《古史纪年》文本同《圣经》文本间的重要联系。

根据对事件是否加以详尽描述及文本的独立与否，可划分为年项记

---

① Данилевский И. Н. Замысел и название Повести временных лет. *Отечественная история*，1995（5），С. 104.

② 参见 Хрущов И. П. *Сказание о Васильке Ростиславиче. Чтение в Историческом обществе Нестора-летописца*，Кн. 1. 1873 – 1877 гг. Киев：Университетская типография，1879，С. 48。

载、故事和嵌入文本三类体裁。年项记载是指对事件进行单纯记载的体裁，其记载仅具有史学特征，如6391（883）年项下的记载："奥列格进攻德列夫利安人，并征服之，索取黑貂皮（人均一张）作为贡赋。"[①] 6419（911）年项下的记载："西方天空出现矛状巨星。"[②] 故事则指编年史家对事件进行史学记载与文学描述的体裁，在《古史纪年》中被赋予文学性描述的事件很多，如6415（907）年项下对奥列格进攻希腊事件的记载和对奥列格死亡事件的记载，6496（988）年项下对罗斯接受基督教事件的记载等。与年项记载中对事件记载的极尽简化不同，故事对事件不仅是单纯的记载，还包括文学性质的描述，对很多事件进行了细节性的描写，我国司马迁所编著的《史记》就是在文学描写方面极其出色的史书典籍。对嵌入文本的区分则需判断其是否是一个独立的文本，如6453（945）年项下所记载的罗斯与希腊两国的和约，以及在罗斯境内推行国家统一政策的弗拉基米尔·莫诺马赫所作《训诫书》等，其本身是一个独立的文本，后被编年史家纳入编年史的文本构建之中，成为《古史纪年》文本的一个构成部分。

二、文本结构

英国小说家福斯特（E. M. Forster，1879—1970）在其著作《小说面面观》中提出了文学作品的"模式"问题，认为任何一部文学作品都应当具有使其得以成为一个整体的凝聚形式，"虽非一定要如《奉使记》般成就一种对称的几何图形，却必须依附于一个单一的主题、情境、姿态，这个中心非但应该控制所有的人物、生发出小说的情节，而且应该从小说的外部将小说凝聚起来——将分散的叙述收罗为一张网，使它们统统凝结为一颗行星，绕着记忆的天空有条不紊地转动。小说的整体必须体现为一种模式，而这个模式中有可能产生的一切散乱不羁的支线都必须剪除"[③]。福斯特在这里提出了一系列文学模式的形象化表征，如沙漏、长链、大教堂交汇的线条、凯瑟琳车轮叉开的辐射线以及普罗克汝斯忒斯之床等，认

---

① 王松亭译注：《古史纪年：古俄语—汉语对照》，商务印书馆2010年版，第12页。
② 王松亭译注：《古史纪年：古俄语—汉语对照》，商务印书馆2010年版，第16页。
③ ［英］E. M. 福斯特：《小说面面观》，冯涛译，人民文学出版社2009年版，第144—145页。

为"不论什么形象，只要它蕴含着统一性即可"①。福斯特对于文学作品形象化"模式"的提出，点明了以抽象形式查看文学作品本身结构特征的可能，这一几何形"模式"表达了文学作品借以展开叙述的结构中心，是所有故事材料加以组合、融会并赖以延伸的支柱，是使整部文学作品成为一个严整整体、化零为整的抽象模式。

除福斯特之外，秘鲁作家巴·略萨（Vargas LIosa，1936—）在其著作《中国套盒——致一位青年小说家》中也提出了文学作品模式的说法，认为法国作家福楼拜的《包法利夫人》中"农业展览会"一章因将各个事件融合为一个统一体而"成为某种超越组成这个情节的各个部分之和"②，呈现为"连通管"型；海明威（Ernest Miller Hemingway，1899—1961）的小说因情节内容显露的程度而被评论者界定为"冰山"型；瓦·叶·哈利泽夫（В. Е. Хализев，1930—2016）在《文学学导论》中认为托尔斯泰的《三死》和托马斯·曼的《魔山》具有"剪辑"式结构；德勒兹（Gilles Deleuze，1925—1995）则称后现代文本为"游牧"或"块茎"以区分传统小说的"树状结构"。

对于编年史《古史纪年》来说，对其文学模式的甄别，应考虑到其整个文本是由一个个单独的、对于每一事件的或简短或翔实的记载组成的，这是由编年史这一文学体裁的写作特征所决定的。就《古史纪年》而言，其文本所具有的多重体裁和不同主题使其呈现为"编织"（Сплетение）型结构特征，俄罗斯学者特沃罗戈夫（О. В. Творогов）将其称为"马赛克"（Мозайка），实际是说明《古史纪年》具有由多重体裁、主题及情节等构建而成的"拼贴"性，俄罗斯学者利哈乔夫将其称为"11—12世纪的一个壁画式作品"。俄罗斯学界对《古史纪年》文本模式的归纳，尽管表述各有不同，但都突出了其文本的连缀—片段式特征，即整个文本是由各年项下的单独记录逐条排列构成，但整个文本都服务于《古史纪年》的总主题，或者说，是贯穿《古史纪年》文本的统一主题将各片段叙事连缀起来，其主题在《古史纪年》的标题中即已传达出来："这是对往年历史的记载，记述罗斯民族从何而来，谁是基辅的开

① ［英］E. M. 福斯特：《小说面面观》，冯涛译，人民文学出版社2009年版，第145页。
② ［秘］巴·略萨：《中国套盒——致一位青年小说家》，赵德明译，百花文艺出版社2000年版，第104页。

国大公，以及罗斯国如何形成。"① 整部《古史纪年》对于古罗斯历史的记载，正是对整个标题的回应与解答，"《往年纪事》开头标题谈的是罗斯国家的开端，或作为国家整体的罗斯人民的开端。对《往年纪事》开头标题的这种理解，也被后一句话提出的问题所支持，关于这个罗斯国家中央集权的基辅的全罗斯王朝开端的问题：'是谁成为基辅第一任王公。'《往年纪事》前半部就是回答这两个问题的。编年史家讲述斯拉夫人民的起源，描述他们的土地，指出地名的来历、斯拉夫文字的诞生，还指出东斯拉夫（罗斯的）各部落的差异，讲解了罗斯名称的由来，指出了各地方公国王朝及全罗斯王朝的开始（从留里克算起），并一直注意罗斯国家的逐渐兴起。编年史家在自己著作开篇标题中所提出的问题是广泛的，而对其回答却更为广泛"②。

我们认为，《古史纪年》其编年史体裁外衣下的各文本体裁具有一种"棋盘"式文本形态，这一"棋盘"式的文本形态并非经纬交织、横纵井然的；其中会有单纯记载、缩减、延展、空白与《圣经》引文等。其叙事以事件为基本单位，"事件"以"时间"为轴的叙事构成了《古史纪年》的基本叙事图景；此外，还应考虑到构成编年史写作材料的史实、民间故事等写作素材。在 20 世纪史学家海登·怀特（Hayden White，1928—2018）看来，"编年史"和"故事"是构成历史书写的原始要素，"'事件'按其发生的时间顺序排列，就构成'编年史'，诸'事件'进一步被编排到事情的'场景'或过程的各个组成部分，就组织成了'故事'"③。

俄罗斯学者沙赫玛托夫将《古史纪年》文本分为七个部分：自《古史纪年》叙事开端至 6453（945）年项下的记载被视为第一部分，沙赫玛托夫认为这一部分"其主要特点在很大程度上基于阿玛尔托尔继任者的希腊年代记所述内容，并且有关俄罗斯的信息极少"；第二部分以 6454（946）年项下"伊戈尔之子斯维亚托斯拉夫开始执政"和 6455（947）年项下"奥莉加对德列夫利安人的胜利并安排一应土地事宜"为开端；弗拉基米尔接受洗礼成为《古史纪年》第三部分的核心事件（33 页）；6522（1014）年项下之后的记载被视为第四部分；6562（1054）年项下

---

① 王松亭译注：《古史纪年：古俄语—汉语对照》，商务印书馆 2010 年版，第 1 页。
② ［俄］拉夫连季编：《往年纪事》，朱寰、胡敦伟译，商务印书馆 2011 年版，第 276 页。
③ 伏飞雄：《保罗·利科的叙述哲学——利科对时间问题的"叙述阐释"》，苏州大学出版社 2011 年版，第 254 页。

"伊贾斯拉夫开始在基辅执政"的叙事被视为第五部分的开端，这位学者认为，这一部分的叙述几乎没有断裂；第六部分以 6586（1078）年项下"弗谢沃洛特开始在基辅执政"为开端；第七部分则主要为有关斯维亚托波尔克执政事件的记载。[①]

　　作为一部史学典籍，《古史纪年》其撰写必然需要汲取真实史料。克柳切夫斯基（В. О. Ключевский）认为："构成最初的编年史汇集的三个主要部分就是：（一）1054 年前编成并叙述到奥列格统治时期为止的《往年纪事》；（二）12 世纪初叶编成、在汇集中置于 986—988 年项下的《罗斯接受基督教的传说》；（三）叙述 11 至 12 世纪（到 1110 年为止）事件的《基辅佩切尔斯基寺院编年史》。"[②] 此外，《古史纪年》文本还囊括了 912 年、945 年项下的法律文书，以及弗拉基米尔·莫诺马赫的《训诫书》，这些可被视为嵌入文本。据俄罗斯学界考证，9 世纪拜占庭史学家格奥尔吉·阿玛尔托尔（或译阿玛尔托拉或阿玛托卢斯）的《年代记》（Хроника）和《圣经》等为《古史纪年》的重要史料和引文来源。《古史纪年》还大量引用并改编了俄罗斯民间传说和故事等民间文学材料，如"奥莉加替夫复仇记""奥列格死于马尸记"等片段。《古史纪年》记录了"罗斯受洗"等俄罗斯宗教、文化和社会史上的重大事件，也展现了古罗斯全民受洗后，在基督教信仰面纱下罗斯人民残存的多神教信奉痕迹。该编年史运用了多重史料，既有来自《圣经》的材料，也有取自东斯拉夫流行的民间传说故事的材料，还有像 986 年、987 年、988 年项下的《一个哲学家的谈话》此类宗教—教会著述言论，其所表达片段的语言在词汇、修辞等层面也各有差异。

第二节　《古史纪年》的叙事策略

　　《古史纪年》作为一个兼具文学与史学维度的古罗斯编年史类作品，

---

① Шахматов А. А. Повесть временных лет и её источники, *ТОДРЛ IV*, М. Л.：Издательство Академии наук СССР，1940，С. 32 – 36.

② ［俄］瓦·奥·克柳切夫斯基：《俄国史教程》（第一卷），张草纫、浦允南译，商务印书馆 2013 年版，第 89 页。

其文本叙事兼具史学纪实与文学虚构的双重特征，对其叙事策略的研究必定囊括其史学维度叙事策略与文学维度叙事策略两个层面。同时，对其史学叙事策略的研究，亦应考虑到史学叙事中所囊括的文学虚构因素，历史的记载与记录在一定程度上运用了删减、增添、变形等史学处理手段，从而形成了历史叙事中文学因素的特殊存在。

一、叙述者与叙事视角

近年来，历史文本的文学特性越来越多地受到世界各国学者的重视。"罗兰·巴尔特在 20 世纪 60 年代和海登·怀特在 20 世纪 70 年代都强调历史文本的文学特性以及它们所不可避免地所包含的虚构成分。"[①] 美国史学家海登·怀特认为，历史叙事可以"通过假定的因果律，运用真实系列事件与约定俗成的虚构结构之间的相似性提供多种理解，还成功地赋予过去系列事件以超越这种理解之上的意义。正是通过将一个系列事件建构成一个可理解的故事，历史学家才使得那些事件具有可理解的情节结构的象征意义"[②]。德国史学家约恩·吕森认为，"无论在哪一种文化里，无论在哪一个时期，'历史'总有其双重意义：一方面，它指的是发生在过去的按一定时间顺序排列的事件（res gestae，'事件'）；另一方面，与上述意义不可分割的是，'历史'还指对该事件的报道，以阐明该事件对人类诠释自我和诠释世界所具有的意义。前者涉及的是事件的时间顺序，而后者涉及的是这些事件的叙事性再现"[③]。世界各国历史学家都或显或隐地表达了一个有关史实处理即史学叙事的观点：史学叙事有其文学手段的处理与加工，并且经由这种加工，历史学家得以在历史文本中借由史实的重新拣选、编排与加工，呈现其所欲表现的时代风貌、文化背景与政治主题。

在《古史纪年》中，叙述视角随叙事内容的不同而有所改变，其文本实现了叙事视角的不断切换。一般来说，俄罗斯的编年史通常自古罗斯

---

① 贺五一：《新文化视野下的人民历史：拉斐尔·萨缪尔史学思想解读》，社会科学文献出版社 2012 年版，第 42 页。

② ［美］海登·怀特：《后现代历史叙事学》，陈永国、张万娟译，中国社会科学出版社 2003 年版，第 182 页。

③ ［德］约恩·吕森：《历史思考的新途径》，綦甲福、来炯译，上海人民出版社 2005 年版，第 12 页。

事件叙述起始，有时也自《圣经》故事起始，中间夹以古希腊、拜占庭与俄罗斯的事件，结尾则以与编年史家同一年代发生的事件作结。这里体现了《古史纪年》文学维度与史学维度的共同作用：其记载文本中各历史事件被编年史家纳入特定的史学叙事框架内，而对各历史事件的详细记载、对叙事框架所造就的叙事顺序则运用了文学手段。可以说，古罗斯编年史家以其卓越的"编纂"与"写作"手法实现了文学手段与史学叙事的有机结合，叙事顺序所营造的事件因果在《古史纪年》中成为"一个有意义的叙述"。

提及《古史纪年》文本的叙事策略，对其作者/叙述者形象的界定是十分重要的一环。"编年史研究中最复杂的问题之一就是作者概念。实际上现在已知的每一个编年史都是数代编年史家的工作结果。因此关于编年史文本作者（或编纂者、编辑者）的概念在一定程度上是相对的。每一位编年史家在描述其亲眼所见或是同一时代的事件或过程之时，首先会受命重写一个或数个先前发生的编年史汇编。因此按照德·谢·利哈乔夫的见解，编年史汇编的形式本身就是其诸多作者的特殊历史意识的理想体现。"①

叙述者被定义为"文本中所刻画的那个讲述者。每一叙述中至少有一个叙述者，与他或她向其讲述的受叙者处于相同的故事层面（Diegetic Level）。……叙述者或多或少是公开的、有知识的、无所不在的、有自我意识的、可靠的，并且与被叙情境与事件、人物或/和受叙者存在或远或近的距离（Distance）。这个距离可以是时间性的、推理的、理智的、道德的，等等"②。《古史纪年》不同于一般意义上史学文献的特征首先在于，其文本中已然出现了"叙述者"的形象，如 6559（1051）年项下："现在让我们叙述当初洞穴修道院是如何得名的。……笔者也曾去拜访过他，他接待了笔者，当时我才 17 岁，资历浅，资质不高。在此我将洞穴修道院建于何年，为何如此命名诸事记录下来。"③ 6582（1074）年项下：

① Данилевский И. Н. *Повесть временных лет*: *Герменевтические основы источниковедения летописных текстов*, М.: Аспект-Пресс, 2004, С. 24.
② ［美］杰拉德·普林斯：《叙述学词典》（修订版），乔国强、李孝弟译，上海译文出版社 2011 年版，第 153 页。
③ 王松亭译注：《古史纪年：古俄语—汉语对照》，商务印书馆 2010 年版，第 84、86 页。

"关于他的传说很多很多，我也曾亲眼见过他所行的一些奇事。"① 6599
（1091）年项下："笔者——一个有罪之人，是第一个目击者，所以关于
此事，我所讲的并不是道听途说，而是亲眼所见。"② 包括《古史纪年》
在内的许多史家典籍，不论其所述事件距离编纂者生活年代是否久远，其
文本中叙述者形象的出现与其他叙述方式等的共同作用，都给人以"亲
历"之感。

"文本与评注或运用之间暂时的隔阂，确保了在实际中始终都需要某
种如伽达默尔和姚斯的阐释学那样的东西，无论它们是否定型。"③ 在
《古史纪年》文本的形成过程中，作者几易其主，但这数位作者或改编者
都力图在接续文本中做到叙述者形象的一致性。俄罗斯学者沙赫玛托夫认
为，6559（1051）年项下这段论述不可能出自涅斯托尔之口，因为从费
奥多西传记中可以看出，涅斯托尔是在费奥多西的后继者、院长斯特凡在
任之时来到洞窟修道院的④。而从 6599（1091）年项下对挖掘、获取费奥
多西遗骨的情节内容来看，其中以第一人称叙述的"我"是否真实地参
与了费奥多西遗体挖掘的涅斯托尔也有待商榷，只能说这段描述"有可
能""有某种机会"出自涅斯托尔本人之手；而作者采用第一人称进行叙
述以及其"亲眼所见"的话语，在一定程度上营造了其文本整体叙事的
真实感。整部《古史纪年》文本都弥漫着一种"亲历性"，仿佛作者经历
了所有所述事件，却又有别于现代小说文本意义上的"上帝式"全知全
能视角，与之有"故事内"与"故事外"的差异。

在《古史纪年》文本中，其叙述者形象的出现，大体集中于三处。
其于 6360（852）年项下首次出现："我们之所以知道这些，是因为在该
皇帝统治时期，罗斯有人曾去过察理格勒，此事在希腊编年史中有详细记
载，所以我们也从这个时间开始逐年讲述史实。"⑤ 其后在有关基辅洞窟
修道院的叙事中再次出现。在 6605（1097）年项下第三次出现了"我"

① 王松亭译注：《古史纪年：古俄语—汉语对照》，商务印书馆 2010 年版，第 104 页。
② 王松亭译注：《古史纪年：古俄语—汉语对照》，商务印书馆 2010 年版，第 111 页。
③ ［法］热拉尔·热奈特、［加］琳达·哈琴等：《文学理论精粹读本》，中国人民大学出版社 2006
年版，第 57 页。
④ Шахматов А. А. Повесть временных лет и её источники, *ТОДРЛ IV*, М. Л.：Издательство
Академии наук СССР, 1940, С. 33.
⑤ 王松亭译注：《古史纪年：古俄语—汉语对照》，商务印书馆 2010 年版，第 8 页。

的形象："如上所述，当时瓦西里科被关押在弗拉基米尔城，正值大斋期，我此时也在弗拉基米尔城。有一天夜里达维德派人请我去。……瓦西里啊，我选派你，你去与你同名的瓦西里科那儿。"[1]《古史纪年》中的叙述者是身处"故事内"，即与文本所叙内容处于同一"故事层面"，其介入、参与了文本的叙述，呈现出法国叙事学家热拉尔·热奈特所说的"我在"和"我看"之间的区别。

"我在"与"我看"在这里涉及了故事文本的叙事视角问题，以及叙述者与文本叙事之间的距离问题。热奈特曾将叙事视角区分为三种，其"极力推崇托多罗夫在对'视角'或'语体'的限定基础上提出的三分法：全知叙述者的叙事、'有限视野'的叙事和视角外叙事"[2]。"我在"即处于"有限视野"的叙事，叙述者以文本中某一人物的口吻进行了叙事；"我看"则为现代小说意义上的全知全能式，或曰上帝视角下的叙事，其文本叙事力图消除文本中的叙述者形象，令读者感觉到事件与文本叙事的自行发生。

《古史纪年》文本的叙事视角，首先可以判定，大部分文本叙事为全知叙述者的叙事视角，在其文本中罗斯史实是按照严格的时间年限顺序来展开叙事的，叙述者形象在大部分文本叙事中表现得并不明显。但在某些年项下（上文已举例）明显地出现了叙述者形象，这时文本叙事视角会转变为"有限视野"的叙事视角。以上两种不同视角的交替出现与切换，增强了叙述者对文本的参与感和代入感；叙述者与文本的距离也随着叙述者形象的参与和淡出而不断减小与增大。

二、圣经化、重复、删减、空白等

关于《古史纪年》的叙事策略，可将其归纳为圣经化，对重复、删减、空白等文学手段的运用，以及对本民族传说的塑造与改写等。

有关《古史纪年》文学文本的圣经化，以古罗斯编年史家的圣经思维为依托；《圣经》是《古史纪年》最重要的引文来源之一。俄罗斯学者

---

[1] 王松亭译注：《古史纪年：古俄语—汉语对照》，商务印书馆 2010 年版，第 145—146 页。

[2] 李权文：《当代叙事学的奠基之作——评热拉尔·热奈特的〈叙事话语〉》，《文艺批评》2009 年第 2 期。

丹尼列夫斯基指出，"《圣经》文本、情节最为简单与直观地进入编年史的方式，就是对《圣经》的直接引用"①。从《古史纪年》的文本主题、所叙事件与时空关系等维度来看，可以认为，《古史纪年》其文本具有圣经化特征。

"王公—多神教徒的生平多因其高傲而成为'命运''惩罚'之象征，而王公—基督徒的生平则承载了'拯救'之思想。"②俄罗斯学者丹尼列夫斯基认为，至少需从四个意义层面来展开对《古史纪年》文本的阅读："中世纪文本（借助任何符号系统所传达出的所有信息）按其本质一定是多义的。除了其所具有的字面意义，至少还有三个意义：寓意性的、道德性的和象征性的。"③ 这一点与俄罗斯神学家谢·布尔加科夫（С. Булгаков）提出的对"神圣书写"即《圣经》之阅读的三个层次的思想有所契合："所以'上帝之言'内容的深度是无限的，完全不同于人类书籍的深度，虽然有时后者的语言外衣更为华美，而在圣书中，根据上帝的意愿，语言外衣应是朴素的，有时甚至是破烂的。这种思想多次反映在区分圣书的两重或三重含义中：字面的（科学研究的对象具有这种意义），寓意的（虽然这种含义比较晦涩，但仍能被人类的眼睛发现），秘密或神秘的（这种意义只显现于恩赐的光芒中）。"④ 作为《古史纪年》文本基本单位的事件被编年史家理解为同《圣经》有着莫大关联："对编年史家来说，事件（Событие）的在场是由于其同存在相关（со-Бытием）。"⑤《古史纪年》中所记载的罗斯历史上的王公贵族，常常被类比为在行为层面上相类似的《圣经》人物，古罗斯编年史家对某一人物的形容至少包括形容词形容与"绰号"形容两个层面，对这两个层面的对比分析，有助于对《古史纪年》所载人物真实寓意的显现（见表1-1）。

---

① Данилевский И. Н. *Повесть временных лет：Герменевтические основы источниковедения летописных текстов*，М.：Аспект-Пресс，2004，С. 99.
② Шайкин А. А. *Повесть временных лет：История и поэтика*，М.：НП ИД "Русская панорама"，2011，С. 136.
③ Данилевский И. Н. *Повесть временных лет：Герменевтические основы источниковедения летописных текстов*，М.：Аспект-Пресс，2004，С. 139.
④ ［俄］谢·布尔加科夫：《亘古不灭之光——观察与思辩》，王志耕、李春青译，云南人民出版社1999年版，第95页。
⑤ Данилевский И. Н. *Повесть временных лет：Герменевтические основы источниковедения летописных текстов*，М.：Аспект-Пресс，2004，С. 138.

表 1 - 1　罗斯王公类比形象及其类比原因

罗斯王公	形容	类比形象	类比原因
奥列格 Олег	先知 Вещий		
奥莉加 Ольга	圣洁的 Блаженная 睿智的 Мудрейшая	埃塞俄比亚皇后	奥莉加追求真神的圣明,而该皇后追求人(所罗门)的圣明
斯维亚托斯拉夫 Святослав	灵活勇敢的 храбр	豹子	英勇善战
弗拉基米尔 Владимир	圣洁的 Блаженный	1 所罗门 2 罗马帝国的康斯坦丁大帝	1 淫欲无度 2 不但自己受洗,而且还让他的臣民受洗而成为基督徒
斯维亚托波尔克 Святополк	受诅咒的 Окаянный	该隐,拉麦	弑兄杀弟
鲍利斯 Борис	圣洁的 Блаженный		
格列布 Глеб	圣明的 Богомудрый		
雅罗斯拉夫 Ярослав	睿智的 Премудрый	与其父弗拉基米尔,好比一人犁地,一人播种	罗斯受洗如开荒辟地,翻译经书如播种入心田
弗谢斯拉夫 Всеслав	出生后头上多长一层皮 язвенко	皮,膜	杀人不眨眼
罗斯季斯拉夫 Ростислав	英勇战士 доблестный воин		
斯维亚托斯拉夫 Святослав		1 含的后代、以扫 2 犹太王希西家	1 违背父命,侵占别人土地 2 向异国使者炫耀财富

　　俄罗斯学界曾注意到,除《圣经》之外,伪经也是构成《古史纪年》文本组织和史料来源的重要文献。《古史纪年》中的《一个哲学家的谈话》被认为是"出自 9 世纪生活于多瑙河附近斯拉夫人之手的独立文本。利沃夫的研究表明,在《一个哲学家的谈话》的语言中保存了摩拉维亚语和保加尔语的元素。这表明其作于摩拉维亚,并经由保加尔传入了罗斯。《一个哲学家的谈话》的内容与《圣经》正本有所区别,具有伪经特征。《一个哲学家的谈话》中的时间年表同编年史主要文本的时间年表有所差别(在其中耶稣降世的日期是 5500 年)。在一系列文本场景中,出现了《圣经》文本中未曾出现的'撒旦'形象。撒旦为'大地的咒诅'

感到高兴，教会该隐怎样杀害兄弟"①。利亚平指出，尽管《古史纪年》中的某些片段建立在《圣经》情节的基础之上，但其叙事同正统的《旧约》文本并不相符，如大洪水后关于挪亚三子划分世界的叙事；同时"在《古史纪年》中'关于雅罗斯拉夫诸子间兄弟阋墙'的故事是挪亚的两个儿子闪、含及其后裔——犹太人和迦南人之间故事的平行延伸"②。古罗斯编年史家直接点明了斯维亚托斯拉夫违背父命侵犯兄弟的事件与犹太、迦南两个部族间故事的相似："而此时斯维亚托斯拉夫于基辅继位，违背了父王的遗训，更主要的是他违背了上帝的训诫。违背父命，这是大罪：当初含的后代侵犯希伯的后人，400 年后他们遭到上帝的报复，希伯部族后来发展为犹太人，他们消灭了迦南地区各部族，夺回自己应得的土地。"③ 编年史家在这里表明，斯维亚托斯拉夫事件的结局是可以预知的：其将复现类似迦南被犹太灭族的场景。

《古史纪年》力图将罗斯历史纳入整个世界的历史进程中，这从其叙述内容即可发现：其文本在世界历史的大背景下记载了罗斯作为一个国家历经初步形成、建立、分裂与再度统一的国家史，罗斯史实与世界史实（包括希腊、保加尔等的史实）在其中交替出现——"作者涅斯托尔所表现出的民族自我意识与其先辈伊拉里昂心理同构，具有某种意义上的承继性。他追溯罗斯民族的起源，将古代罗斯的历史与欧洲及整个世界的历史联系起来，在斯拉夫各国及其邻国历史的大背景基础上，记载并研究罗斯发展史"④。

古罗斯编年史家力图以《圣经》中重要事件在罗斯历史中的再现，反映出罗斯历史是对《圣经》事件现世再现的事实与愿望，重复、预言等文学手段成为古罗斯编年史家构建《古史纪年》神圣历史观的重要方法，在这里，"一个原本以一种形式被编码的系列事件只是通过以另一种形式被再编码而得到了解码。事件本身并未在根本上从一种叙述变为另一种叙述"⑤。编年史家以此将古罗斯历史演变为《圣经》历史的现世再

① Кузьмин А. Г. Фомин В. В. *Повесть временных лет*, М. : Институт русской цивилизации, Родная страна，2014，С. 460.

② Ляпин Д. А. Апокрифические сказания и Повесть временных лет, *Вопросы истории*，2008（9），С. 152.

③ 王松亭译注：《古史纪年：古俄语—汉语对照》，商务印书馆 2010 年版，第 98 页。

④ 皮野：《基辅洞窟修道院在俄罗斯文化史中的意义与价值》，《俄罗斯文艺》2012 年第 1 期。

⑤ ［美］海登·怀特：《后现代历史叙事学》，陈永国、张万娟译，中国社会科学出版社 2003 年版，第 189 页。

现，由此《古史纪年》与《圣经》建立了古罗斯民族层面的独有联系。

时至今日，《古史纪年》的编纂史已被俄罗斯学界证实，其编纂成文不仅历经一位编纂者之手，而是历经数位编纂者的不断编纂、增补、删减等文学手段的加工，形成了流传至今的文本形态。俄罗斯学者沙赫玛托夫通过对《古史纪年》多个版本的对比与对照，认为在《古史纪年》之前尚存在一个更为初始的古罗斯编年史，但其原本已无从考证。流传至今的《古史纪年》在历经数位编纂者的文学加工后，其文本叙事（包括其思想主题、文本结构与叙事风格等层面）依旧保持了其内在的一致性。

"历史所呈现的断裂或矛盾，传统史学恒归咎史料先天的不足或后天的阙疑；但考古学反果为因，认为断裂毋需费心去克服，反而是展露历史症结的契机，更是绝佳的运作概念（working concepts），用以掌握历史的实相。因此'不连续'毋宁是认知的方式，远逾于认知的事实。"[1]《古史纪年》的记载并未呈现严格按年叙事的形式，文本许多年项下是空白记载，即其叙事在某种程度上出现了"断裂"；此等断裂说明了《古史纪年》编纂者的史家态度，即在空白年项下曾真正发生的事件不足为记、不符合其材料拣选的特征或是有悖于其所意欲呈现的史学价值观，"显示出通过控制披露信息的顺序来左右对因果关系进行阐释的叙事力量"[2]。

在《古史纪年》的记载中，与古罗斯帝国存在重要邦交关系的至少有两个国家：希腊与保加尔。《古史纪年》的编纂者以罗希两国交往的各个事件，显示出罗斯对希腊既有所承继又渴望与之区分的态度。奥莉加受洗事件成为拜占庭宗教与文化向罗斯施以影响的先导事件。6494（986）年项下，一位来自希腊的神甫向弗拉基米尔王公讲述基督教教义的记载颇具象征意味，其以面面教授形式进行的信仰传递预示着来自希腊的信仰之火将在罗斯大地熊熊燃烧，隐喻了下一罗马的诞生。"拜占庭文化在斯拉夫民族中得到认同，君士坦丁堡被东欧斯拉夫人看作是他们共同宗教和文化起源的中心。他们以拜占庭文化为基础，发展出更加粗犷、简洁的文化

---

① 黄进兴：《后现代主义与史学研究：一个批判性的探讨》，生活·读书·新知三联书店 2008 年版，第 29 页。

② ［美］詹姆斯·费伦、彼得·丁·拉比诺维茨主编：《当代叙事理论指南》，申丹等译，北京大学出版社 2007 年版，第 287 页。

特点。"① 事实上，有关基辅罗斯与拜占庭的国别间交往，在《古史纪年》中有一部分是以非常隐晦的形式呈现的，如在其6486（978）年项下记载为空白，而实际当时拜占庭帝国发生了严重内讧，拜占庭皇帝不得不请求基辅罗斯出兵援助，弗拉基米尔王公以求娶其妹安娜公主作为出兵条件，但最终拜占庭皇帝未履行诺言，这一失信直接导致了6496（988）年项下的赫尔松城遭困事件。"978年，罗斯大公弗拉基米尔·斯维亚托斯拉维奇（Vladimir the Great）即位，强化中央集权和思想控制。当时，拜占庭帝国内乱严重，为了平息福卡斯（Phocas）叛乱，皇帝巴西尔二世请求基辅罗斯大公出兵援助。作为出兵的条件，弗拉基米尔要求与拜占庭公主巴西尔二世的妹妹安娜（Anna）结婚。这一政治联姻符合10世纪后半期基辅罗斯公国积极推行的南下扩张政策。987年，基辅大公弗拉基米尔应拜占庭的邀请，派兵帮助镇压贵族叛乱。暴乱平定后，拜占庭人却迟迟不履行诺言，致使弗拉基米尔于989年出兵占领了拜占庭帝国在克里米亚（crimea）的领地。同年秋季，安娜公主在贵族和教士的陪同下出发去克里米亚，随同带去赠给弗拉基米尔的王冠和基督教圣物。"②

古罗斯编年史家在这里略去了拜占庭帝国的反悔行为，而是大力宣扬了基辅罗斯对拜占庭帝国的数次拯救，对此可以解读为，编年史家更注重向世界宣告古罗斯民族的拯救精神与英雄主义。以此为例，古罗斯编年史家对《古史纪年》中罗斯事件的拣选、删减等都是意有所指的，无论是《古史纪年》记载中出现的事件还是被化为"空白"的在史书中被有意隐匿的事件，其用意都在于使《古史纪年》的文本叙事保持某种一致性：这在很大程度上符合古罗斯编年史家维护罗斯国家统一、称颂罗斯王公的政治意图。

在《古史纪年》的文本叙事中，古罗斯编年史家还添加了有关罗斯建立的民间传说。比如编年史家添加的关于基辅建城的传说：

> 波利安人当时单独居住，按氏族各自治理。后来有三兄弟：长兄叫基易，老二叫契克，弟弟叫霍利夫，他们的妹妹叫蕾别季。基易住

① 陈志强：《拜占庭帝国通史》，上海社会科学院出版社2013年版，第330页。
② 陈志强：《拜占庭帝国通史》，上海社会科学院出版社2013年版，第362页。

在一座山上，即现在的巴利切夫冈，契克住在另一座山上，即现在的契克峰，霍利夫住的那座山后来取名为霍利夫峰。三兄弟建起了一座小城，并以长兄的名字命名，叫做基辅。①

有关基易三兄弟的传说"有意反映出各部落联合成一个完整的国家或现实的联盟：二个部落联盟能导致这种传说的产生——这些部落的祖先是兄弟。我们这里看到的可能是一个具有明显政治功能的历史传说"②。这一民间传说被编年史家纳入有关《古史纪年》意识形态的构建中来。"斯拉夫人比与其相邻的日耳曼人等种族更为提早地消散了血亲集群，而以领土集群代之。"③ 古罗斯编年史家试图经由自我构建传说的方式彰显其政治目的：其在罗斯国家以领土族群为开端的现实基础上，添加、补充了有关王公间血脉联系的传说，以此加深统治阶级网络之间的联系与羁绊。④ 古罗斯编年史家有关罗斯人邀请瓦兰王公前来统治的记载，亦出于同一政治目的："关于邀请王公兄弟的传说正中佩切拉编年史家的下怀，他们极力想断定所有的罗斯王公都有着共同的氏族根源（参阅文史纲要）。传说肯定了王朝的统一性：所有的王公都是同一王朝的成员，他们都是被邀请到罗斯，作为贤明而公正的君主。他们作为同族的代表，必须制止兄弟间互相残杀的纷争行为：这就是基辅编年史家的思想，这种思想反复地见于他们的编年史中。编年史家想象往年纪事中的《兄弟团结》概念首先是政治概念。这种'兄弟团结'的政治概念在编年史的传统中逐渐演变为兄弟的血缘意义。"⑤

对于基辅的建立者——基易的出身情况，古罗斯编年史家也力求使其符合罗斯王公的高贵身份：

---

① 王松亭译注：《古史纪年：古俄语—汉语对照》，商务印书馆2010年版，第4页。

② ［俄］拉夫连季编：《往年纪事》，朱寰、胡敦伟译，商务印书馆2011年版，第292页。

③ Кузьмин А. Г. Откуда есть пошла Русская земля-Века VI-X（Книга 1），http：//bookre.org/reader？file = 134432.

④ 在《往年纪事》中指出有关基易三兄弟建立基辅城的传说其产生根源可能是罗斯初始的部落联盟形态，这一历史传说被认为具有政治功能与韵味（参见《往年纪事》第292页注释）。我们认为，古罗斯统治阶级之间的血缘联系有可能是古罗斯编年史家所特意添加或改编，其意欲以此弥补因领土集群的建立而产生的某些统治弊端，加深其统治阶级网络之间的联系与羁绊。

⑤ ［俄］拉夫连季编：《往年纪事》，朱寰、胡敦伟译，商务印书馆2011年版，第306页。

有些人不了解情况，说基易曾是一个摆渡者，因为当时从第聂伯河对岸到基辅有一个摆渡口，所以过去人们常说："基易的渡口。"然而，如果基易真是一个渡手的话，那他就不会去察里格勒了。事实上，基易在治理本氏族时，确实去过察里格勒，并且当时的皇帝给予他很高的荣耀，只是我们不知道这位皇帝究竟是谁。当基易从察里格勒返回时，来到多瑙河沿岸，选中一个地方，建起一座小城，决定带他的族人来此定居，但遭到当地居民的反对。所以至今多瑙河沿岸居民仍称这座小城遗址为小基辅城。①

"小基辅城"遗址"留存至今"，确保了基易从察里格勒返回这一事件在历史上的真实性。由此，基易曾受到拜占庭皇帝接见与厚待的事实也有了间接证明，进而证明了古罗斯编年史家所提及的基易的高贵身份。

古罗斯编年史家还添加了有关使徒安德烈②的传说。这一传说被认为有其史实基础："关于使徒安德烈访问罗斯国的故事虽然与实际不符，但也不能认为是罗斯编年史家的臆造。应该指出，使徒安德烈的希腊《行为录》就有一段讲使徒安德烈教士团去锡诺普和赫尔松传教（它收录在他的最后一次，即第三次旅行记述中）。在11世纪的拜占庭很多人都坚信安德烈曾访问罗斯国家。特别是拜占庭皇帝米哈依尔七世杜卡曾给弗谢沃洛德·雅罗斯拉维奇（弗拉基米尔·摩诺马赫的父亲）写信说，两国人民都应由《圣经》真传的同样一些人进行宣讲基督教。"③ 这一建立在古罗斯民间传说基础上的编年史传说，为整个古罗斯披上了一层神圣的面纱，基辅被认为是使徒安德烈预测到其建城和未来东正教在此繁盛的城市，由此为基辅罗斯的神圣性添加了又一力证。

"重复"是古罗斯编年史家常用的编纂手法。这里的重复"并非简单的故事内容的重复，而是通过重复表现一种深层意义。具体说，小说的深层结构经历了一种'圈'的形式，一个主体与回归的循环往复"④。《古史纪年》所重复的层面包括对话语与事件的重复，其对事件的隐性重复体

---

① 王松亭译注：《古史纪年：古俄语—汉语对照》，商务印书馆2010年版，第5页。

② 在《圣经》记载中，安德烈被认为是使徒彼得之弟，后被尊为全罗斯的庇护者。

③ ［俄］拉夫连季编：《往年纪事》，朱寰、胡敦伟译，商务印书馆2011年版，第289页。

④ 罗杰鹦：《本土化视野下的"耶鲁学派"视野研究》，浙江大学出版社2012年版，第40页。

现了古罗斯编年史家对于其所欲宣扬主题的隐性重复。基于编年史的写作方式，单一事件在《古史纪年》文本中提及的次数必定是单一的，对其的叙事路线应是单向且不可逆的，其重复是在情节、主题层面的恒常复现。

"最短小的故事是由一个事件组成的。该事件其后是在时间 t_0 上获得的一种事物状态。这个最短小的故事将会落入诸如最短小故事这样的规则之中→在 t_0 时的状态＋事件＋在 t_1 时的状态。"[①] 我们认为，这里所说的"事物状态"在某种程度上指向文本的各个母题，其在古罗斯编年史家所记载的不同的罗斯事件中不断隐性地重复与再现，深刻地反映了在古罗斯历史时间流中产生的律动：对《圣经》母题的不断再现与隐性复刻。

《古史纪年》对于拥有相同主题的事件进行了"重复"性记载，所有事件主题几乎都可诠释为对《古史纪年》标题内容的"复现"与"重复"，即"这是对往年历史的记载，记述罗斯民族从何而来，谁是基辅的开国大公，以及罗斯国如何形成"[②]。故《古史纪年》的文本主题会在其文本所载不断向前推进的时间流中呈现出循环与重复的主题图景，在时间不断推进、事件不断变换的"马赛克"形式的文本叙事中，古罗斯编年史家将所欲表现的主题持续展现出来：《古史纪年》文本不断"重复"述说了罗斯作为一个国家逐渐建立的过程，包括斯拉夫人的氏族部落阶段、最初的罗斯国家阶段、基辅罗斯阶段、基辅罗斯分裂后的各小公国阶段以及由弗拉基米尔·莫诺马赫王公重新统一的罗斯国家阶段。在这一过程中逐渐表现了罗斯统治王朝的更迭即罗斯王公王位的变迁，以及由政权变更与争夺引起的罗斯王公内讧、罗斯国家被分裂又再度统一的循环主题。从某种程度上说，《古史纪年》所描绘的古罗斯民族与古罗斯国家的事件史，形成了对《圣经》主题与场景的隐性循环与重复，由此将罗斯历史塑造为《圣经》事件的现世再现，以此构建罗斯国家及民族史的神圣性。

此外，在记述古罗斯历史的同时，古罗斯编年史家所欲宣扬的教义亦

---

① ［美］杰拉德·普林斯：《叙述学词典》（修订版），乔国强、李孝弟译，上海译文出版社 2011 年版，第196页。

② 王松亭译注：《古史纪年：古俄语—汉语对照》，商务印书馆 2010 年版，第 1 页。

往往在《古史纪年》文本中重复出现，以达到古罗斯编年史家的教化、宣传目的，如其反复宣扬掀起内讧将受到神的严惩："这是上帝在教诲罗斯王公们，既已知道斯维亚托波尔克之下场，谁若再干谋害亲兄弟之事，亦将遭此惩罚，甚至要受比这更重的惩罚，因为已有前车之鉴。该隐杀死兄弟亚伯，受到 7 次惩罚，而拉麦受到 70 次惩罚；因为该隐不知道杀死兄弟将受到上帝的惩罚，而拉麦则是明知故犯。"① 这一点在《古史纪年》记载文本中被不断提及。

古罗斯编年史家还一再重复罗斯人是神的新选民这一事实，并以叙述者之口直接提出："罗斯人赞美三位一体的上帝，而魔鬼则受到接受圣洗的善男信女之诅咒，这些善男信女摆脱了罪恶，他们是新的基督徒，是上帝的选民。"② "所以，我们罗斯人，受圣灵照耀的新人，回忆圣洗，要纪念大公弗拉基米尔，要用祈祷和赞歌来颂扬上帝，等待上帝和我们的救主耶稣基督给予我们希望，拯救我们。他将会来临，按每人的所作所为赐给我们每个人不可言喻的幸福，这是所有基督徒都将得到的。"③ 其一再重复基督教所欲宣扬的上帝之仁爱、指点与惩罚等基督教元素："由于爱，我们的罪可以消释；由于爱，上帝之子从天上降临，代我们有罪之人受刑，使自己被钉在十字架上，他给我们十字架，让我们用来驱除魔鬼的嫉恨；因为爱，受难者们流尽了自己的血；同样也因为爱，伊贾斯拉夫王公遵从上帝的训诫，为自己的亲兄弟献出了生命。"④ 魔鬼对人的诱惑以及虔诚的信仰可以帮助人战胜魔鬼这一点也被不断重复："纵然使徒没有来过此地，但他们的教诲如同号角声一样在世上的每个教堂里回荡，我们凭使徒的教诲战胜魔鬼，将魔鬼踩在脚下，正如这两个瓦兰人所做的那样。"⑤ 这些为古罗斯编年史家所反复宣扬的教义、宣讲是《古史纪年》文本的重要构成部分。

《古史纪年》可被视为对《圣经》的再现与重构，其编纂手法在某种程度上采用了《圣经》的"预示"或"形象"释义方式。"'预示'理论认为：《旧约》里记述的主要人物、情节与事件是历史上的真人真

---

① 王松亭译注：《古史纪年：古俄语—汉语对照》，商务印书馆 2010 年版，第 78—79 页。
② 王松亭译注：《古史纪年：古俄语—汉语对照》，商务印书馆 2010 年版，第 65 页。
③ 王松亭译注：《古史纪年：古俄语—汉语对照》，商务印书馆 2010 年版，第 71 页。
④ 王松亭译注：《古史纪年：古俄语—汉语对照》，商务印书馆 2010 年版，第 108 页。
⑤ 王松亭译注：《古史纪年：古俄语—汉语对照》，商务印书馆 2010 年版，第 45 页。

事，他们作为《旧约》里'形象'的同时又预示着后来《新约》里出现的类似的人物、情节与事件。"① 《古史纪年》的总体结构亦隐性呈现了《圣经》这一叙事结构：其所记载的罗斯史实反映了上帝因罗斯人的罪过对罗斯进行的惩罚，其正是特殊神恩的彰显，以表达神对罗斯的偏爱。

　　法国叙事学家热拉尔·热奈特曾提及文学作品的"预言"形式，认为"预言"包括"预言、启示录、神谕、占星术、手相术、占梦"② 等。一般意义上的叙事通常产生在事件发生之后，在作为文学作品的《古史纪年》中，其大部分文本叙事亦遵循这一原则，然而其某些叙事还具有其他时间视角，如热奈特所认为的根据叙述时间的不同可将叙述分为"事后叙述、事前叙述、同时叙述和插入叙述等四种类型"③。俄罗斯学者阿廖什科夫斯基注意到，在《古史纪年》文本中存在一个特殊的叙述形式，即巫师的预言在其做出预言行为之前便隐性地实现了；有关巫师预言的叙事即具有"事前叙述"的特征。6579（1071）年项下记载道："在此期间一巫师受魔鬼诱惑，来到基辅，对人们说：5 年以后第聂伯河将倒流，土地将变换位置，希腊将挪到罗斯的位置，而罗斯将挪到希腊的位置，其他地方也将变换。"④ 而 6577（1069）年项下亦记载了一件基辅即将易主的事件：

　　　　6577（1069）年。伊贾斯拉夫与利亚赫王博列斯拉夫攻击弗谢斯拉夫，弗谢斯拉夫率基辅人迎战。他率兵来到别尔哥罗德，夜间从别尔哥罗德独自秘密逃往波洛茨克。次日晨，基辅人见大公逃走，便回到基辅，举行集会，求见斯维亚托斯拉夫和弗谢沃洛特，说："我们已经犯了罪，赶走大公伊贾斯拉夫，他现在率利亚赫人来攻打我们，你们当速来保卫你父王的城市，如果你们不愿前往，那我们迫于无奈，将焚毁城池，投靠希腊。"⑤

①　［美］M. H. 艾布拉姆斯：《欧美文学术语辞典》，朱金鹏、朱荔译，北京大学出版社 1990 年版，第 156 页。
②　杨冬：《文学理论：从柏拉图到德里达》，北京大学出版社 2009 年版，第 577 页。
③　杨冬：《文学理论：从柏拉图到德里达》，北京大学出版社 2009 年版，第 403 页。
④　王松亭译注：《古史纪年：古俄语—汉语对照》，商务印书馆 2010 年版，第 93 页。
⑤　王松亭译注：《古史纪年：古俄语—汉语对照》，商务印书馆 2010 年版，第 93 页。

在该文本片断中，"基辅人无奈之下欲投靠希腊"这一情节，其实质隐含了 6579（1071）年项下"罗斯将挪到希腊的位置"的意义。"罗斯将挪到希腊的位置"其本质并非幅员或国界的更移，而是暗指政权的变更与易主。有关巫师预言滞后于现实事实的叙事形式，或可理解为，现实事实是巫师预言的先导与警示，若身为领导人物的罗斯王公不采取军事行动保卫以基辅为代表的罗斯国土，则巫师预言有极大可能将会实现。

第三节　《古史纪年》的时空观

一、时间观

阿廖什科夫斯基将《古史纪年》文本视为如层层岩石般的沉积体，认为研究者应将《古史纪年》的文本分解为不同时间的沉积综合体[①]；沙伊金认为，时间是《古史纪年》的叙事机制之一，正是时间将《古史纪年》各自相异的情节以一个统一的维度串联起来，从而赋予其在时间轴线上的统一："年代的节奏性的、持续不断的进程将编年史叙事进行了组织，给予其相应的秩序。在一个单独年项的界限内，可以联结诸多最为不同的情节，亦可以告知最为相异的消息——对编年史家来说，各事件的同时性完善了关于各事件叙事的统一。"[②]

《圣经》叙事构成了《古史纪年》的重要叙事部分，《古史纪年》因而呈现出"现世—永世""当下—无限"的时空图景，这一点在《古史纪年》的俄文标题 Повесть временных лет 中已有所暗示：временный 为"过往的、临时的、暂时的"之意，лето 在这里指"时期、时代、年代"之意，二者的组合呈现了"当下"与"永恒"两相结合的时间图景。这

①　Алешковский М. Х. *Повесть временных лет. Судьба литературного произведения в древней Руси*, М.：Издательство Наука, 1971, С. 12.

②　Шайкин А. А. *Се повести временных лет от Кия до Мономаха*, М.：Современник, 1989, С. 4.

里隐含了《古史纪年》文本时间的特点所在，其结合了《圣经》这一神圣书写所指向的超时间性与其所记载罗斯历史的短暂时间性，呈现出"暂时"与"永恒"相互融合的时间状态。

"实际上，历史学的延续性并不牢固，因为每一本历史著作，都有起点和终点，而这起点和终点的划分，恰恰表现的是历史的断裂，而不是延续。"① 对于整部《古史纪年》来说，其所讲述的亦是历史的"一段"，即自 6360（852）年至 6618（1110）年约 258 年的史实。尽管《古史纪年》有其所叙时间的局限性，但其编撰者极力淡化这种局限之感，而力图借助宗教时空的构建，赋予其文本时间以永恒与无限之感，由此实现了历史叙事的无可变更性与宗教叙事的超越时空性的无缝对接。《圣经》情节可谓贯穿了《古史纪年》文本叙事的始终。在开端部分，以大洪水之后挪亚三子划分世界的《圣经》情节起始："大洪水之后，挪亚的三个儿子闪、含和雅弗划分世界。"② 在《古史纪年》结尾部分，以对天使降临的异象作结："这一年的 2 月 11 日，在洞穴修道院出现异象：深夜 1 时许，修道院内出现一道火柱，连接天地，闪电照耀着大地，空中响起雷声。所有的人都看到了这一异象。……实际上这不是什么火柱，而是天使降临；因为天使总是这样出现的，或是化作一道火柱，或是火焰。"③《古史纪年》记载文本对最后审判亦有所提及："而在这 8 支异族人之后，被马其顿王亚历山大封在山内的那些愚蒙之民也将于世界末日迁居出来。"④《圣经》情节的出现，延展、加深了小说的能指时空，降低了《古史纪年》其叙事时空之固定所带来的断裂与局限感。俄罗斯古代编年史同法国中世纪编年史的文本构建在此点存在相似之处："中世纪任何一部西方编年史都自《创世记》和亚当起，而当其依循编年史家之笔缓缓停驻之时，其真正的结尾亦总是最后审判。"⑤

《古史纪年》是针对罗斯历史展开的史实记载，但其所记载的是《圣

---

① 王晴佳、古伟瀛：《后现代与历史学：中西比较》，山东大学出版社 2006 年版，第 59 页。
② 王松亭译注：《古史纪年：古俄语—汉语对照》，商务印书馆 2010 年版，第 1 页。
③ 王松亭译注：《古史纪年：古俄语—汉语对照》，商务印书馆 2010 年版，第 157 页。
④ 王松亭译注：《古史纪年：古俄语—汉语对照》，商务印书馆 2010 年版，第 123 页。
⑤ Шайкин А. А. *Повесть временных лет*：*История и Поэтика*，М.：НП ИД "Русская панорама"，2011，C. 27.

经》事件在罗斯史实中的现世呈现：其以教历时间呈现出罗斯历史（在《古史纪年》记载中，公历时间被置于教历时间之后，其首先以教历时间记录罗斯历史），又以罗斯史实传达出"划分世界"、"该隐杀兄"和"世界末日"等超时空《圣经》图景，其时间流结合了历史与神话、开端与终结、现世与永恒，以编年史家的《圣经》思维为依托，如《圣经》所言："我是阿尔法，我是俄梅戛，我是首先的，我是末后的；我是初，我是终。"（《启示录》22：13）

"历史，首先是人类的诞生，是充满了新生、因而也就充满了死亡、并因生死的后果而形成内在联系的客观时间。"[①] 在《圣经》中，人类历史自亚当和夏娃夫妇被贬出伊甸园、依靠大地生存并开始繁衍之时开始，这一人类历史的起源本身，就与象征永恒、超脱时间樊笼的超验世界构成了一种奇妙的悖论：人类历史出自并无历史（永恒）的天堂，因为天堂是无始无终的，而人类历史有其确切的开端，其具有明确的断裂、终结感。从某种程度上说，《古史纪年》所载的历史流逝是由《圣经》时空所预判与缔造的，其对于历史时空与神圣时空的双重塑形与巧妙融合，使有形、短暂的罗斯之史披上永恒的神性之纱，成为"神圣之史"，罗斯历史成为由神意所观照、统治与笼罩的历史，而"正是《圣经》在古罗斯的地方化过程，直接决定了古俄语文学的成长状态"[②]。

在编年史家看来，时间是重建过去的最为重要的工具之一。"现代研究证明了在个别情况下编年史时间年表的谬误，但从编年史家本身的观点来看，年代网络正是使过去恢复秩序的可靠方法。"[③]《古史纪年》作为一部记载古罗斯早期历史的编年史，其时间记载显示了古罗斯人早期的时间观，天象和地震等元素成为编年史家显示、校勘历史时间的重要参照系。对《古史纪年》所载天象、地震等宇宙学、地质学现象的校准，有助于我们捋清古罗斯编年史家的时间观念。

---

① ［俄］谢·布尔加科夫：《亘古不灭之光——观察与思辩》，王志耕、李春青译，云南人民出版社1999年版，第171页。

② 林精华：《圣经的（俄）罗斯化：古罗斯文学及其向现代俄罗斯文学的转化》，《圣经文学研究》2014年第1期，第126页。

③ Шайкин А. А. *Се повести временных лет от Кия до Мономаха*, М.：Современник, 1989, C. 5.

表1－2 《古史纪年》与《盎格鲁－撒克逊编年史》所载时间与现象对照

《古史纪年》所载时间与现象	《盎格鲁－撒克逊编年史》所载时间与现象
6419（911）年。西方天空出现矛状巨星	905 这年出现彗星 *
6536（1028）年。天空出现一蛇状兆象，当时在各地都能见到	
6573（1065）年。在此期间出现异象，西边天空出现一巨星，发血色光芒，每天日落后升空，一连持续7日。这是凶兆，此后内讧及异教徒入侵之事多有发生，因为此星预示将有血光之灾。……在此之前太阳也有所变化，变得如月亮一般，不再发光，笨愚之人说，太阳被吃掉了	（C）1066 这年圣诞节后国王逝世之后的复活节，哈罗德从约克来到威斯敏斯特，复活节是4月16日。其后在全英国的天空中见到一种前所未见的迹象，有人说它是"彗星"，这种星有人称之为带毛发的星，它最初出现在大连祷日的前夜，即4月24日，整整照耀了一个星期 **
6659（1091）年。就在这一年的5月21日下午2时许，太阳发生异象，似乎消失了一般，只剩下月亮大小的一块	（1095）这年复活节是3月25日，复活节期间，圣安布罗斯节之夜，几乎全国各地，几乎整个夜间，都见到许许多多的星从天而降，不是一个两个地降落，而是如此密密麻麻地落下来，乃至没有人数得清
6610（1102）年。这一年的1月29日，天空出现异象，从南到北，从东到西，如同大火的反光一样，通红一片，即使夜间也有这样的光亮，如同满月照耀一般，一连3天。同年的2月5日，月亮发生异象，7日，太阳亦发生异象：三条弯虹将太阳围在其中，同时空中还出现一些虹，背与背相接	
6612（1104）年。这一年空中又出现异象：太阳处于一圆圈之中，圆圈内有一十字形，太阳正处在大十字的正中，圆圈之外左右两边各有两个太阳，且每个太阳的上方有一道虹，虹的角朝北，在夜间月亮亦出现此种异象，2月4—6日连续三天三夜，一直如此	1104 这年的圣灵降临节是6月5日，其后的星期二中午，太阳周围出现了四道晕圈，都呈白色，每一道都缠绕在另一道之下，好像是用油彩画的似的。目睹者感到惊异，因为他们记不起来过去有过任何像这样的东西 ***

注：* 出自《盎格鲁－撒克逊编年史》，寿纪瑜译，商务印书馆2004年版，第98页；** 出自《盎格鲁－撒克逊编年史》，寿纪瑜译，商务印书馆2004年版，第214～215页，古罗斯编年史家在这里实际所谈的是哈雷彗星；*** 出自《盎格鲁－撒克逊编年史》，寿纪瑜译，商务印书馆2004年版，第269页。

世界各地编年史家对天象的记载，成为界定其所记载日期的重要参照物，由以上对于奇异天象的记载可见，古罗斯编年史家与古代英国编年史家在《盎格鲁－撒克逊编年史》（公元9世纪末）中对于彗星、日食等奇异天象所记载的对应时间是有差异的，这亦反映出编年史家对其所编纂文本时间框架的调整。

　　"一切都预示着这种意旨，不仅是历史事件，而且还有自然现象，特别是不寻常的天象。由此编年史家对自然界的现象产生了很大兴趣。从这方面说，编年史家的研究范围甚至比现代的历史学家更广：他们把自然界直接拉进了历史，并不把它当作有时激发、有时抑制人们精神的、经常是命定的自然影响力的源泉，甚至不把它当作仅是人类生活中的无声息的环境，而认为自然界本身是历史中的活的角色，它和人一起生活，为人们效力，用各种征象向人们预示上帝的意旨。编年史家对上天和尘世的征象、对这些征象和人事的关系有其完整的学说。认为这些征象有时是吉兆，有时是凶兆。地震、日食和月食，不寻常的星辰、河水泛滥——这一切难得发生的重大现象不是吉兆，有时预示战争、内讧、饥荒或疾病，有时预示某个人的死亡。某个地方犯了罪，上帝就用饥荒、异教徒的侵略、溽暑或别种惩罚来惩戒它。"① 这一点在世界编年史写作中并不鲜见，如英国教会史学家比德（Bede）就常用彗星和麻雀来表达某种神秘的暗示；在《盎格鲁－撒克逊编年史》中，亦有"血从地里冒出来"② "一个水池里冒出了血泡"③ 等奇异、不祥现象的记载。

　　古罗斯编年史家对天象、预兆或异象的记载，尽管可被视为确定某些历史时间的参照物，但在宗教层面上，这些异兆恰恰也暗示了罗斯历史的"非时间性"，如利哈乔夫所认为的，出现在使徒传中的征兆和预警往往可被理解为事件所具有的非时间意义："叙述从来不会回返，但也不会超前。在圣徒行传中，有时也谈到等待他的命运，在叙述历史事件时，有时也引述不好的征兆或幸运的征兆，但这不是对时序的破坏，而是企图指出事件的非时间意义。按照中世纪作家的观点，这些涉及未来的东西蕴含于现实本身：按照他们的观点，征兆和预兆在事件本身具有自己的位置，每个人命运一开始便是已知的和先定的。"④

　　沙伊金指出，对编年史家所载史实真实性的考察并不在其研究范围之

---

① ［俄］瓦·奥·克柳切夫斯基：《俄国史》（第一卷），张草纫、浦允南译，商务印书馆 2013 年版，第 83—84 页。

② 《盎格鲁－撒克逊编年史》，寿纪瑜译，商务印书馆 2004 年版，第 264 页。

③ 《盎格鲁－撒克逊编年史》，寿纪瑜译，商务印书馆 2004 年版，第 263 页。

④ ［俄］德·谢·利哈乔夫：《解读俄罗斯》，吴晓都等译，北京大学出版社 2003 年版，第 161 页。

内，"我们对编年史家是否正确地描绘了俄罗斯历史的进程并不感兴趣"①。然而在对《古史纪年》文学维度的释解过程中，对编年史家所刻意创造、挪转或删减史实等文学处理手法的研究，在某种程度上可被视为凸显了编年史家的文学用意，继而展露出其政治用意。沙赫玛托夫则认为，《古史纪年》6491（983）年项下所载来自希腊的瓦兰人基督徒父子被杀的事件，谈及的是罗斯首批基督教蒙难者，其实质是对罗斯接受基督教时间的合法性进行说明：基督教最初在罗斯的传播是受到阻碍的，基督教徒曾被肆意杀死——"人们大喊大叫，毁坏他们的雪橇，杀死了他们。谁也不知道他们被埋葬在哪里，因为当时的人们都野蛮无知，不信基督，而魔鬼不知自己已离死不远，还暗自高兴"②。这一无从考证其真实性的文本片段，有极大可能属于编年史家为调整《古史纪年》中的时间流动继而调整由此时间流动所反映出的古罗斯历史进程所采用的文学手段。

在《古史纪年》以线性时间轴线呈现的罗斯历史历程中，有部分文本叙事表现出了特殊的时间观，如《一个哲学家的谈话》与关于基辅洞窟修道院的叙事中就呈现了历史时间淡化、《圣经》时间凸显的非线性时间观：在这两个文本片段中的时间是非常模糊的，历史时间严格的年项界垒在无形中被消弭。

"基督教的时间计算是特别的，它是从一个在时间实现时发生的中心事件出发计数的。……对于基督徒来说，救赎历史的分界线不是一种单纯的将来时（futurum），而是一种现在完成时（perfectum praesens），是已经发生了的主的降临。鉴于这个中心的事件，时间既是向前计算的，也是向后计算的。"③ 对古罗斯编年史家来说，反映在《古史纪年》中的历史时间被无形地囊括入由《圣经》所建构的特殊的基督教时间（即《圣经》时间），其中心事件表现为该编年史开端的最初事件，即挪亚三子对世界土地的重新划分："大洪水之后，挪亚的三个儿子闪、含和雅弗划分世界。"④ 倘若将这一中心事件作为《古史纪年》时间轴线上的坐标原点，那么发生在这一事件之前的《圣经》中的事件（包括上帝创世、夏娃遭

---

① Шайкин А. А. *Се повести временных лет от Кия до Мономаха*, М.：Современник, 1989, С. 4.

② 王松亭译注：《古史纪年：古俄语—汉语对照》，商务印书馆2010年版，第45页。

③ ［德］洛维特：《世界历史与救赎历史》，李秋零、田薇译，汉语基督教文化研究所1997年版，第228页。

④ 王松亭译注：《古史纪年：古俄语—汉语对照》，商务印书馆2010年版，第1页。

诱等直到上帝决意发大洪水毁灭世界）与罗斯历史的开端及之后的罗斯历史（在《古史纪年》中罗斯人在雅弗的后裔中寻找到了自己祖先的开端）以这一中心事件完成了对接，罗斯史与《圣经》史呈现出存在了合法先后顺序的时间链条。

沙伊金认为，《古史纪年》实现了从神话向历史的转向，而"填补这一时间流的正是俄罗斯大地的历史"①。《古史纪年》在其文本中确立了一个有关编年记录的明确的时间系统。"从现代到过去"在《古史纪年》文本中的体现意味着其中的神圣书写时间流，这在《一个哲学家的谈话》中有所呈现。这则嵌入文本，以一位来自希腊的神甫之口讲述了"上帝创世""挪亚方舟"等三子划分世界事件之前的《圣经》事件，拓展了整部《古史纪年》的神性能指时空，甚至提及了基督首次降世之前的时代："纳乌霍多诺索尔曾经犯过法，上帝为他及其子孙们指点前途，以此向人们证明：许多观念不正的人，在基督降世之前，也并不是为了愚弄无知百姓而显示奇迹，像西门、梅南德尔等法师都是如此。"② "从过去到现在"点明了《古史纪年》所载罗斯史实所占据的时间坐标，其以挪亚三子重新划分世界为开端，使罗斯史与《圣经》史产生直接联系，古罗斯编年史家借此实现从神话向历史的跨越与转向。

在《一个哲学家的谈话》（以下简称《谈话》）中，一位来自希腊的神甫向弗拉基米尔王公讲述了"上帝为什么要来到大地上"③，即对自上帝创世以来《圣经》情节的重述：上帝创世、夏娃遭诱、通天塔倒、出埃及记、犹太被弃等《圣经》事件在《谈话》中都被再现。在有关上帝创世的叙述中，明确出现了上帝按照次序在 7 日内造出世界的场景。

> 在造世之初，第 1 天，上帝造出天空和大地；第 2 天，上帝造出空气，将水隔开，这一天，一半的水分到天上，一半的水分到地上。第 3 天上帝造出大海、河流、源泉和结种子的蔬菜和树木；第 4 天上帝造出日月星辰以点缀天空。……后来，在第 5 天，上帝造出了大鱼、小鱼、爬虫，以及各种飞鸟；第 6 日，上帝造出野兽、牲畜、昆

① Шайкин А. А. *Повесть временных лет*: *История и Поэтика*, М.: НП ИД "Русская панорама", 2011, С. 341.

② 王松亭译注：《古史纪年：古俄语—汉语对照》，商务印书馆 2010 年版，第 20 页。

③ 王松亭译注：《古史纪年：古俄语—汉语对照》，商务印书馆 2010 年版，第 47 页。

虫，还造出一个人。在第 7 日，上帝休息了一天。①

在《谈话》中，继七日创世事件后，古罗斯编年史家讲述了漫长的时间流逝，如：

在该隐杀害亚伯后，"亚当和夏娃哭亚伯哭了 30 年，亚伯的尸体没有腐烂"②。

制作挪亚方舟耗时百年："挪亚做方舟花了 100 年时间，当他告诉人们将有大洪水来临时，人们都嘲笑他。"③

通天塔倒后人类开始了划分种族的历程："从亚当到大洪水其间有 2242 年，而从大洪水到分划种族是 529 年。"④

耶稣降世的时间被划定为 5500 年："在此以后，5500 年，天使长加百列来到拿撒勒对一个已经许配给大卫后代的少女玛利亚说：'蒙大恩的女子，我向你问安，主和你同在了！'玛利亚听了这话，便从圣灵怀了孕，生下一子，取名耶稣。"⑤

希腊神甫所讲述的七日创世的时间，与《创世记》中所述两相契合，但其之后的时间叙述则同《圣经》所述有所差异，如耶稣降生的时间仅被简略描述为"当希律王的时候，耶稣生在犹太的伯利恒"（《马太福音》2：1）。这位希腊神甫在《谈话》中建构了独特的、仅属于这一嵌入文本的神性时间流；《谈话》中的时间记载在某种程度上兼具神性时间与历史时间的双重特征。

"神赐福给第七日，定为圣日，因为在这日神歇了他一切创造的工，就安息了。"（《创世记》2：3）在圣经文化视域下，星期日被认为是神圣的、与上帝或教会事宜密切关联的重要时间；这一点反映在《古史纪年》文本中，表现为对在不同的日期中所发生的不同事件的记载，在星期日发生的事件往往同教会有关："例如，教堂的奠基和圣化通常在星期六和星

---

① 王松亭译注：《古史纪年：古俄语—汉语对照》，商务印书馆 2010 年版，第 47—48 页。
② 王松亭译注：《古史纪年：古俄语—汉语对照》，商务印书馆 2010 年版，第 49 页。
③ 王松亭译注：《古史纪年：古俄语—汉语对照》，商务印书馆 2010 年版，第 49 页。
④ 王松亭译注：《古史纪年：古俄语—汉语对照》，商务印书馆 2010 年版，第 49—50 页。
⑤ 王松亭译注：《古史纪年：古俄语—汉语对照》，商务印书馆 2010 年版，第 55 页。

期日完结，而战争通常都发生在星期五。"① 如基辅洞窟修道院院长费奥多西去世之时即为星期六②。

古罗斯编年史家在记载罗斯历史的年代大背景下，试图将罗斯历史在悄无声息的时间记载流中显现出《圣经》事件的现世发生，以此证明罗斯历史在整个世界民族史中的神圣及其与《圣经》的独特联系：罗斯历史事件的发生同圣经文化视域下的时间定位有所对应，《圣经》史以一种奇特的"不在场的在场"的形式进入了罗斯史。

"历史对时间的再塑形，是通过自身的创造与借助一些反思手段达到的。这些手段包括日历、代际延续、档案、文献与遗迹。它们连接了宇宙时间与生活时间，见证了历史的诗学功能——它们都具有回溯到叙述结构的普遍性。"③ 古罗斯编年史家在《古史纪年》中着力记载的基辅洞窟修道院，其存在本身就是对古罗斯接受基督教时间历程初期的最初证明。尽管《古史纪年》对基辅洞窟修道院的记载属于古罗斯编年史家所构建的历史时间流的大背景，有关基辅洞窟修道院的叙事依旧创造了其独特的、仅属于这一叙事内部的时间流逝。

有关基辅洞窟修道院的记载，在《古史纪年》文本中最早出现于6559（1051）年项下："雅罗斯拉夫召集罗斯各地主教开会，任命罗斯人伊拉里昂为基辅地区都主教，主持圣索菲亚大教堂。现在让我们来叙述当初洞穴修道院是如何得名的。"④ 我们可以明确的是，基辅洞窟修道院的建立实际上并不在1051年，因为在有关这一年的叙事中，古罗斯编年史家对基辅洞窟修道院的建立持追溯、回望态度，并点明其昔日即由伊拉里昂本人建立："伊拉里昂曾由别列斯托沃村去第聂伯河岸，他登上山冈，祈祷上帝，当时这里是一片大森林，而现在洞穴修道院即坐落于此。伊拉里昂来此地以后，挖了一个两立方俄丈的窑洞，在此诵经，暗中祈祷上帝。嗣后上帝便授意大公立伊拉里昂为索菲亚大教堂都主教，而这一窑洞

---

① Данилевский И. Н. *Повесть временных лет*: *Герменевтические основы источниковедения летописных текстов*, М. : Аспект-Пресс, 2004, С. 189.

② 古罗斯编年史家对此记载道："弟兄们在他身边坐了一整夜，在第8日，即复活节后的第2个礼拜六，亦即第11个税纪年的5月3日下午2时许，费奥多西将灵魂献给了上帝。"除星期外，以"月＋日"形式呈现的日期形式在《古史纪年》中也出现得较为频繁。

③ 伏飞雄：《保罗·利科的叙述哲学——利科对时间问题的"叙述阐释"》，苏州大学出版社2011年版，第198—199页。

④ 王松亭译注：《古史纪年：古俄语—汉语对照》，商务印书馆2010年版，第84页。

则保留下来。"① 有关基辅洞窟修道院的建立对于全罗斯的宗教意义，在这里简要归纳为以下两点。

第一，有关其建立的雏形，非常类似使徒安德烈对基辅城建立的预言，其皆建立在对上帝的祈祷上。基辅洞窟修道院其建立本身正是对安德烈所做关于基辅为东正教未来繁盛之地的预言的进一步认信与证明："基辅洞窟大修道院也是罗斯的修道院之'母'，一如基辅本身就是罗斯诸城之母。"②

第二，其建立的最初人物是伊拉里昂，他后来成为全罗斯首任都主教。在此之前，罗斯都主教都是来自异邦，伊拉里昂之出任，标志着罗斯具有了自己的官方教会，不再接受来自希腊罗马教会的统辖。基辅洞窟修道院为全罗斯首个修道院，且以罗斯首任都主教所遗留的窑洞为最初雏形，其建立是对全罗斯基督教教会系统的进一步奠基性扩充。

基辅洞窟修道院所遵循的时间流是以基督教教义规定的时间为计量单位的，如《古史纪年》就记载了费奥多西院长曾指出一年中的 40 天斋戒对虔诚教徒的意义所在：

> 上帝让我们用这 40 天的时间来净化自己的灵魂，这是我们每年献给上帝的十分之一：1 年 365 天，我们把每 10 天中的 1 天献给上帝，这就是 40 日的斋期，我们得以净化和脱俗，然后庆祝耶稣华诞，赞美上帝。斋期净化人的思想和灵魂。斋戒之事自古即有：在创世之初亚当不该食禁果，摩西斋戒 40 日才有幸于西奈山亲聆上帝圣训，见到上帝面容；撒母耳在其母亲斋戒时降生；尼涅维吉安人以斋戒使上帝息怒；但以理因斋戒得奇功而能善解异象和梦兆；因为斋戒伊利亚被接往天庭享受天国圣筵；因为斋戒三少年熄灭了烈火；上帝也曾斋戒 40 日并为我们规定了斋戒时日；使徒们也凭斋戒消除魔鬼之邪说；因为斋戒我们的前辈方能在死后仍留芳人间，成为后辈勤勉、节欲之典范。③

体现在基辅洞窟修道院中的时间叙事，其时间表现为拉长与缩减的结

---

① 王松亭译注：《古史纪年：古俄语—汉语对照》，商务印书馆 2010 年版，第 84 页。
② ［俄］德·谢·利哈乔夫：《解读俄罗斯》，吴晓都等译，北京大学出版社 2003 年版，第 90 页。
③ 王松亭译注：《古史纪年：古俄语—汉语对照》，商务印书馆 2010 年版，第 99 页。

合，这里的时间似乎超越或是突破了历史时间的藩篱，其因与基督教的紧密联系，具有了圣经时间的永恒性特征，时间在其中表现出了恒常性。古罗斯编年史家以此证明、体现修道院内众人对信仰的始终如一，比如："安东尼选瓦尔拉姆任院院长，而他自己单独上山，又挖一窑洞，住在其中，40 年如一日，信守美德，足不出洞，直到去世。"① "伊萨基就这样足不出户地生活了 7 年，从不躺下，一直坐着并且很少睡觉。"② 在这里，时间叙述得平缓、缓慢，尽管古罗斯编年史家依旧是以年项纪年来表达时间流逝，但这里的时间已然具有了天国时间的特征，其时间出现了"没有流动的流动"状态："对于'历史'时间和'社会'时间以及人的时间，中世纪的人们几乎没有任何概念。对于他们而言，季节的周而复始和昼夜的交替更具有现实的意义。时间对他们显得如此漫长，因为许多事情都需要耗费很长的时间才能办到。"③

古罗斯编年史家对基辅洞窟修道院的时间塑造，在很大程度上反映了基督教中为上帝—魔鬼所二分（光明—黑暗二元对立）的白昼—黑夜在时间叙事上的元素对立。神圣的、与上帝有关的叙事往往发生在白昼，与魔鬼相关的事件则往往发生在黑夜、黎明之前或晨祷之时，象征魔鬼对人的诱惑总是发生在夜间或太阳未出之际，如有关修士马特维的叙事：马特维曾见到在晨祷之时，魔鬼将衣服里藏有的粘人花抛到弟兄们身上，使其昏昏欲睡，无法完成晨祷；他还曾见过人骑在猪上行走的异象——"另有一次，黎明前，做完晨祷后，弟兄们各自回到修道室，马特维像往常一样，最后一个离开教堂。他在钟下坐下来休息一会儿，因为他的住处离教堂较远，他忽然看到，一群人离开大门而去，抬眼细看，见有一个人骑在猪上，其他的人与他同行"④。在通常的基督教释义中，只有魔鬼才会骑猪而行。魔鬼还会在晨祷之时幻化成驴子，同猪的形象类似，驴子也是魔鬼的象征："有一次，做晨祷时，马特维抬头想看看院长尼孔，结果发现有一头驴子站在院长的位置上，老人立即明白，院长还没有起床。"⑤ 修

---

① 王松亭译注：《古史纪年：古俄语—汉语对照》，商务印书馆 2010 年版，第 85 页。
② 王松亭译注：《古史纪年：古俄语—汉语对照》，商务印书馆 2010 年版，第 102 页。
③ 张顺洪、赵文洪、姜南主编：《中国社会科学院世界历史研究所学术文集》（第 7 辑），社会科学文献出版社 2011 年版，第 58 页。
④ 王松亭译注：《古史纪年：古俄语—汉语对照》，商务印书馆 2010 年版，第 102 页。
⑤ 王松亭译注：《古史纪年：古俄语—汉语对照》，商务印书馆 2010 年版，第 102 页。

士伊萨基也是在夜里遭到魔鬼幻化的天使形象的诱惑，误以为是耶稣基督的到来，随后无法正常生活，险些死去。我们发现，编年史家对清晨、黄昏这类昼、夜之间的边缘时间是非常注意的，在这些昼夜交替的时分与晦暗不明的光线中，魔鬼所要的种种把戏往往能够迷惑人心，编年史家指出，只有坚定不移地信仰持守者方能战胜异象与诱惑，这其中比较典型的事例为修士伊萨基最终战胜眼前表象（即魔鬼所幻化的熊、猛兽与毒蛇虫豸等①）、持守信仰的事例。

在基辅洞窟修道院的一众著名修士中，有两位修士的生活时间明显异于常人，其中之一为叶利米修士，"他见过当初罗斯受洗的情景"②。另一个为马特维老人："费奥多西去世，斯特凡继任院长时，马特维在世；斯特凡以后尼孔院长在世时，老人依然健在。"③ 按照《古史纪年》及其他俄罗斯史料记载，"罗斯受洗"大约发生于公元 988 年，距离其所记载年项经过了 86 年；而历经三位院长的交替也非常人所能做到的——在这里古罗斯编年史家点明了基辅洞窟修道院修士的奇异之处：他们如同基辅修道院这座建筑群本身一般，其本身似乎能够穿越时间的重重雾障而留存于世。这两位修士对"罗斯受洗"与历任院长的见证本身，也是基辅洞窟修道院对罗斯历史的书写与见证；基辅洞窟修道院的宗教意义与历史意义不仅停留在往昔，更是"时至今日"的。

古罗斯编年史家运用了一系列俄语语言学方法，表达了对《古史纪年》的时间记录与调整。

一是古罗斯编年史家首先使用"在某一年"（В сколько лет）来表示该编年史的时间纪年，确立《古史纪年》所述罗斯史及世界史的纪年范围为 6360（852）年至 6618（1110）年。

二是使用动词过去式表示所载事实为已经发生的历史事件，这一点在《古史纪年》文本中出现次数很多。

三是在《古史纪年》标题中即出现了两个有关时间的短语，即"从

---

① 据《古史纪年》记载，伊萨基面对魔鬼幻化的种种凶相时说道："第一次你们装做耶稣基督和天使的样子，所以骗了我。而现在，你们变做毒蛇猛兽来我这里，并不能拿我怎么样，化作耶稣基督及天使的样子与你们不相符，而毒蛇猛兽之相与你们本身是一样的，都是肮脏凶恶的。"（见《古史纪年：古俄语—汉语对照》，第 105 页）

② 王松亭译注：《古史纪年：古俄语—汉语对照》，商务印书馆 2010 年版，第 101 页。

③ 王松亭译注：《古史纪年：古俄语—汉语对照》，商务印书馆 2010 年版，第 102 页。

何而来"（стало есть）与"如何形成"（есть пошла）。

四是在古罗斯编年史家笔下，时间多是以过去时的形式呈现的，但编年史家亦对时间进行了某些加工，以使其尽管处于过去时的时空层面而依旧能与"现在"保持联系，这一加工即对某些与"现在"相关联的词组或短语的使用，如 теперь，до сих пор 等：许多年后，斯拉夫人定居多瑙河流域，即现在乌果尔和保加利亚地区（Спустя много времени сели славяне по Дунаю，где теперь земля Венгерская и Болгарская.）。① "'直到今日'示意书中的故事发生于很久以前，但一直延续至今，年深日久之后叙述者向后来的读者提起那件事。"②

五是编年史家在某些表述中还使用了动词现在时以表达某遗迹"留存至今"之意，如把种族混杂后，上帝又用飓风将所建的塔吹倒，塔的遗迹在亚述和巴比伦之间，这个遗迹高度和宽度各为5433肘，它存留了许多许多年（По смешении же народов Бог ветром великим разрушил столп；и есть остатки его между Ассирией и Вавилоном，и имеют в высоту и в ширину 5433 локтя，и много лет сохраняются эти остатки.）。③

六是一些人名代词也被用来表达对时间的定位：后来，世上人口繁衍，在涅克坦和法莱克时代，人们决定建一座通天塔（И когда умножились люди на земле，то замыслили они создать столп до неба в дни Нектана и Фалека.）。④ 涅克坦和法莱克这两个人名亦来自《圣经》，他们是挪亚之子闪的后代子孙："雅弗的哥哥闪，是希伯子孙之祖，他也生了儿子。闪的儿子是以栏、亚述、亚法撒、路德、亚兰。亚兰的儿子是乌斯、户勒、基帖、玛施。亚法撒生沙拉；沙拉生希伯。希伯生了两个儿子，一个名叫法勒，因为那时人就分地居住；法勒的兄弟名叫约坍。"（《创世记》10：21—25）涅克坦和法莱克时期被认为是大洪水后挪亚三子分地事件后百余年，由此古罗斯编年史家确立了《古史纪年》文本中通天塔建造的时间定位。

虽然《古史纪年》是对既往罗斯史实的记录，但其时间流并未仅仅通向过去；其《圣经》叙事部分既指向对终极未来（亦即最后审判）的

---

① 王松亭译注：《古史纪年：古俄语—汉语对照》，商务印书馆2010年版，第2页。
② 梁工：《圣经叙事艺术研究》，商务印书馆2006年版，第64—65页。
③ 王松亭译注：《古史纪年：古俄语—汉语对照》，商务印书馆2010年版，第2页。
④ 王松亭译注：《古史纪年：古俄语—汉语对照》，商务印书馆2010年版，第2页。

准备，也指向当下现世的时间流动。古罗斯编年史家针对各事件时间所使用的 до сих пор（从那时起），使其所记载的古罗斯世界与现世的俄罗斯世界贯通起来，具有了延伸至当下的时间意义，这一点使《古史纪年》不仅是一本单纯讲解罗斯史实的编年体史书，也具有了"预言"之书的性质与特征：体现在《古史纪年》文本中的时间不仅是指向过去的，也是指向未来的。

古罗斯编年史家在《古史纪年》所载历史时间的基础上，以教历时间反映了罗斯历史的推进[1]，以罗斯历史事件对《圣经》事件的循环与再现，赋予了《古史纪年》所载的罗斯历史时间《圣经》时间的特征，"当代事件经由《圣经》事件被认知"[2]。正如《古史纪年》的标题所被解释的："временнных 与'永恒'（вечность）相反，即 временнных 应被理解为'尘世的'（земных），因为'尘世的'（земное）即'短暂的、暂时的'（временно）。"[3]《古史纪年》文本时间由此连接了神话与现实、现世与永恒、过去与未来，呈现出历史时间与《圣经》时间两相融合的特殊时间图景。

二、空间观

《古史纪年》全称为"这是逝去年代的故事，讲的是罗斯大地从何而来，谁是基辅的开国大公以及罗斯国是如何建成的"（Се повести времяньных лет，откуду есть пошла Русская земля，кто в Киеве начал первее княжити и откуду Русская земля стала есть），其全称的关键词为"土地"（земля）。《古史纪年》围绕其标题所述，不断地在事件更替、时间推移中对罗斯国土扩充、国家形态的形成史予以塑形；在俄罗斯长达千年的历史中，土地与国家政权显示了不可分割、异常紧密的维系，如法国历史学家布罗代尔（F. Braudel）所认为的，对历史学的研究需考虑地理学的研究因素，"地理不是简单的展演历史舞剧的一个舞台或一个自然环

---

[1]　在《古史纪年》的时间记载中，首先是以教历时间、随后是纪年时间来展开记载的。

[2]　Шайкин А. А. *Повесть временных лет：История и поэтика*，М．：НП ИД "Русская панорама"，2011，С. 345.

[3]　Мурьянов М. Ф. *История книжной культуры России.* Очерки：в 2 ч. Ч. I，СПб．：Издательский дом "МiРЪ"，2007，С. 317.

境空间，地理还更是一个行政疆域构架"①。

根据俄罗斯奥热科夫详解词典，对"土地"（земля）一词的阐释至少区分为 7 个意义：（1）太阳系中距太阳的位置排第三的星球；（2）与水或空气之空间相对的陆地；（3）土壤，我们星球表面的一层，表层；（4）构成地表的松散的深褐色物质；（5）地域、国家以及地球的某一大面积地区；（6）由人所掌控、运用的某些带有农业用地的地区；（7）在奥地利和德国，其意味着行政地区（联邦）单位。② 在《古史纪年》中，"土地"（земля）被古罗斯编年史家赋予了多层含义："'土地'一词具有广阔意义，即领土、民族、国家。"③ 在古罗斯编年史家笔下，"土地"（земля）一词在《古史纪年》中表现出了逐渐凸显其最终意义的衍变过程。

在《古史纪年》标题俄文全称中，我们可以发现，"土地"（земля）在标题中总共出现了两次，但两次出现所代表的词汇意义却各有不同："根据《圣经》传统，同对'诸民族的列举'一样——关于罗斯起源的问题被分成了两部分，即'罗斯民族从何而来'（откуду есть пошла Русская земля）及'罗斯国如何形成'（откуду Русская земля стала есть）：从谱系学意义上说，罗斯源自瓦良格人，而从'历史—地缘'意义上说，其是在斯拉夫部族及其他部族将瓦良格王公邀请来之后才在东欧平原上'开始存在'的。"④ 换言之，在"罗斯民族从何而来"（откуду есть пошла Русская земля）中，земля 具有"人民"之意，"罗斯民族"（Русская земля）在这里是代表来自斯拉夫人的罗斯人的统称，在《古史纪年》的开端部分详细记载了斯拉夫人来自挪亚之子雅弗的种族承袭链条；"罗斯国如何形成"（откуду Русская земля стала есть）出现在"谁是基辅的开国大公"（кто в Киеве стал первым княжити）之后，表明编年史家的写作目的为在研究谁能作为基辅的开国王公后，继而探究罗斯作为一个国家的出现历程，此处 Русская земля 具有政治意义上的"国家"意

① ［英］阿兰·R. H. 贝克：《地理学与历史学——跨越楚河汉界》，阚维民译，商务印书馆 2008 年版，第 21 页。

② Ожегов С. И. Шведова Н. Ю. Толковый словарь русского языка, http: //povto. ru/russkie/ slovari/tolkovie/ozhegova/tolkovii-slovar-ozhegova-bukva-z_ ze-zi. htm.

③ Шайкин А. А. Се повести временных лет от Кия до Мономаха, М.: Современник, 1989, С. 3.

④ Петрухин В. Я. Иеротопия русской земли и начальное летописание, Иеротопия, Исследование сакральных пространств. М.: Индрик, 2006, С. 481.

味，应被译为"罗斯国家"或"罗斯国"，Русская земля 在此处被用以
指称古罗斯人所居住的地区、土地，故在这里可译为"罗斯大地从何而
来"，以显示古罗斯帝国疆域逐渐扩展、演变的历史历程。 "土地"
（земля）一词在《古史纪年》标题中对两种不同意义的呈现，侧面显示
出该词在整个《古史纪年》文本中所体现的意义多重性。

在《古史纪年》6360（852）年项之前，其纪年没有日期、年项记
载，编年史家认为"从此年开始才有罗斯国这个名称"①，自此年起始才
开启古罗斯历史的线性纪年。在6360（852）年项之前的叙事部分，添加
了《圣经》情节与民间神话色彩，并对世界各民族的分布与习俗、基辅
建城传说等进行了交代。在这一叙事部分中，земля 一词具有"大地、土
地"之意，如大洪水之后，挪亚的三个儿子闪、含和雅弗划分世界（По
потопе трое сыновей Ноя разделили землю - Сим，Хам，Иафет.）。② 于是
上帝把所有种族混合起来，然后把他们分成 72 个种族，并且把他们分散
到世界各地（И смешал Бог народы，и разделил на 70 и 2 народа，и
рассеял по всей земле.）。③

自 6360（852）年项下纪年起始，"俄罗斯大地"（Русская земля）
在很多时候作为国名出现，其意义相当于"古罗斯国家"，如拜占庭帝国
皇帝米哈伊尔三世开始执政，从此年开始才有罗斯国这个名称（Когда
начал царствовать Михаил，стала прозываться Русская земля.）。④ 我们的
国家地大物博，但毫无秩序可言（Земля наша велика и обильна，а
порядка в ней нет.）。⑤ 此外，земля 一词与"国家"相关的意义还包括
"地区""边境"之意：乌果尔人南下开始攻打希腊人，占领色雷斯地区
和马其顿地区，直到索伦（И стали угры воевать с греками и попленили
землю Фракийскую и Македонскую до самой Селуни.）。⑥ 在罗希和约中
对于 земля 一词的运用即有"边境"之意：如果飓风将商船刮到别国境
内，且船上有罗斯人要回国，待船主将货物装满该船并欲开往希腊时，我

---

① 王松亭译注：《古史纪年：古俄语—汉语对照》，商务印书馆 2010 年版，第 8 页。
② 王松亭译注：《古史纪年：古俄语—汉语对照》，商务印书馆 2010 年版，第 1 页。
③ 王松亭译注：《古史纪年：古俄语—汉语对照》，商务印书馆 2010 年版，第 2 页。
④ 王松亭译注：《古史纪年：古俄语—汉语对照》，商务印书馆 2010 年版，第 8 页。
⑤ 此句为笔者自译。
⑥ 王松亭译注：《古史纪年：古俄语—汉语对照》，商务印书馆 2010 年版，第 13 页。

们罗斯人将护送该商船绕过一切危险水域，直到达安全地带（Если выкинута будет ладья сильным ветром на чужую землю и будет там кто-нибудь из нас, русских, и поможет сохранить ладью с грузом её и отправить вновь в Греческую землю, то проводим её через всякое опасное место, пока не придёт в место безопасное.）。[1] земля 在某些时候还作与耕种用土地相区别的生活用地，如6454（946）年项下奥莉加为夫报仇向德列夫利安人进攻时说道："你们其他的城市已经向我投降，答应向我交纳贡赋并且已经划分了土地。"[2]（Ведь все ваши города уже сдались мне и согласились на дань и уже возделывают свои нивы и земли.）这里的 нива 指耕作用地，而 земля 的意义应是与其相反的居住、生活用地。

Земля 还具有"国民、人民"之意，如我们的人民已接受洗礼，可是无人给予指点，无人为我们讲解圣教经典（Земля наша крещена, но нет у нас учителя, который бы нас наставил и поучал нас и объяснил святые книги.）。[3] 保加利亚人全体接受洗礼，信奉基督教（Крещена была вся земля Болгарская.）。[4] 在《古史纪年》的记载文本中，除 земля 之外，还有数个表示空间的词，如 поля 等。Поля 在这里除表示"田野"外，还有"边境"之意。

《古史纪年》记载了俄罗斯强硬中央集权产生的初期历史背景，其对土地、领土的记载，多为向外扩张或外敌来犯、兄弟内讧以致政权不稳之时，王公对城池、土地的占领，往往标志着政权的夺取与权力的更移。《古史纪年》文本的最初部分以挪亚三子划分大地起始，这本身就是古罗斯编年史家空间历史观的重要表征：整部《古史纪年》所描述的地缘空间是对其所描绘世界的重要划分范畴。这一划分首先以挪亚三子对世界的重新划分为起始，将当时世界大部分国家进行了划归：闪分得世界的东部，包括从波斯、巴克特里亚至腓尼基地区的地缘空间；含分得世界的南部，包括从埃及、埃塞俄比亚至塞浦路斯岛、尼罗河等一系列国家与地区；雅弗分得世界的北部和西部，其所划归地区包括米堤亚、阿尔巴尼亚

---

① 王松亭译注：《古史纪年：古俄语—汉语对照》，商务印书馆2010年版，第18页。
② 王松亭译注：《古史纪年：古俄语—汉语对照》，商务印书馆2010年版，第30页。
③ 王松亭译注：《古史纪年：古俄语—汉语对照》，商务印书馆2010年版，第13页。
④ 王松亭译注：《古史纪年：古俄语—汉语对照》，商务印书馆2010年版，第11页。

至第聂伯河地区，还有部分河流（如多瑙河等，编年史家指出其中的伏尔加河往东流入闪的领地）。至此，罗斯人居住的地区得以确立起初始的地缘归属，其生存土地被赋予基本世界方位及其所依托的文明系统类型。

在罗斯作为一个国家建立后，其统治全部集中于王公一人之手，对新土地的占领、贡赋的收取、宗教的拣选与推行、对外交往与条约签订等一应国家事宜大都被集约化、强制性处理。古罗斯拥有的广袤空间，在相当程度上被权力关系所笼罩。"国家对俄罗斯无边的空间的统治，伴随着中央集权，对自由的个性与社会力量进行压制，使整个生命服从于国家利益。"① 如弗拉基米尔大公在全国强制推行基督教之时，曾吩咐将罗斯人最崇敬的雷神庇隆的木像拴在马尾上拖到河里并杖打，"昨天雷神还受到人们的敬拜，而今天则受唾骂。当人们沿鲁奇耶河将雷神庇隆的木像拖到第聂伯河边时，一些还没受洗的多神教徒为雷神而哭泣"②。别尔嘉耶夫认为，"俄罗斯国家的无界性与俄罗斯土地的无界性进入了它的心理结构。俄罗斯灵魂被辽阔所重创，它看不到边界，这种无界性不是解放，而是奴役着它"③。在俄罗斯文学作品中不乏其民族对大地的追寻，如莫诺马赫《训诫书》中的乐土、《伊戈尔出征记》中贯穿全篇的辽阔而统一的大地、果戈理笔下三驾马车所穿越的广阔田野："俄罗斯广袤的平原和浩瀚的森林、纵横交错的河流和四通八达的运河网络，决定了它主要经济活动的类型，决定了耕种的特点和国家组织的类型，形成了与其相邻民族的关系，形成了民间文学幻想的形象和民间哲学最初的观点。"④

在俄罗斯作为国家形态存在的历史进程中，空间、疆域所起到的重要作用不容忽视。"俄国史学泰斗（С. М. 索洛维约夫、В. О. 克柳切夫斯基、П. Н. 米柳科夫等）认为，领土扩张是俄国历史的关键问题。"⑤ 地理因素对俄罗斯历史与权力制约体制的影响，被一再提及："自希罗多德（Herodotus）以来，历史学家就被地理因素在人类历史中的作用所吸引。实际上，这位历史之父认为，俄罗斯南部广阔的大草原以及这片草原上的

---

① ［俄］别尔嘉耶夫：《俄罗斯的命运》，汪剑钊译，云南人民出版社1999年版，第55页。
② 王松亭译注：《古史纪年：古俄语—汉语对照》，商务印书馆2010年版，第63页。
③ ［俄］别尔嘉耶夫：《俄罗斯的命运》，汪剑钊译，云南人民出版社1999年版，第55页。
④ 陈树林：《俄罗斯东正教的本土化特征》，《求是学刊》2009年第5期。
⑤ 转引自［俄］鲍里斯·尼古拉耶维奇·米罗诺夫《俄国社会史：个性、民主家庭、公民社会及法制国家的形成（十八世纪至二十世纪初）》，张广翔等译，山东大学出版社2006年版，第43页。

土著斯基台人（the Scythians）对环境的适应就是强大的波斯人不能征服他们的原因。近现代俄罗斯史家，包括如克柳切夫斯基（Kliuchevsky）、特别是他的老师索洛维约夫（S. Soloviev）这样的一流学者，以及像克尔纳（Kerner）和萨姆纳（Sumner）这样知名的西方作家，都强调地理在俄罗斯历史中的重要性。"① 我国学者曹维安曾点明俄罗斯历史的开端、罗斯部落的分布及移民同地理维度上的平原、河流的紧密联系："欧俄居民沿着大河聚集，大河是主要的通商航路，沿河产生了许多商业中心和城市，距离河流较远的居民则从事农业和林业，向沿河的商人供应蜂蜜、蜂蜡、皮毛等出口货物。俄国历史的第一个时期——古罗斯时期，即是沿着第聂伯河，此后的第二个时期也是在伏尔加河—奥卡河上游。这就是河流的经济影响。河流的政治影响，在于沿着这些河流很早就形成了地方性的居民部落，俄国古代的编年史就是按照河流—部落系统来记载历史的。在古罗斯原始部落的划分中，以及代之而起的各公国的划分中，很容易看出这种水文地理的基础。不过，河流虽划分为自然、政治的区域，但又并不隔绝。由于各流域十分接近，地形又平坦，使其能够保持往来，培养各民族团结意识。此外，俄国人的移民方向，也自然首先是沿着河流流经之处。"② 曹维安认为，正是俄罗斯地理的特殊结构产生了其历史上特殊的两个群体，即北方森林中的隐居僧侣与南方草原上的哥萨克。

"地理能够帮助人们重新找到最缓慢的结构性的真实事物，并且帮助人们根据最长时段的流逝路线展望未来。"③ 俄罗斯民族对辽阔空间的崇拜可谓由来已久。据《古史纪年》记载，在"罗斯受洗"之前，罗斯的异教徒阿斯科尔德和基尔向察里格勒进军，他们攻占了苏德城并大肆屠杀基督教徒，希腊的米哈伊尔大帝冒死从战场返回皇城，与总主教在弗拉赫尔纳教堂向圣母祈祷了一夜，"他们唱着赞歌，手捧圣母像的金衣来到海边，用海水浸湿金衣下摆。当时万籁俱寂，海上风平浪静，刹那间风雨大作，海浪滔天，席卷了罗斯异教徒的战船，把他们在岸边摔个粉碎，只有

---

① ［美］尼古拉·梁赞诺夫斯基、马克·斯坦伯格：《俄罗斯史》，杨烨、卿文辉译，上海人民出版社 2007 年版，第 7 页。

② 曹维安：《俄国史新论——影响俄国历史发展的基本问题》，中国社会科学出版社 2002 年版，第 3—4 页。

③ ［法］费尔南·布罗代尔：《菲利普二世时代的地中海和地中海世界》，唐家龙、曾培耿等译，商务印书馆 1996 年版，第 19 页。

少数人保住性命，逃回家乡"①。《古史纪年》的编纂者对该事件的拣选显然颇具意味，因为其出人意料地暴露了对罗斯颇为不利的因素：由于圣母显灵，这一大片海上空间成为杀害基督徒、劫掠异邦的罗斯异教徒的葬地。俄罗斯学者利哈乔夫认为，这一事件反而可被视为圣母对罗斯予以神圣庇护的象征，"在当时的人们看来，上帝的惩罚——这是上帝对被惩罚者特别关怀的标志。……对于中世纪意识来说，宗教差别比社会差别更重要。所有这一切可以使人们理解敛布、圣母升天和弗拉赫尔涅修道院对于罗斯所具有的特殊的'军事的'、'防护的'意义。还应当注意到当风暴把俄罗斯船只驱散的时候，对俄罗斯人的胜利完成于天和地之间，在空间自然中，按照当时的观念，那里处于圣母的独特权力之下"②。这一事件成为罗斯在尚未受洗之际就受到圣母独特庇护的前逻辑文本，隐喻了俄罗斯民族特殊的神选意义。在《古史纪年》中，异族入侵也被视为信仰视域下神对斯拉夫民族的惩戒与警示："上帝派异教徒入侵我土以惩罚我们所犯的罪。"③ "上帝使异邦进攻我们，并不是降福于波洛韦茨人，而是以此来惩罚我们，使我们远离邪恶之事。异族之入侵，正如上帝手执的长鞭，惩罚我们所做的恶事，使我们忏悔，回归正途。"④

《古史纪年》中6505（997）年项下的记载，在极大程度上反映了古罗斯人对大地的依恋与寻求庇护之情：在佩切涅格人包围罗斯的别尔哥罗德城，致使全城断粮之际，一位老人靠搜集仅剩的粮食制成"来自大地的"面羹与甜浆，蒙骗了佩切涅格王公，得以使敌人退兵。在古罗斯人看来，土地是其生存的来源与庇护者。古罗斯国家形态的雏形——斯拉夫各部族、部族联盟即起源于广阔的东欧平原，并将在这一疆域宽广的平原上的不断迁徙作为主要的生存模式："根据他们的历史生活和地理状况，斯拉夫人在这个平原上并不是用繁殖的方法逐渐扩展的，不是分布开来，而是迁居各地，像飞鸟般从一端迁居到另一端。"⑤

在圣经文化语境中，人是由尘土造就的："神用地上的泥土造人，将

---

① 王松亭译注：《古史纪年：古俄语—汉语对照》，商务印书馆2010年版，第10—11页。
② ［俄］德·谢·利哈乔夫：《解读俄罗斯》，吴晓都等译，北京大学出版社2003年版，第153页。
③ 王松亭译注：《古史纪年：古俄语—汉语对照》，商务印书馆2010年版，第90页。
④ 王松亭译注：《古史纪年：古俄语—汉语对照》，商务印书馆2010年版，第117页。
⑤ ［俄］瓦·奥·克柳切夫斯基：《俄国史》（第一卷），张草纫、浦允南译，商务印书馆2013年版，第23页。

生气吹在他鼻孔里，他就成了有灵的活人，名叫亚当。"（《创世记》2：7）人类始祖亚当被上帝逐出位于天堂的伊甸园后，其首先依赖的即是大地，"土"被视为其产生的本源和消逝的去处："你必汗流满面才得糊口，直到你归了土，因为你是从土而出的；你本是尘土，仍要归于尘土。"（《创世记》3：19）夏娃被认为是"众生之母"："亚当给他妻子起名叫夏娃，因为她是众生之母。"（《创世记》3：20）换言之，夏娃这位众生之母由亚当肋骨形成也间接证明了万物始祖皆由泥土构成。在《古史纪年》文本所呈现的《圣经》事件中，与"大地""泥土"相关的另一事件，是上帝对亚当、夏娃有关葬礼的告知：

> 亚当和夏娃哭亚伯哭了 30 年，亚伯的尸体没有腐烂，亚当和夏娃不知道如何埋葬他。后来按上帝的旨意飞来了两只雏鸟，一只死去，另一只挖坑将它埋葬。亚当和夏娃见了，挖一个坑，将亚伯的尸体放入坑内，哭着埋了。①

这一葬礼在《圣经》中并无明确记载，库兹明认为，"关于两只鸟教会亚当和夏娃如何举行葬礼等叙述，具有伪经性质"②。古罗斯编年史家对此事件的拣选与编入，表达了古罗斯人对于葬礼的最初想象与理解，而这一理解仍旧可以被认为与《圣经》的创世观有关：人因土而生，也终将归属大地。同时，这一来自上帝的教诲也与魔鬼的教唆构成了鲜明对比，魔鬼教会人类违抗上帝命令偷食禁果、杀死自己的兄弟。这一弑兄事件亦与泥土、大地相关："撒旦便进入该隐的体内，唆使他杀死亚伯。该隐对亚伯说：'我们到田野去走走吧。'亚伯听了他的话。当两人在田野的时候，该隐跳起来想弄死亚伯，但没有成功。魔鬼对该隐说：'拿起石头打他。'该隐便拿起石头，将亚伯打死。"③ 在俄语语言图景中，Апокрифы 源自古希腊语 ἀπόκρφος，为"隐秘的""神秘的"之意④。作为未能进入《旧约》与《新约》典籍，伪经对俄罗斯古代文学同样具

① 王松亭译注：《古史纪年：古俄语—汉语对照》，商务印书馆 2010 年版，第 49 页。
② Кузьмин А. Г. Фомин В. В. *Повесть временных лет*, М.：Институт русской цивилизации，Родная страна，2014，С. 460.
③ 王松亭译注：《古史纪年：古俄语—汉语对照》，商务印书馆 2010 年版，第 48 页。
④ http://dic.academic.ru/dic.nsf/ruwiki/787239.

有非常重大的意义，这一点从《古史纪年》文本所蕴含的伪经特征及伪经元素中可见一斑。透过古罗斯编年史家在《古史纪年》文本的编纂过程中对伪经的运用，亦约略可见在当时的古罗斯，对《圣经》及其类似典籍伪经等的掌握已达到一定水平。

"空间模式是社会现实借以形象化的图表，通过它，社会现实至少可以部分地变得清楚了。它们是真正适用于各种不同时间运动（特别是长时段）、各种社会范畴的模式。"[1] 我们认为，在《古史纪年》中至少存在三种空间模式，其以基辅（Киев）、荒漠（Пустыня）以及基辅洞窟修道院的空间形象模式存在，被编年史家赋予了不同的空间意义表征。

据古罗斯民间传说，基辅由基易三兄弟建城于高山之上，《古史纪年》对此有明确记载。基辅逐渐成为古罗斯的政治、军事与经济等的中心，是由罗斯历来的广阔疆域与针对这种广阔疆域的特殊统治方式所决定的："俄罗斯人建立自己首都的趋向是尽可能靠近自己国家的边界。"[2] 实际上，基辅的形象学释义与《圣经》中的通天塔、世界之轴、雅各之梯之间具有形象学维度的联系——"《创世纪》故事中 Babel 一词源自 babal（混乱），但 Babel 实际便是雅各用以指他梦中所见地方的名称 Bathel，即上帝之门"[3]。这些力图向上、冲向天空、通往神之居所的高耸形象隐喻了基督徒对天堂与神的渴望。加拿大圣经学研究专家诺斯洛普·弗莱认为，"雅各之梯"属于这类高耸形象中较为典型的空间形象之一。《圣经》对雅各关于这一梯子的梦境记载如下：

> 雅各出了别是巴，向哈兰走去。到了一个地方，因为太阳落了，就在那里住宿，便拾起那地方的一块石头，枕在头下，在那里躺卧睡了。梦见一个梯子立在地上，梯子的头顶着天，有神的使者在梯子上，上去下来。耶和华站在梯子以上，说："我是耶和华你祖亚伯拉罕的神，也是以撒的神，我要将你现在所躺卧之地赐给你和你的后裔。你的后裔必象地上的尘沙那样多，必向东西南北开展；地上万族必因你和你的后裔得福。我也与你同在，你无论往哪里去，我必保佑

---

① ［法］布罗代尔：《论历史》，刘北成、周立红译，北京大学出版社 2008 年版，第 56 页。

② ［俄］德·谢·利哈乔夫：《解读俄罗斯》，吴晓都等译，北京大学出版社 2003 年版，第 35 页。

③ ［加］诺思洛普·弗莱：《神力的语言——"圣经与文学"研究续篇》，吴持哲译，社会科学文献出版社 2004 年版，第 169 页。

你，领你归回这地，总不离弃你，直到我成全了向你所应许的。"雅各睡醒了，说："耶和华真在这里！我竟不知道。"就惧怕说："这地方何等可畏！这不是别的，乃是神的殿，也是天的门。"（《创世记》28：10—17）

弗莱将雅各之梯理解为上帝真实存在于世，并将最终实现降临人世的证据："耶稣在提到圣父时说：'他派遣我来'（《约翰福音》4：34 等处），其实是在表明自己是个天使。按照保罗的解释，从天而降的天使都是启示的使者（《加拉太书》3：19），由他们将《圣经》送给世人。随着道成肉身（Incarnation），即道（Word）以肉体形式降临于大地，那么梯子之类的象征含义便完全变成言语的了。这时，梯子、塔楼、高山及世界之树等等统通都成为一种言语启示的形象，其惟一突出的隐喻便是降临。"① 在《古史纪年》中所记载的通天塔形象也是类似形象，其与拯救相关："它同时是《旧约全书》中的知识和罪恶树，也是《新约全书》中的十字架和得救树。"②

根据丹尼列夫斯基的观点，"11 世纪 30 年代初，在罗斯已经形成了将基辅视作新的耶路撒冷——人类东正教救赎中心的观点的基础"③。将基辅视作新耶路撒冷的说法，在某种程度上开启了于 16 世纪形成的 "莫斯科第三罗马"（Москва-Третий Рим）思想的某些先兆，这两种思想皆以俄罗斯对希腊罗马基督教的承袭为先导条件。东正教被认为是拯救人类的终极宗教途径，而基辅被视为新的宗教圣城之说法，也暗示出新天国亦即未来罗斯的思想。

基辅的城市形象源自通天塔、高山，而基辅洞窟修道院的建筑形象来自洞穴，其雏形即罗斯首任都主教伊拉里昂所挖的窑洞：

安东尼来到基辅，开始计划在何处定居，他走遍所有的寺院，都不满意，——这是上帝的意愿。于是安东尼穿密林，登高山，苦苦寻

---

① ［加］诺思洛普·弗莱：《神力的语言——"圣经与文学"研究续篇》，吴持哲译，社会科学文献出版社 2004 年版，第 182 页。
② ［古罗马］斐洛：《论〈创世记〉》，王晓朝、戴伟清译，商务印书馆 2012 年版，第 49 页。
③ Данилевский И. Н. *Повесть временных лет: Герменевтические основы источниковедения летописных текстов*, М.：Аспект-пресс, 2004, С. 159.

求上帝指点给他的地方。他来到山冈，看到伊拉里昂所挖的窑洞，非常喜欢此地，便想在窑洞内安居，他开始含泪祈求上帝："主啊，请你将我安置在此地，请你在这里实现圣山及为我剃度的院长之祝福。"安东尼开始在这里定居，以干面包为食，隔日而餐，挖穴取水，且日夜祈祷，从不懈怠。……有 12 个兄弟前来投靠，安东尼收他们为徒，为其剃度。众兄弟又挖了更大的窑洞，挖成教堂和修道小室，在老修道院下面的山洞里所有这些至今尚存。①

由此，基辅与基辅洞窟修道院形成了一种首先是形象学上，随后是诠释学上的隐秘对立："最常见的上升形象是梯子、高山、塔楼及参天大树；最常见的下沉形象则是洞穴或潜入水下。"② 基辅洞窟修道院的建筑形态，反映了古罗斯僧侣的隐修方式，即在洞穴中实现的生活与祈祷。

《古史纪年》中另一典型空间形象为"荒漠"（пустыня）。在古罗斯编年史家笔下，杀害兄弟的现世"该隐"——斯维亚托波尔克就死于"荒凉地区"："他无法在一个地方停留，于是穿过利亚赫地区，来到利亚赫地区和捷克之间的荒凉地区，在这里结束了他罪恶的生命。"③ 在俄罗斯学者杰明（Демин А. С.）看来，"对利亚赫和捷克之间'荒漠'的提及，反映出编年史家有关国家间界限的观念。……编年史家没有被可视的、地图上的某一'点'所引导，也没有在各国间运用直线型的界线，而是在'点'或地区之间（即政治、地理或景观标志）暗指了某种空间，以代替国界。如此，显露出的不仅有国家之间的转向，还有天堂与地狱的转向，兄弟掌权的转向，城市与乡村的转向"④。荒漠（Пустыня）、田野（Поля）等词，划分出《古史纪年》所载国家之间虽幅员宽广却壁垒森严的楚河汉界，也点明了古罗斯编年史家鲜明的国界观。

体现在《古史纪年》中的诸多空间形象，尽管已被赋予了明确的地理位置，其依旧是象征性的、想象性的、由言语与事件所建构出的空间形

---

① 王松亭译注：《古史纪年：古俄语—汉语对照》，商务印书馆 2010 年版，第 85 页。

② ［加］诺思洛普·弗莱：《神力的语言——"圣经与文学"研究续篇》，吴持哲译，社会科学文献出版社 2004 年版，第 167 页。

③ 王松亭译注：《古史纪年：古俄语—汉语对照》，商务印书馆 2010 年版，第 78 页。

④ Данилевский И. Н. *Повесть временных лет*: *Герменевтические основы источниковедения летописных текстов*, М. : Аспект-пресс, 2004, С. 194.

象。大地、基辅、基辅洞窟修道院、荒漠等空间形象，显示出古罗斯民族对空间的诠释与想象，反映了古罗斯国家构建与宗教构建在其空间架构中的弥散与投射。

本章小结

古罗斯编年史家在进行《古史纪年》的编纂时所依托的由史料、传说、民间故事等构成的各事件可被视为《古史纪年》中的"故事"，经过史学编纂与文学处理的该编年史文本可被视为"叙事"，而编年史家的编纂行为可称之为文学意义上的"叙述"。

《古史纪年》特殊的叙事形式"意味着叙述者须对多种早期素材进行筛选，将重要资料编入一个预先设定的叙事框架，此间他难免作为读者与故事之间的中介者发挥种种主体性作用，以致在文本中留下自身的痕迹"①。古罗斯编年史家力图在史学叙事框架内，使用文学、史学双重范畴的写作、编纂手法。

历史叙事有别于文学叙事，其试图以"亲历性"特征赋予所载事件真实性，在《古史纪年》中这一点常常体现在动词过去时态的使用上："历史叙述是通过遗迹（traces）的参照触及一种真实的过去。这种参照从诗学作品共有的隐喻参照中借用了'想象'。因为，'过去仅能通过想象进行重建'。同样，虚构叙述也从这种通过遗迹的参照中借得一部分参照的动力：每个叙述都被讲述成好像真实发生过（标志是动词过去时态的惯常使用）。"②

海登·怀特认为"年代记、编年史由于无法获得所处理的事件的充分的'叙述性'，从而证明了自身'历史性'的不完善"③。这一点在《古史纪年》中得到了很好的解决：古罗斯编年史家对许多罗斯历史事件

---

① 梁工：《圣经叙事艺术研究》，商务印书馆2006年版，第67页。
② 伏飞雄：《保罗·利科的叙述哲学——利科对时间问题的"叙述阐释"》，苏州大学出版社2011年版，第114页。
③ 伏飞雄：《保罗·利科的叙述哲学——利科对时间问题的"叙述阐释"》，苏州大学出版社2011年版，第254页。

进行了文学性描写，其描写为所载事件大大增添了真实感。

在《古史纪年》中，时间与空间的表达被贯穿以古罗斯编年史家的《圣经》思维。通过对雅弗后代及斯拉夫种族分布的阐释，编年史家将古罗斯历史纳入《圣经》所述大洪水之后的时间轴，由此使罗斯人为《圣经》义人之子雅弗的后代之论断成为合法事实，进一步确立了斯拉夫种族与罗斯人的神圣性，以及罗斯历史参与整个世界史及《圣经》史的事实。

"置于《古史纪年》中的时间序表，已被多次分析，故我们在这里仅仅指出，其线性时间顺序穿破了将《圣经》世界同真实的俄罗斯历史区分开来的帷幕；因此，纯粹时间顺序的俄罗斯历史可以被理解为整个世界史，其中包括《圣经》史的延续。"[1] 有俄罗斯学者认为，体现在《古史纪年》中的时空与《圣经》所载末日审判有莫大关系，其不应仅仅被释义为普遍意义上的地理空间与线性时间，而应与神性世界中的终极审判和人类最终命运相联系："时间与空间被认为是历史之唯一进程的终极阶段，在其之后将是末日法庭、最高审判和特殊的总结，其将在整体上决定人类的命运和每个个体的命运。"[2]

---

[1] Шайкин А. А. *Повесть временных лет：История и поэтика*，М.：НП ИД "Русская панорама"，2011，С. 347.

[2] Юрганов А. Л. *Категории русской средневековой культуры*，М.：МИРОС，1998，С. 27.

第二章 《古史纪年》的宗教维度

俄罗斯学者谢杰罗维奇（С. Я. Сендерович）指出，《古史纪年》文本中存在两个基本主题，即国家体制（Государственность）与基督教化（Христиализация）[1]。可以说，呈现在《古史纪年》中的罗斯国家体制的建立历程，是与全体罗斯人民的基督教化历程互相融合、无从分割的，如《古史纪年》中大洪水后挪亚三子闪、含和雅弗抽签获得世界土地的分配权、弗拉基米尔因眼盲复明更坚定了向罗斯境内引入基督教之决心等事件都说明了这一点，关于国家、疆土、民族与宗教的叙事呈现了彼此交叉缠绕之态。《古史纪年》的宗教叙事是其文本构成的一个重要维度，对其的解读能够揭示俄罗斯国家形态形成、其民族心理的构建历程等诸多问题。

第一节 《古史纪年》中的创世神话

西方古代编年史的时间建构往往与《圣经》的始末时间相接轨："中世纪任何一部西方编年史都自《创世记》和亚当起，而当其依循编年史家之笔缓缓停驻之时，其真正的结尾总是最后审判。"[2] 与之不同的是，《古史纪年》是以《圣经》中洪水灭世后挪亚三子（闪、含和雅弗）划分世界的场景为开端：

---

① Шайкин А. А. *Повесть временных лет*：*История и поэтика*，М.：НП ИД "Русская панорама"，2011，С. 23.

② Шайкин А. А. *Повесть временных лет*：*История и поэтика*，М.：НП ИД "Русская панорама"，2011，С. 27.

大洪水之后，挪亚的三个儿子闪、含和雅弗划分世界。闪分得世界的东部……含分得世界的南部……雅弗分得世界的北部和西部……闪、含和雅弗抽签划分土地，约定兄弟间互不侵犯，各自居住在管辖范围内，当时只有一个族。①

在关于雅弗后裔的记载中，首次出现了斯拉夫人的形象：

　　上帝毁塔和划分种族后，闪的后代占领东方土地，含的后代占领南方土地，而雅弗的后代占领西方和北方土地，从这72个族中分出斯拉夫族，这是从雅弗的一支，即所谓的诺里克人发展而来。

　　许多年后，斯拉夫人定居多瑙河流域，即现在乌果尔和保加利亚地区。有一部分斯拉夫人迁到各地，并且根据他们的所在地有了各自的名称。②

俄语"雅弗"（Иафет）一词源于古希伯来语 יפת（拉 Iafeth，希 Ιάφεθ，阿يافث），为"神的扩张"之意。在圣经文化语境中，挪亚三子划分土地后，出现了有关其未来图景的分野。雅弗曾为醉酒赤身的父亲披上遮羞的外衣，挪亚醒来后对他祝福道："愿神使雅弗扩张，使他住在闪的帐篷里，又愿迦南作他的奴仆。"（《创世记》9：27）"持预示论观点的基督教释经家们把被嘲讽酒醉后露出私处酣睡的诺亚理解为耶稣在受难前被剥去外套。"③雅弗被认为承继了挪亚之"义"，而这是挪亚方舟（即拯救与避难）得以成立最为重要的神性背景："惟有挪亚在耶和华眼前蒙恩。挪亚是个义人，在当时的世代是个完全人。挪亚与神同行。挪亚生了三个儿子，就是闪、含、雅弗。"（《创世记》6：8—10）"《旧约》中的预言与涅斯托尔的论证形成了一个完整的三段论：雅弗将主宰世界，而罗斯人是雅弗的子孙，所以罗斯人有理由主宰世界。这就是说，'莫斯科第三罗马'之说有着自己的神学基础，尽管这种基础并不坚实，但对涅斯托尔来说，雅弗是罗斯人祖先的传说为俄罗斯民族的弥赛亚情怀提供了来自神学的依据。"④

① 王松亭译注：《古史纪年：古俄语—汉语对照》，商务印书馆2010年版，第1—2页。
② 王松亭译注：《古史纪年：古俄语—汉语对照》，商务印书馆2010年版，第2—3页。
③ ［德］汉斯·比德曼：《世界文化象征辞典》，刘玉红等译，漓江出版社2000年版，第244页。
④ 郑永旺：《论俄罗斯文学的思想维度与文化使命》，《东北亚外语研究》2015年第1期。

在《圣经》叙事中，上帝欲发大洪水淹没整个世界，其缘由乃是当时人们的罪孽深重："世界在神面前败坏，地上满了强暴。神观看世界，见是败坏了；凡有血气的人，在地上都败坏了行为。神就对挪亚说：'凡有血气的人，他的尽头已经来到我面前；因为地上满了他们的强暴，我要把他们和地一同毁灭。'"（《创世记》6：11—13）洪水灭世后的世界被视为崭新纯洁之疆土，俄罗斯人被视为在"新天新地"中出现的义人挪亚之子雅弗的后代，拥有了挪亚—雅弗—诺里克人—斯拉夫族—罗斯人的神圣与合法的种族承继链条："上帝毁塔和划分种族后，闪的后代占领东方土地，含的后代占领南方土地，而雅弗的后代占领西方和北方土地，从这72个族中分出斯拉夫族，这是从雅弗的一支，即所谓的诺里克人发展而来。"①《古史纪年》开端所记载的挪亚三子对世界的重新划分，将斯拉夫族的原初史纳入《圣经》构建的世界史开端进程中，斯拉夫人呈现了清晰的种族承继链条与民族学分布（斯拉夫人由于定居、迁移、外族驱赶等外部原因，获得了不同的民族称谓，如摩拉瓦人、捷克人、白霍尔瓦提人、塞尔维亚人、霍鲁坦人、利亚赫人、波利安人、卢迪奇人、马左维亚人、波莫尔人、德列夫利安人、波洛韦茨人、塞维利安人等），由此斯拉夫民族被赋予了神性的并与世界发源共相接轨的开端。

罗斯人将雅弗视为其族裔的始祖，隐性地证明罗斯人不具有《圣经》所述的大洪水之前人类的"狂暴与罪孽"，他们是上帝灭世后"新天新地"之子民，是上帝所称赞、信赖的义人后裔；其祖先具有上帝钦选的神性与纯洁，是神在人间播撒神性的使者，而挪亚对雅弗的祝福，喻指了隐藏在斯拉夫民族潜意识中的神圣性与扩张观。

《古史纪年》对斯拉夫民族"雅弗起源说"的自我记载，显示出古罗斯将其初期历史向欧洲倾斜的思想倾向与导向：在《圣经》记载中，雅弗被视为所有欧洲人，甚至是整个欧罗巴人种的始祖②。《古史纪年》关于挪亚三子划分土地的叙述，与《圣经》所载有所差别：其比《圣经》所载内容更为详尽。《圣经》并未明确记载雅弗后裔所占土地的确切位置，仅仅记载道："（雅弗之子）这些人的后裔，将各国的地土、海岛，分开居住，各随各的方言、宗族立国。"（《创世记》10：5）我国学者王

① 王松亭译注：《古史纪年：古俄语—汉语对照》，商务印书馆2010年版，第2页。
② https://ru.wikipedia.org/wiki/Иафет.

钺对《古史纪年》文本中有关"闪、含和雅弗抽签划分土地，约定兄弟间互不侵犯，各自居住在管辖范围内，当时只有一个族。后来，世上人口繁衍……"① 的记载，认为"很可能这几行字是编年史家加进去的，为的是告诫自己同时代的王公们"②。

俄罗斯学者特沃罗戈夫指出，《古史纪年》的标题（Се повести времяньных лет, откуду есть пошла Русская земля, кто в Киеве начал первее княжити и откуду Русская земля стала есть, 中文译为"这是逝去年代的故事，讲的是罗斯大地从何而来，谁是基辅的开国大公以及罗斯国是如何建成的"），其目的在于论证斯拉夫民族属于欧洲民族这个大家庭，将斯拉夫民族的开端定位于《圣经》人物雅弗的后代，并确定在涅斯托尔时期罗斯版图构造的合理性③。古罗斯编年史家力图将罗斯纳入整个世界史的进程之中，其对罗斯引入、接受基督教的有关记载间接显示了编年史家这一思想倾向，利哈乔夫认为《古史纪年》中有关使徒安德烈的记载表明，基督教是罗斯进入欧洲的通道："基督教在这篇传奇中已经是作为将罗斯包括进欧洲的统一国家的原则出现的。"④ 罗斯王公弗拉基米尔为此同拜占庭安娜公主进行了一场政治联姻，并按照拜占庭皇帝的要求，在婚礼前举行了洗礼，古罗斯编年史家为此在《古史纪年》6496（988）年项下专门记载了弗拉基米尔在施洗后眼疾立刻痊愈的事件，其为嗣后整个罗斯的洗礼进行了一场重要的精神铺垫，"许多士兵见此情景也纷纷受洗"⑤。

在《古史纪年》的记载中，罗斯史实与世界史实交错出现，在其有所省略、间断的时间记载中，拜占庭帝国、保加尔等的王朝更替，罗斯与异邦的外交事宜亦有所提及；此种叙事内容与写作手法，使《古史纪年》不再仅是一部单纯记载罗斯史的国别史，据笔者统计，其共记载有 70 余个国名、90 余个民族名称，对部分国别（如希腊、保加尔等）史进行了专条记载，具有记载范围涵盖世界各地区的世界史特征，罗斯历史被融入

---

① 王松亭译注：《古史纪年：古俄语—汉语对照》，商务印书馆 2010 年版，第 2 页。

② ［俄］拉夫连季编：《往年纪事》，朱寰、胡敦伟译，商务印书馆 2011 年版，第 283 页。

③ 参见 Творогов О. В. *Лексический состав Повести временных лет：Словоуказатели и частотный словник*，Киев：Наукова думка，1984。

④ ［俄］德·谢·利哈乔夫：《解读俄罗斯》，吴晓都等译，北京大学出版社 2003 年版，第 47 页。

⑤ 王松亭译注：《古史纪年：古俄语—汉语对照》，商务印书馆 2010 年版，第 60 页。

世界历史的大背景中。

"罗斯"作为国名在《古史纪年》记载中首次出现是在6360（852）年项下："罗马税纪第15年。拜占庭帝国皇帝米哈伊尔三世（Michael Ⅲ）开始执政，从此年开始才有罗斯国这个名称。我们之所以知道这些，是因为在该皇帝统治时期，罗斯有人曾去过察里格勒，此事在希腊编年史中有详细记载，所以我们也从这个时间开始逐年讲述史实。"① 俄罗斯学者沙赫玛托夫认为，第一条有关俄罗斯的消息在《古史纪年》中出现于6367（859）年，但很明显这是古罗斯编年史家刻意将这条信息归入此年项下的，在这一年项下编年史家确立了俄罗斯诸多事件的时间顺序，（起初为被归入6360年的世界事件，为米哈伊尔皇帝开始执政之时，随后是罗斯事件，也被归入米哈伊尔初次执政之时），这一年同6370（862）年项下楚德人召唤以留里克为首的罗斯人统治的叙述相联系，其后又有三年年项下是空白无记载的；在古罗斯编年史家看来，6370（862）年项才是罗斯首个大事件在《古史纪年》中获得记载的确切日期。

在罗斯时期，基辅在整个斯拉夫民族中占有尤为重要的地位，罗斯史称"基辅罗斯"（Киевская Русь），直到15—16世纪俄罗斯才将政治中心迁至莫斯科，进入莫斯科公国时期，"罗斯国家原先是头几个基辅王公将各个不同种族机械地拼凑成的一个政治整体；现在，它丧失了这个政治整体性，开始感到自己是完整民族或国土的组成部分。后世人民想到基辅罗斯就想到它是俄罗斯民族的摇篮"②。在罗斯时期，王公奥列格有关基辅"将为罗斯众城之母"（Се буди мати градомъ русьскимъ）的话语在斯拉夫地区流传至今。

有关基辅这座城市之建立本身的传说，为未来作为一个东正教国家的罗斯构建了一个重要的神话前文本。据《古史纪年》记载，使徒安德烈曾到访基辅未来的建城之处，并预言了东正教将在此处繁盛发展的场景。有关基督教在罗斯传播的各传奇中，关于使徒安德烈的传奇传播得较为广泛，"初始俄罗斯编年史上有关在罗斯的基督教的第一篇传奇讲述的是使徒安德烈·别尔沃兹万内从希诺皮亚和科尔苏尼亚（赫尔涅索斯）沿着'从瓦兰

---

① 王松亭译注：《古史纪年：古俄语—汉语对照》，商务印书馆2010年版，第8页。

② ［俄］瓦·奥·克柳切夫斯基：《俄国史》（第一卷），张草纫、浦允南译，商务印书馆2013年版，第175页。

吉亚人至希腊人'大路——沿着第聂伯河、洛瓦季河、沃尔霍夫河至波罗的海，然后环游欧洲和罗马的旅行记"①。《古史纪年》对此记载道：

> 安德烈在锡诺普一带传经布道时，来到赫尔松，得知不远处即是第聂伯河河口，于是他决定去罗马，在河口乘船沿第聂伯河逆流而行，途中发生了一件事：安德烈在一座大山脚下上了岸，早晨起来对同行的生徒们说："你们看到大山了吧？山上将出现上帝的恩赐：这里将有一座大城市，上帝将在这里建许多教堂。"安德烈登上山峰，行祝福仪式，竖起十字架，祈祷上帝，然后下山继续溯第聂伯河上行。后来这里出现了基辅城。②

据说使徒安德烈是使徒彼得之弟，后被尊为全罗斯的庇护者。该传说显示了由使徒安德烈所沟通的重要联系——拜占庭与罗斯在基督教启蒙上的同源与承继，罗斯所承基督教与拜占庭基督教间的重要亲缘关系。"在11世纪的拜占庭很多人都坚信安德烈曾访问罗斯国家。特别是拜占庭皇帝米哈依尔七世杜卡曾给弗谢沃洛德·雅罗斯拉维奇（弗拉基米尔·摩诺马赫的父亲）写信说，两国人民都应由《圣经》真传的同样一些人进行宣讲基督教。"③ 尽管这一传说的历史真实性在很大程度上有待考究，然而我们可以明确的是，很多传说、故事已借由史书、文学作品或口口相传等形式进入了俄罗斯的民族集体记忆与民族意识，参与了整个国家民族精神史的构建；从某种程度上说，有关使徒安德烈到访基辅的传说本身已然成为随时间流逝而尘埃落定的"真实"罗斯史料。

使徒安德烈所行进的这条贯通罗斯南北的重要水路，点明了罗斯国家的信息、贸易来源与邦交走向。"这条水路为古罗斯国家的建立提供了极好的历史机遇，因为它北方连接着斯堪的纳维亚人，南方连接着拜占庭帝国。斯堪的纳维亚人给古罗斯带来了军事部落体制，拜占庭帝国则不但给古罗斯带来了先进的基督教文化，还带来了极大的国际商贸机遇。"④ 基辅所在的重要地理位置无论在历史、宗教层面，抑或文化、贸易方面都为

---

① ［俄］德·谢·利哈乔夫：《解读俄罗斯》，吴晓都等译，北京大学出版社2003年版，第47页。
② 王松亭译注：《古史纪年：古俄语—汉语对照》，商务印书馆2010年版，第4页。
③ ［俄］拉夫连季编：《往年纪事》，朱寰、胡敦伟译，商务印书馆2011年版，第289页。
④ 齐嘉、曹维安：《"罗斯"名称的起源与古罗斯国家的形成》，《历史研究》2012年第3期。

罗斯国家的未来构建预设了重要的地缘背景。

作为上帝在尘世的信使，使徒安德烈有关基辅未来的建城预言传达出其建立乃神之所授的观念。在俄文中，基辅（Киев）意为"基易之城"，据罗斯民间传说，其创建者是长兄基易（Кий），"三兄弟建起了一座小城，并以长兄的名字命名，叫做基辅"①。基辅城市建立于高山之上，其所处地点的象征意义"涉及比寻常的生存要更高一级的生存状态"②。有关基辅城市的构造，具有被神所摧毁的、通往天国的通天塔与伊甸园中的生命树的形状联想与维系，有关基辅建城地点之拣选，折射出斯拉夫人欲与苍天和圣地构成联系的思想："高塔"是《圣经》中"巴比伦塔"的化身，象征着人类攀越"天堂"的途径③。诺思洛普·弗莱认为，通天塔的建造本身即意味着一个帝国由盛转衰的循环过程："于是通天之塔很快变成了坍塌之塔，还伴随以语言的遭到搅乱，由此可见，通天塔其实是一个循环的象征，这一事例说明大国由强盛到衰亡的过程应验了《圣经》中的历史。"④ 有关通天塔的记载在《古史纪年》中并不仅仅单纯代表着一个《圣经》事件，还在某种程度上意味着罗斯整个历史对《圣经》的隐性循环与再现，展现了有关罗斯历史与《圣经》记载之间奇妙而隐秘的深层韵律。

基辅以其所促成的东正教的繁荣和处于高山之上的建城形态与巴比伦塔构成了既相似又相反的镜面式联系：基辅被视为人间巴比伦塔的另一种影像与化身，是神在毁塔后给予人类的另一种暗示，是温和、普世、虔诚的另一座信仰之高塔，以取代大洪水与通天塔所毁灭的罪城；使徒安德烈的故事被认为"充分显示出神选理念"⑤。

世界各国编年史往往都有其所侧重叙事的作为政治中心和叙事中心的城市，在《古史纪年》中其叙事是围绕位于罗斯南方的基辅展开的，原因之一乃是《古史纪年》的首任编纂者涅斯托尔所具有的基辅洞窟修道院隐修士的身份，还因为罗斯最初的统治阶级瓦兰王公从罗斯统治阶级的

---

① 王松亭译注：《古史纪年：古俄语—汉语对照》，商务印书馆 2010 年版，第 4 页。
② ［加］诺思洛普·弗莱：《神力的语言——"圣经与文学"研究续篇》，吴持哲译，社会科学文献出版社 2004 年版，第 170 页。
③ 淡修安：《普拉东诺夫的世界：个体和整体存在意义的求索》，世界知识出版社 2009 年版，第 212 页。
④ ［加］诺思洛普·弗莱：《神力的语言——"圣经与文学"研究续篇》，吴持哲译，社会科学文献出版社 2004 年版，第 180 页。
⑤ 郭小丽、孙静萱：《俄罗斯弥赛亚意识的结构及其流变》，《俄罗斯研究》2009 年第 2 期。

历史舞台最终退出了。瓦兰人最初视北方的诺夫哥罗德为中心：罗斯人最初所邀请的、瓦兰三兄弟中的留里克最终统治了诺夫哥罗德，并以其为中心展开了对整个罗斯的统治。古罗斯编年史家以两个历史事件点明了瓦兰王公在罗斯统治中的逐渐退出：首先是6390（882）年项下奥列格王公击败在基辅山称王的留里克属下贵族（阿斯科尔德和基尔），杀死他们并在基辅称王；其次是6488（980）年项下弗拉基米尔王公设计使瓦兰人离开罗斯、进攻希腊的记载，编年史家指出，此后"弗拉基米尔开始独自一人在基辅统治"①。

斯拉夫人的语言问题被古罗斯编年史家郑重提及。在通天塔建成之前，"他们是同一种族，讲同一种语言"②。上帝毁塔后，搅乱了人类的语言，使他们彼此无法联系。拜占庭帝国皇帝米哈伊尔大帝应斯拉夫人的请求，派遣美弗迪和康斯坦丁兄弟创制了斯拉夫字母表，并将《使徒行传》和《福音书》等翻译出来，使斯拉夫人能够使用斯拉夫语理解上帝；当时有人反对，"除了犹太人、希腊人和拉丁人外，任何其他民族都不该有自己的文字，因为彼拉多就是用这三种文字在圣十字架上题词的"③。《圣经》对处死耶稣的十字架上的文字是如此描述的：

> 他们就在那里钉他在十字架上，还有两个人和他一同钉着，一边一个，耶稣在中间。彼拉多又用牌子写了一个名号，安在十字架上，写的是"犹太人的王，拿撒勒人耶稣"。有许多犹太人念这名号，因为耶稣被钉在十字架的地方与城相近，并且是用希伯来、罗马、希利尼三样文字写成的。（《约翰福音》19：19—20）

古罗斯编年史家在这里传达出了关于上帝将犹太民族视为首个优选民族的前文本暗示。古罗斯编年史家随后围绕"通天塔"这一《圣经》事件中的语言问题进行了记载，点明正是由于语言混乱的缘由才使通天塔无法建成：

> 当时有很多人，讲同一种言语，他们商量："我们要建一座通天

---

① 王松亭译注：《古史纪年：古俄语—汉语对照》，商务印书馆2010年版，第42页。
② 王松亭译注：《古史纪年：古俄语—汉语对照》，商务印书馆2010年版，第2页。
③ 王松亭译注：《古史纪年：古俄语—汉语对照》，商务印书馆2010年版，第14页。

塔。"人们开始建塔，他们的领头人是涅乌罗德。上帝说："地上的人多起来，他们的思想却这样虚幻。"上帝下来，把人们的言语分成72 种。上帝只让耶维尔一人保留了当时亚当所讲的言语，因为只有他一个人没有参与那荒唐的建塔之事，他说："如果上帝允许建通天塔，那他会发话吩咐我们，就像他创造天空、大地、海洋及其他世界万物一样。"正因如此，上帝没有改变他所讲的言语，后来，耶维尔的后裔发展繁衍成为犹太人。所以，当时分出 71 种言语，人们分散到世界各地，每个种族有其各自的风俗。①

世间只有耶维尔一人保留了当时亚当所讲的言语，而耶维尔的后裔是犹太人的祖先，那么亦即最终仅有犹太民族承继了来自天国的人类始祖的语言，犹太民族作为最初上帝选民的意义，在这一点上首先被体现。耶维尔因未质疑上帝而获得保留其原语言的奖赏，《古史纪年》在此段描述之后对摩西故事的描写则再次印证了上帝意旨的重要性，摩西最终死在能够看到迦南地的尼波山之上，是其胆敢质疑上帝权威的惩罚，这一事件成为后来犹太民族被弃、上帝另选信民的预言性事件。

斯拉夫人为信奉上帝而获《圣经》所提及的希伯来、罗马、希利尼三样文字外的本族语，获拜占庭帝国皇帝亲派使者编制字母表，并获得罗马教皇的肯认，认为"应当创制文字，'让所有的人都来赞美上帝，'……如果谁再敢诋毁斯拉夫文字，将被开除教籍"②。语言不仅被视为罗斯接受基督教化的必要条件，更被视为上帝对斯拉夫民族和罗斯人予以优待的象征，以及罗斯教会受到来自正统教会合法性承认的暗示。这一观念在《法与神赐说》（Слово о Законе и Благодати，约作于 1037—1050 年）中得到了明确表达，"罗斯第一任都主教伊拉里昂（Иларион）认为，第一个接近上帝的是犹太人，而最后一个受上帝青睐的是罗斯人。罗斯民族不是普通的民族，而是一个新的、神选的民族"③。

《古史纪年》记载有一个重要特征，即其作为历史记载文本的开端是以创世之后挪亚三子重新划分土地的部分为起始的，其中并未记载俄罗斯

---

① 王松亭译注：《古史纪年：古俄语—汉语对照》，商务印书馆 2010 年版，第 49 页。
② 王松亭译注：《古史纪年：古俄语—汉语对照》，商务印书馆 2010 年版，第 14 页。
③ 郭小丽、孙静萱：《俄罗斯弥赛亚意识的结构及其流变》，《俄罗斯研究》2009 年第 2 期。

民族对于创世的元初想象。可以认为，与其说《古史纪年》所呈现的创世观即基督教视野下的"上帝创世"观，毋宁说是基督教的传入带给罗斯民族有关创世的最初的、具有完备体系的想象。对于创世，斯拉夫人起初是懵懂无知的，但他们似乎并未认为雷神庇隆等多神教神祇是创世之神。在《古史纪年》的记载中，将基督教引入罗斯的弗拉基米尔王公最先接触到了来自希腊的基督教创世说，古罗斯编年史家以一位希腊神甫向罗斯弗拉基米尔大公介绍的场景将罗斯的创世观融入了罗斯人对于创世的初始幻想中。

《古史纪年》的记载涉及数个重要《圣经》神话：上帝创世、夏娃遭诱、通天塔倒、挪亚方舟、洪水灭世等。"关于创世神话的真正令人激动的力量，并不在于说明大自然的秩序如何形成，而在于说明人类思维中如何渐渐意识到自然是一种秩序。"① 有关上帝创世的叙事显示了《圣经》独特的起源构建系统，其创世是分七日逐一进行的。弗莱认为，用《圣经》足以说明"神话和隐喻的天地具有一个总体结构，并非仅仅是由无数可望而不可及的呼应和相似构成的一片混沌"②。我国学者左少兴认为，这里的"哲学家"具有"神学家"意味③。

《旧约全书》被视为记录世界开端的典籍，基督被认为是"第二亚当"，其试图以自身走向十字架的事件换取上帝与"旧天地"子民的和解，"洪水神话"即是这一和解的结局之一："按圣经记载，原罪随着人类早期文明的发展而蔓延，人神关系越来越疏远，上帝隐身，宗教堕落，原罪在'神的儿子们'身上达到登峰造极地步。'人既属乎肉气，我的灵就不永远住在他里面'（6：3），乃是耶和华对早期人类罪恶的审判，也是洪水毁灭远古文明的神学原因。"④ 上帝留存了他所喜爱的义人及其后裔在这世上，其拣选后的人和动物之后裔留存于世，使这一新世界的开端是被神所允许的。挪亚方舟事件可视为耶稣对人类拯救的先导与预兆。古罗斯编年史家对于其所记载历史开端节点的选择，点明了其试图使罗斯历

---

① ［加］诺思洛普·弗莱：《神力的语言——"圣经与文学"研究续篇》，吴持哲译，社会科学文献出版社 2004 年版，第 171 页。

② ［加］诺思洛普·弗莱：《神力的语言——"圣经与文学"研究续篇》，吴持哲译，社会科学文献出版社 2004 年版，第 165 页。

③ 参见王松亭译注：《古史纪年：古俄语—汉语对照》，商务印书馆 2010 年版，第 6 页。

④ 赵敦华：《〈创世记〉四大神话的历史还原》，《北京大学学报》（哲学社会科学版）2009 年第 5 期。

史成为"新天新地"历史一部分的思想观念。

"类似于'挪亚方舟'型的洪水遗民神话,不仅存在于基督的《圣经》和伊斯兰的《古兰经》中,存在于古苏美尔和巴比伦的神话中,而且同样存在于世界各地的创世神话、宗教故事以及民间故事中,这是一个在世界范围内普遍流行的类型。"① 以楔形文字刻在泥板上的世界第一篇史诗《吉尔伽美什》讲述了人类历史上的大洪水;在伊斯兰教典籍《古兰经》中亦有洪水神话与"努哈方舟"的叙述;在我国民族神话中亦存在"大禹治水"的洪水神话传说,只不过在这一民间传说中,象征"避难"或"拯救"的方舟被镇水的巨柱所替代。据《圣经文学文化词典》的归纳,在圣经文化语境中具有"方舟"(Ark)形态与意义的宗教物体包括:挪亚方舟、摩西在襁褓中避难的蒲草箱、古希伯来人依耶和华之命所建造的法柜(即约柜)②。约柜被认为是至圣之物:"在古希伯来人及现代基督教徒中,约柜被视为极神圣之物,它不仅是耶和华的象征,亦是信徒们与耶和华上帝交往的途径。"③ 在基督教文化语境中,方舟型物体的出现,表明了神对其堕落的造物——人所抱持的关注与拯救,成为上帝向人类施加神恩的重要载体与神秘通道。

"人类对于世界的认识首先表现在对世界起源的认识。创世神话是神话中最重要的类型之一,也是最具神话特性的一种神话。从内容上说创世神话有三类:一是世界起源的神话,二是人类起源的神话,三是文化起源的神话。世界各民族都有自己的创世神话,表现了各民族对于世界起源的认识,也表现了对本民族生存环境的解释和说明。"④ 不同的创世观显示了不同民族、不同文化看待世界初源的不同态度,这从其早期的民族文学典籍中可见:"关于世界初始、人类起源,不同的民族有着不同的神话传说。新西兰的马阿里民族有'黑暗——混沌、感觉、思维、运动、天和地'的传说;印度教有'大地奠定在水上,水奠定在风上,风安静地躺在空间'的传说;芬兰人有'贞洁处女伊里马达尔造水、造天地、造日

---

① 黄永林、余惠先:《"挪亚方舟"与"努哈方舟"——〈圣经〉〈古兰经〉中洪水神话的比较研究》,《外国文学研究》1990年第4期。

② 石坚、林必果、李晓涛主编:《圣经文学文化词典》,四川大学出版社2003年版,第82—83页。

③ 石坚、林必果、李晓涛主编:《圣经文学文化词典》,四川大学出版社2003年版,第83页。

④ 王向远、张哲俊主编:《比较世界文学史纲——各民族文学的起源与区域文学的形成》(上卷),江西教育出版社2004年版,第13页。

月星辰'的传说。"① 在我国的民间神话中，关于世界起源与人类诞生的创世说最常见的是盘古开天辟地的传说：

> 首生盘古，垂身化身：气成风云，声为雷霆，左眼为日，右眼为月，四肢五体为四极五岳，血液为江河，筋脉为地里（理），肌肉为田土，发髭为星辰，皮毛为草木，齿骨为金石，精髓为珠玉，汗流为雨泽。②

　　"创世神话虽然以天地宇宙的生成为主要内容，但是总是与定居的地方相关。"③ 由以上对比可见，在世界各民族、宗教的创世神话中，对于建立世界所必需的物质条件如天地、江河、星辰等，都存在自己的民族幻想，这些民族幻想构成了其民族对于世界初始认知的基石。世界各民族、宗教的创世神话虽各有所异，但基本都抱持一个创建原则，即由一位主神在混沌之中按照秩序将世界逐渐创建出来，随后人和万物被创造出来。"尽管上帝是不可界定的，但他会在由虚无而创造世界中显现自己。"④ 在希腊神话中，关于创世的起源是伴随着实在与抽象共同出现的。我国的创世神话对自然界的大多数事物予以了观照，并为各种自然现象赋予了合法来源，这位诞生万物的主神——盘古伴随着整个自然的诞生而逐渐消逝，而西方圣经文化视域下的创世之神——上帝并非如此，在其将人创造出来后，他依旧作为万物主宰而存在，并会以大洪水、飓风、灾祸、荒年、病痛等作为惩罚造物、显示神迹的手段："在这里，神俯视万物，驾驭一切，宇宙万物是神的意志的产物。而在'盘古开天地'传说中，宇宙的产生主要是大自然内部因素作用的结果，神性的盘古没有起到什么作用。"⑤

　　尽管《古史纪年》文本自大洪水后起始，但古罗斯编年史家借助希腊神甫向弗拉基米尔的述说，将创世记、夏娃遭诱、通天塔和挪亚方舟等

① 王群、夏静：《圣经"创世纪"与中国神话"创世说"比较研究》，《外语教育》2001 年第 0 期。
② 袁珂、周明编：《中国神话资料萃编》，四川省社会科学院出版社 1985 年版，第 6—7 页。
③ 王向远、张哲俊主编：《比较世界文学史纲——各民族文学的起源与区域文学的形成》（上卷），江西教育出版社 2004 年版，第 5 页。
④ ［俄］谢·布尔加科夫：《亘古不灭之光——观察与思辩》，王志耕、李春青译，云南人民出版社 1999 年版，译者序第 5 页。
⑤ 关增建：《中国古代神话中的天文学知识探索》，《上海交通大学学报》（哲学社会科学版）2007 年第 3 期。

大洪水前的《圣经》神话进行了述说，使《古史纪年》的能指时空指向上帝创世起始。"《古史纪年》仍以《圣经》为据，从上帝的'创世'（及之后的'大洪水'、'挪亚方舟'、'人种分布'等）一直讲到'当世'（即史家所处时代）。这是古代史籍中的'神话传说'时期。"① 沙伊金认为，《古史纪年》实现了从神话向历史的转向，而"填补这一时间流的正是俄罗斯大地的历史"②。古罗斯编年史家以其对古罗斯民族神性起源与创世神话的构建，赋予了古罗斯民族神圣性及其被纳入欧洲历史起源构建的合法性。

第二节　《古史纪年》中的宗教叙事

《古史纪年》对整个俄罗斯文化而言意义重大，其以对俄罗斯历史的自我书写，构建了古罗斯帝国国家形态与民族意识的大厦。尽管《古史纪年》是编年史类作品，但其文本并非单纯的编年纪事，其间亦囊括了古罗斯民间传说、对外条约、宗教叙事等叙事方式与文本材料，因而《古史纪年》呈现了文学虚构与史学纪实相互交织、时间年表与事件记载两相融合的"棋盘型"文本形态。宗教叙事是《古史纪年》文本书写的重要维度之一，编年史家的记载以古罗斯国家形态的逐渐呈现与基督教在罗斯大地逐渐扎根的过程两相依托，而记载罗斯大地原初信仰的多神教叙事对《古史纪年》所呈现的罗斯基督教化之历程起到了重要的对比作用，展现了罗斯民族在信仰层面由蒙昧走向光明的历史画卷。

一、基督教叙事

谈及《古史纪年》中的基督教叙事，我们认为，其范围不应仅限于《古史纪年》记载中的《圣经》相关部分，还应包括有关基督教传入罗斯

---

① 王松亭译注：《古史纪年：古俄语—汉语对照》，商务印书馆 2010 年版，序言二第 4 页。

② Шайкин А. А. *Повесть временных лет. История и Поэтика*, М.：НПИД "Русская панорама", 2011，C. 341.

的叙事内容，以及《古史纪年》所呈现的相关《圣经》叙事元素。俄罗斯学者利亚平认为，在《古史纪年》所呈现的《圣经》叙事大背景下，其宗教叙事包含了部分来自某些伪经的宗教叙事，这亦从侧面反映了伪经在当时罗斯的广泛传播："如果从一方面说俄罗斯民族的宗教信仰和神的世界以及自然的世界相关，那么，从另一方面说，那些谈论救世主未来教区的伪圣和书籍则有着巨大的影响。"①

　　在《古史纪年》记载中，最明显的基督教叙事可谓 6494（986）年项下，希腊神甫向弗拉基米尔王公讲述的神之历史，其中囊括了《圣经》所述最基本的基督教事件——创世记、肋骨造妻、夏娃遭诱、逐出伊甸、该隐杀兄、洪水灭世、挪亚方舟、造塔毁塔、出埃及记、犹太被弃、人子降生、耶稣显圣、人子之死这些《圣经》事件都被一一讲述，古罗斯编年史家借来自希腊的神甫之口，呈现了一幅描绘基督教事件的超时空画卷。

　　《古史纪年》的编纂时间跨度为 6360（852）年至 6618（1110）年，记载了罗斯的建立与维系史，其中夹以对世界史（主要为希腊史、保加尔史等欧洲国家史）与斯拉夫民族史的记载。古罗斯编年史家对罗斯选择基督教的过程进行了较大篇幅的详细记载，如信奉伊斯兰教的保加尔人、信奉基督教的罗马人、信奉犹太教的可萨人和信奉基督教的希腊人等形象均被列入《古史纪年》的记载，并由此产生了罗马天主教与希腊东正教宗教分野的萌芽。据《古史纪年》6494（986）年项下记载，来自希腊的神甫向弗拉基米尔讲述了两者之间的区别："我们也听说，罗马人来向你介绍他们的宗教信仰。他们的信仰与我们的有所不同，他们用硬面饼做弥撒，这是上帝所不允许的，耶稣吩咐我们用无酵的白饼来做弥撒，他对使徒们说：'这是我的身体，为你们祝圣……'，他又拿起一杯酒说：'这酒是用我血所立的新约……'，不这样做弥撒的人，他们的信仰是不对的。"② 6496（988）年项下，编年史家以叙述者的口吻对拉丁人所信教义同来自拜占庭的基督教进行了甄别："不要接受拉丁人的教义——他们的教义是歪曲的：他们走进教堂，不向圣像鞠躬敬拜，只是站着行礼，然后他们却弯腰在地上画十字并吻它，直起身来又把脚放在所画的十字

① ［俄］尼·别尔嘉耶夫：《俄罗斯思想：十九世纪末至二十世纪初俄罗斯思想的主要问题》，雷永生、邱守娟译，生活·读书·新知三联书店 1995 年版，第 7 页。
② 王松亭译注：《古史纪年：古俄语—汉语对照》，商务印书馆 2010 年版，第 47 页。

上——弯腰吻十字，直起腰却践踏十字。使徒的教诲不应是这样的。使徒要求我们吻十字架，向圣像鞠躬敬拜。"①

罗斯大公弗拉基米尔派出使团游走于世界各地，寻找适合罗斯人信奉的宗教，《古史纪年》有关宗教选择的记载以罗斯使臣视角呈现出当时世界不同宗教的祈祷仪式，由此折射出罗斯民族眼中的不同宗教及对其持有的褒贬态度。宗教礼拜仪式是较为重要的宗教表达形式："圣礼仪式如同祈祷一样，乃是宗教必然的，甚至可以说，认识论上不可少的本质属性；所以，除了了解它的宗教意义之外，还必须了解它们的认识论意义。宗教源于对内在世界和超验世界之间的差距的感觉和对超验世界强烈的向往：人在宗教里孜孜不倦地寻找上帝，而天国以回吻的方式贴近人间。为了让宗教不仅成为渴望与问题，还要成为满足与答案，必须让这种对立、这种紧张让位于充实，以使超验之物吸收内在的现实，变成能被感受的，而不只是未知的。"② 可以说，罗斯使者在拜占庭东正教礼拜仪式中看到了隐约的天堂影踪及与上帝沟通的可能，而这正是罗斯民族虔诚寻觅之物。东正教美好灿烂的礼拜仪式与罗马天主教严格、枯燥的礼拜仪式有很大区别，其更符合罗斯民族对于宗教审美的期待。正如《古史纪年》中罗斯使臣们向弗拉基米尔做的有关希腊基督教仪式的报告："我们不能忘记那美妙的情景，任何人尝到了甜头，都不愿再喝苦水，所以我们也不能再信多神教了。"③

有关罗斯使臣在希腊被金碧辉煌的教堂和完美的祈祷仪式所折服、不愿再信奉任何其他宗教的书写，"即使编年史上的这则故事只是个传奇，但它的产生本身就是基督教给予俄罗斯人灵魂的赠礼的一个宝贵的证明"④。罗斯使臣们在拜占庭的礼拜仪式上所感受到的辉煌与精美，可以说使罗斯使臣在一次偶然的尘世礼拜仪式中，感受到了与神和天国沟通的可能，而罗斯渴望将这种点滴可能变为整个罗斯国家与东斯拉夫族裔永久的现实，来自希腊的东方正教使罗斯民族真正感受到了神的存在，这在某种程度上成为其最终国教选择的决定性因素之一。有关罗斯宗教拣选的传

---

① 王松亭译注：《古史纪年：古俄语—汉语对照》，商务印书馆 2010 年版，第 62 页。
② ［俄］谢·布尔加科夫：《亘古不灭之光——观察与思辩》，王志耕、李春青译，云南人民出版社 1999 年版，第 67—68 页。
③ 王松亭译注：《古史纪年：古俄语—汉语对照》，商务印书馆 2010 年版，第 59 页。
④ ［俄］瓦·瓦·津科夫斯基：《俄国哲学史》，张冰译，人民出版社 2013 年版，第 7 页。

说，意在证明罗斯人注重的并非尘世间短暂的欢愉（这一点在有关伊斯兰教的描述中并不鲜见，《古史纪年》6494（986）年项下记载了信奉伊斯兰教的保加尔人向弗拉基米尔大公做的一系列介绍），而是末日审判的宽恕与未来世界的极乐。

《古史纪年》记载了数个意图证明罗斯所承基督教乃直接源自上帝的历史事件，包括有关使徒安德烈的传说、弗拉基米尔在洗礼后复明的神迹等：《古史纪年》的编纂者不仅以使徒安德烈的故事刻意回避了罗斯的基督教源自拜占庭的事实，反而强调罗斯的信仰来自上帝本身的思想，这是古代俄罗斯人通过他者文化完善自身以及对自身的认知，也是在与他者的交流过程中用希望的幻想所构建出的强大自信。① 关于罗斯使臣对宗教拣选的传说，其实质表明了古罗斯统治集团对其国家未来走向的预测与准备："这个传说意味深长：罗斯位于多种文化的交叉口，它不仅与拜占庭以及其他基督教邻国有联系，而且与伏尔加流域的保加尔人建立的穆斯林国家、更为遥远的、位于罗斯的东南方的其他穆斯林国家以及信奉犹太教的可萨人有来往。换句话说，弗拉基米尔和他的臣僚们最终选择了成为基督教世界的东翼，而不是非基督教文明在欧洲的前哨。"②

古罗斯编年史家首先以其民族起源（定位于圣经人物雅弗之后代）的构建，将罗斯民族纳入《圣经》的种族谱系之中，使罗斯人成为《圣经》所载神性种族的合法后裔，并具有《圣经》明确规定的合法疆域；其次，其力图使《古史纪年》所载罗斯史实同《圣经》所载内容形成隐秘的投射、循环关系。我国学者认为《古史纪年》正是罗斯历史对于《圣经》事件的自我重构："一方面，作者记载了古罗斯的历史；另一方面，也传达出了一种理念：罗斯的历史是《圣经》故事的再现。罗斯是神圣的国家，罗斯人民是上帝的选民，罗斯的历史是'神选民族的历史'。"③ 古罗斯编年史家的神圣历史观，在《古史纪年》记载文本所贯穿的《圣经》主题中得到了体现。

1. 上帝与魔鬼之争

上帝与魔鬼就人心进行的斗争是俄罗斯古代文学乃至整个西方文学的

---

① 郭小丽：《俄罗斯认同中"我–他"身份构建的历史流变》，《俄罗斯研究》2013 年第 3 期。
② ［美］尼古拉·梁赞诺夫斯基、马克·斯坦伯格：《俄罗斯史》，杨烨等译，上海人民出版社 2007 年版，第 31 页。
③ 郭小丽、孙静萱：《俄罗斯弥赛亚意识的结构及其流变》，《俄罗斯研究》2009 年第 2 期。

永恒主题之一。作为《古史纪年》的诸多主题之一，上帝与魔鬼的斗争，在该编年史文本中表现为其所记载罗斯史中发生的邪恶事件最初由魔鬼所操纵与掌控，然而其最终必会被上帝的力量击败。

诸多《圣经》事件都反映了上帝与魔鬼之争，从旷野上魔鬼对耶稣的试探，《约伯记》中上帝与魔鬼就人心进行的试探与争夺，世界末日善恶力量的决斗，都表明上帝与魔鬼之间存在永恒争斗。在《古史纪年》记载中，这一点体现为罗斯民族对基督教信仰的逐渐持守与对多神教信奉的摒弃过程，体现为罗斯军队与异族军队（如波洛韦茨人）之间的斗争中上帝给予罗斯的帮助（如在战斗中天使、巨大十字架的显现等），体现为上帝在人间的使者——罗斯义人（如杨·维沙季奇）同魔鬼在人间的帮凶——巫师之间的争斗中，也体现在基辅洞窟修道院诸多虔诚的隐修士对魔鬼力量的甄别与克服过程中。

上帝与魔鬼之争，较为深刻地体现在《古史纪年》有关罗斯引入基督教的记载中。魔鬼被认为在基督教尚未传入之地肆虐横行，如6491（983）年项下记载的罗斯首批基督教蒙难者——基督徒瓦兰人父子的事件，魔鬼唆使罗斯人杀害这对基督徒父子："当时有一个瓦兰人，他的家就在弗拉基米尔后来命人修建的什一圣母大教堂处。他从希腊来并信奉基督教。他有一个儿子，面目清秀，心地善良。魔鬼嫉妒他这个儿子，视其为眼中钉，肉中刺，于是唆使众人企图将他害死。"① 基督教在罗斯的传播及其最终被确立为国教的历程，显示出在罗斯大地上上帝对魔鬼的初步胜利。在《古史纪年》6496（988）年项下，弗拉基米尔大公本人就曾指出，基督教信仰的重要意义之一就在于对魔鬼的战胜：

> 弗拉基米尔非常高兴，因为不但他本人，而且他的臣民也都认识了上帝，他对天大喊："创造天地的上帝基督啊！看看这些新的子民吧，让他们像其他基督徒一样认识你——唯一的真神，请给他们坚定正义的信仰；同时也请你给我力量和帮助，我将战胜魔鬼。"②

波洛韦茨人是贯穿《古史纪年》全篇的罗斯民族的劲敌。在古罗斯

---

① 王松亭译注：《古史纪年：古俄语—汉语对照》，商务印书馆2010年版，第44页。
② 王松亭译注：《古史纪年：古俄语—汉语对照》，商务印书馆2010年版，第64页。

编年史家视域下，波洛韦茨人的身份定位是异族—异教徒（иноплеменник-иноверец），其无论在族群还是信仰层面都属于"他者"；他们彪悍、凶狠，长久以来残戮罗斯居民，力图动摇罗斯国家统治。编年史家指出，波洛韦茨人是"渎神者"的后代：他们是"以实玛利的这些不敬上帝的子孙们"①，"而以实玛利有 12 个儿子，其后代发展为托尔科缅人、佩切涅格人、托尔克人和库曼人，库曼人亦即后来从沙漠中迁出的波洛韦茨人"②。

在古罗斯编年史家视域下，异族入侵被视为上帝对罗斯的惩罚，而这同时也是神恩的另外一种显示形式："上帝派异教徒入侵我土以惩罚我们所犯的罪。"③"上帝之所以对我们发怒，是因为我们最受他的惦念，最多受他的训示，我们本应懂得上帝的意愿，然而我们的罪孽却比其他人更深重，所以我们所受的惩罚也最重。"④ 战斗的胜利被认为属于上帝支持的一方，由于罗斯王公引发内讧、抢掠兄弟城池，6601（1093）年项下记载了罗斯军队在鲍利斯和格列布殉难纪念日大败于波洛韦茨人军队的凄惨场景："我罗斯人一败再败，全是因为我们所犯下的罪，因为我们丧失仁义。"⑤ 在罗斯诸王公悔过自新、共同御敌之后，罗斯军队因上帝帮助（派遣天使来助战）而大获全胜，其对波洛韦茨人—异教徒的胜利标志着上帝力量的再度胜利，也标志着罗斯民族重获上帝的青睐。

《古史纪年》中有关白湖大暴动时杨对一众巫师的揭穿事件，基辅洞窟修道院中隐修士对魔鬼的辨识、战胜事件，点明了罗斯民族逐渐战胜魔鬼力量的历程，也展现了罗斯这一最后信神的民族整体对其信仰的认信历程。在古罗斯编年史家笔下，整部《古史纪年》所记载的罗斯史是一部上帝与魔鬼、善与恶、信神与不信神的斗争史，是一部上帝逐渐战胜魔鬼、善终究战胜恶、信神由懵懂变为虔敬的罗斯民族、罗斯国家的宗教历程。

2. 该隐杀兄

俄罗斯历史学家克柳切夫斯基从社会学角度出发，指出"王公的内讧与协定是同样的现象，它有着法律上的起源，正像当时个人之间在刑事

---

① 王松亭译注：《古史纪年：古俄语—汉语对照》，商务印书馆 2010 年版，第 122 页。

② 王松亭译注：《古史纪年：古俄语—汉语对照》，商务印书馆 2010 年版，第 123 页。

③ 王松亭译注：《古史纪年：古俄语—汉语对照》，商务印书馆 2010 年版，第 90 页。

④ 王松亭译注：《古史纪年：古俄语—汉语对照》，商务印书馆 2010 年版，第 119 页。

⑤ 王松亭译注：《古史纪年：古俄语—汉语对照》，商务印书馆 2010 年版，第 117 页。

和民事诉讼中实行的依法决斗一样，是王公之间解决政治争端的一种方法；因此王公们为争夺长位而进行的武装斗争也像决斗一样，称作'上帝的评判'。上帝在我们中间或者请上帝评判我们——这就是宣布内战的通常的方式"①。在古罗斯编年史家看来，王公贵族间的兄弟内讧与异族入侵之类事件的发生是由于魔鬼从中作祟，其中兄弟内讧正是罗斯历史对《圣经》中"该隐杀兄"事件的现世呈现。

"该隐杀兄"历来被认为是基督教文学的重要母题之一。古罗斯编年史家以鲍利斯和格列布兄弟被斯维亚托波尔克杀害，伊贾斯拉夫三兄弟违背亲吻十字架时留下的誓言囚禁弗谢斯拉夫及其子，奥列格引发大内讧混战，瓦西里科被兄弟剜目等一系列内讧事件，反映了罗斯历史对"该隐杀兄"事件的现世再现。鲍利斯和格列布的结局被认为已由上帝安排：鲍利斯和格列布被尊为全罗斯首任使徒，其灵柩后来被隆重地迁入鲍利斯格列布教堂（Борисоглебская церковь），遗骨散发出无尽芳香："把遗骸抬到新教堂以后，人们打开神龛，教堂内顿时芳香四溢，在场的人齐声赞美上帝。都主教感到一阵惊恐，因为他不是很坚定地相信这两人，但他随即拜倒在地，请求宽恕。"② 在格列布遗骨被迁移之时，经由百姓们的祈祷，其石棺才得以通过新教堂的大门，这再一次显示了神迹的力量。因内讧而无辜被杀的鲍利斯、格列布兄弟被俄罗斯教会予以高度评价，其被认为具有基督为全人类受难而死的神圣与自愿献身精神，"他们被杀后，虽不是为信仰而殉难，却成了殉难者的一个特殊典型，即无辜受难。这样，通过对首批两位圣德的封圣，俄罗斯教会就表明了对被杀死采取不反抗态度，效仿受难（Elcomenos）的基督自作牺牲，在古代圣像中，耶稣被描绘成独自地、自由地登上十字架"③。

引发内讧的王公将遭到上帝的严厉惩罚。在古罗斯编年史家笔下，杀害鲍利斯、格列布兄弟的斯维亚托波尔克（Святополк）即内讧者的典型。编年史家对杀害兄弟鲍利斯和格列布的斯维亚托波尔克进行的形象塑造，主要以《圣经》中行弑兄之事的该隐（Каин）为形象原型，斯维亚托波尔克被描述为"受咒诅的"（окаянный）："我们注意到，окаянный

---

① ［俄］瓦·奥·克柳切夫斯基：《俄国史》（第一卷），张草纫、浦允南译，商务印书馆 2013 年版，第 155 页。

② 王松亭译注：《古史纪年：古俄语—汉语对照》，商务印书馆 2010 年版，第 97 页。

③ ［俄］叶夫多基莫夫：《俄罗斯思想中的基督》，杨德友译，学林出版社 1999 年版，第 28 页。

这一词的词根是 каин。我们知晓这里指的是杀害自己兄弟、为上帝所咒诅的《圣经》人物该隐。编年史中的斯维亚托波尔克，如同该隐那样，注定漂泊无依，死于荒漠之中。"① 编年史家在斯维亚托波尔克意图杀害兄弟鲍利斯和格列布时，直接将其思想形容为"接受了该隐的思想"（воспринял мысль Каинову）与"意图行该隐之事"（замыслив Каиново дело）；其兄雅罗斯拉夫在即将同斯维亚托波尔克展开决战时祝祷道："上帝啊！我兄弟的血在向你哀告！请你为这位义人鲍利斯所流的血报仇，就像你当初为亚伯报仇，罚该隐终生呻吟和颤抖那样；现在请你惩罚这个斯维亚托波尔克。"② 这段祝祷话语，与《圣经》中关于亚伯被杀事件的经文尤为类似："耶和华说：'你作了什么事呢？你兄弟的血有声音从地里向我哀告。地开了口，从你手里接受你兄弟的血；现在你必从这地受咒诅。你种地，地不再给你效力；你必流离飘荡在地上。'"（《创世记》4：10—12）上帝为该隐命定的结局是流离失所，无所依凭；而斯维亚托波尔克的命运承载了该隐结局的象征意义，他注定在流离失所、远离故土的情境下痛苦死去："他无法在一个地区停留，于是穿过利亚赫地区，……在这里结束了他罪恶的生命。"③ 编年史家以此隐喻了斯维亚托波尔克在罗斯史中的该隐角色。

斯维亚托波尔克甚至被古罗斯编年史家认为是另一个"拉麦"。在《圣经》中，拉麦是该隐的后代，他不仅做了该隐所行之事——杀害兄弟，还霸占了兄弟的妻女。斯维亚托波尔克被认为等同于恶行甚于该隐的拉麦："斯维亚托波尔克的坟墓至今还在这荒凉地方，散发出臭味。这是上帝在教诲罗斯王公们，既已知道斯维亚托波尔克之下场，谁若再干谋害亲兄弟之事，亦将遭此惩罚，甚至要受比这更重的惩罚，因为已有前车之鉴。该隐杀死兄弟亚伯，受到 7 次惩罚，而拉麦受到 70 次惩罚；因为该隐不知道杀死兄弟将受上帝的惩罚，而拉麦却是明知故犯。"④ 拉麦与该隐本为一体，古罗斯编年史家以此警告罗斯统治阶级的各位王公贵族，知

---

① Ляпин Д. А. Апокрифический источник рассказа о разделе земли сыновьями Ноя в Повести временных лет，http：//ist-konkurs. ru/component/content/article? id = 906：apokrificheskij-istochnik-rasskaza-o-razdele-zemli-synovyami-noya-v-povesti-vremennykh-let.
② 王松亭译注：《古史纪年：古俄语—汉语对照》，商务印书馆 2010 年版，第 78 页。
③ 王松亭译注：《古史纪年：古俄语—汉语对照》，商务印书馆 2010 年版，第 78 页。
④ 王松亭译注：《古史纪年：古俄语—汉语对照》，商务印书馆 2010 年版，第 78—79 页。

晓内讧的危害而明知故犯的结局注定凄惨。

内讧的发生引发了异族人——劲敌波洛韦茨人的入侵，罗斯大地饱经战乱之苦的折磨："外族波洛韦茨人入侵罗斯。伊贾斯拉夫三兄弟率军到里托迎战。夜幕降临之时，两军交战。上帝派异教徒入侵我土以惩罚我们所犯的罪。波洛韦茨人获胜，罗斯王公伊贾斯拉夫三兄弟败北而逃。上帝于盛怒之下使我民蒙受异族侵凌，只有经过这场灾难，人们才会想起上帝；魔鬼则引诱人们挑起内讧。"① 在内讧结束后，获得上帝宽恕的罗斯军队战胜了波洛韦茨人，其胜利亦被认为是上帝显示神迹对其予以帮助后获得的。

3. 末日审判与最后救赎

伴随着上帝与魔鬼形象的出现，《圣经》中出现了天堂与地狱的观念，这在世界各民族基督教文学中皆有所表现。在《启示录》中曾对末日审判的残酷场景予以描述：

> 我又看见一个白色的大宝座与坐在上面的，从他面前天地都逃避，再无可见之处了。我又看见死了的人，无论大小，都站在宝座前。案卷展开了，并且另有一卷展开，就是生命册。死了的人都凭着这些案卷所记载的，照他们所行的受审判。于是海交出其中的死人，死亡和阴间也交出其中的死人。他们都照各人所行的受审判。死亡和阴间也被扔在火湖里，这火湖就是第二次的死。若有人名字没记在生命册上，他就被扔在火湖里。（《启示录》20：11—15）

《古史纪年》以创世记（挪亚方舟）为记载开端，而在其文本中常常弥漫着对末日审判的期待与恐惧之感。俄罗斯著名思想家别尔嘉耶夫就曾指出，俄罗斯民族对终极未来、对末日审判有无限期待感，认为："在我们的思维中末日论问题占有很大的地盘，这是西方思维无法相比的。"② "俄罗斯民族就其形而上学的本性，就其所担负的世界使命而言是一个终极的民族。"③

编年史家以希腊神甫之口点明最后审判终将到来："上帝还规定了日

---

① 王松亭译注：《古史纪年：古俄语—汉语对照》，商务印书馆 2010 年版，第 90 页。
② ［俄］尼·别尔嘉耶夫：《俄罗斯思想：十九世纪末至二十世纪初俄罗斯思想的主要问题》，雷永生、邱守娟译，生活·读书·新知三联书店 1995 年版，第 191 页。
③ ［俄］尼·别尔嘉耶夫：《俄罗斯思想：十九世纪末至二十世纪初俄罗斯思想的主要问题》，雷永生、邱守娟译，生活·读书·新知三联书店 1995 年版，第 190 页。

期，他将降临人间，审判所有的生者和死者，根据他们的所作所为给予他们应得的一切：遵教者将得以进天国，将有不可言喻的美妙，将有无限的快乐并获得永生，而有罪之人将受火的煎熬，痛苦不堪，永不安宁。不信上帝和耶稣基督，不受洗礼的人，将在烈火中受苦。"① 这位神甫随后以极具画面感的形式向弗拉基米尔展示了天堂与地狱的分野："神甫说完，将一个画着上帝审判世人的帷帘给弗拉基米尔看：右边画着遵教者欢悦地走向天国，左边画着有罪之人前往地狱受苦。弗拉基米尔叹了一口气说：'右边的人幸福，而左边的人是痛苦的。'神甫说：'如果你想像右边的人那样，那就接受洗礼吧。'"② 利哈乔夫指出，这一情节的重要意义在于来自希腊的神甫对罗斯王公进行了一场颇为"直观的鼓动"："最初的编年史告诉我们，一个希腊哲学家，在对弗拉基米尔·斯维亚托斯拉维奇一世讲解基督教的时候，在他的面前展开了一幅描绘着宇宙的幕布，在宇宙里人们成群结队地前进，有的去地狱，有的去天堂。"③ 显然，对末日审判的认识也极大地影响了弗拉基米尔对国家宗教的选择意识。

我国学者左少兴认为，神学家同弗拉基米尔的谈话从某种意义上说"颇似简本的'早期基督教史'"④。有关弗拉基米尔大公进行宗教拣选的传说树立了世界宗教的群像长廊，如保加尔人的伊斯兰教、罗马人的天主教、可萨人的犹太教及希腊人的东方正教。有关罗斯使臣在希腊被金碧辉煌的教堂与完美的祈祷仪式折服、不愿信奉任何其他宗教的书写，"是基督教给予俄罗斯人灵魂的赠礼的一个宝贵的证明"⑤。罗斯人坚信其所信宗教是神之赐予，"文献刻意回避罗斯从拜占庭那里接受基督教的事实，非但如此，反而强调罗斯的信仰来自上帝本身的思想"⑥。

基督被认为曾携带救世的力量来到世界，以道成肉身完成对这个世界的首次拯救："道成肉身实现了，雅各之梯在天与地之间竖了起来，世界的拯救成为已完成的事实。基督于是绝对地内在于人，并通过人而内在于

① 王松亭译注：《古史纪年：古俄语—汉语对照》，商务印书馆 2010 年版，第 57 页。
② 王松亭译注：《古史纪年：古俄语—汉语对照》，商务印书馆 2010 年版，第 57—58 页。
③ [俄] 德·谢·利哈乔夫：《解读俄罗斯》，吴晓都等译，北京大学出版社 2003 年版，第 12—13 页。
④ 王松亭译注：《古史纪年：古俄语—汉语对照》，商务印书馆 2010 年版，序二第 6 页。
⑤ [俄] 瓦·瓦·津科夫斯基：《俄国哲学史》，张冰译，人民出版社 2013 年版，第 7 页。
⑥ 郭小丽：《俄罗斯认同中"我－他"身份构建的历史流变》，《俄罗斯研究》2013 年第 3 期。

世界。他就是最深厚的基础，是人的最亲密的本质，他比我们自身更亲近于我们以及经验的、变化无常和永远动荡不定的我。他用'旧的亚当'彻底代替自己，并为了全人类而成为'新的亚当'。"① 在古罗斯编年史家看来，在终将到来的未来，在末日审判之时也伴随着耶稣再临，即新的拯救的到来。《古史纪年》讲述了罗斯人对于千禧年之后耶稣再临事件的期盼："他将会来临，按每人的所作所为赐给我们每个人不可言喻的幸福，这是所有基督徒都将得到的。"②

4. 神迹显现

《古史纪年》记载了一系列来自天堂力量的神迹。在古罗斯文学作品中，神迹的显示被认为是神恩展现的象征。在《古史纪年》中出现了多处对显示的神迹的记载，其中既包括《圣经》中所记载的神迹（如上帝对犹太民族显示的神迹），也包括上帝对罗斯民族显示的神迹（如作战时显示的神迹、使徒遗骨迁移时显示的神迹、基辅洞窟修道院中显示的神迹等）。神迹显示的形式，包括作战时力量偏属于上帝所喜爱、保佑的一方的场景，以及基督教的标志幻象（如十字架）出现的场景等。与"神迹"构成鲜明对应的是"异象"：异象既表现为奇异的天象（如天体异象），也表现为居民身上出现的某些非常态体貌特征等。

《古史纪年》中记载的来自《圣经》的神迹，包括上帝在拯救以色列人时显示的神迹，如其经由摩西显示的神迹：以杖分水、苦水变甜等，以及耶稣所创造的奇迹：

> 当耶稣长大成人，30 岁的时候，他开始创造奇迹，宣讲天国之道。他挑选出 12 个人，作为自己的门徒，并开始创造各种奇迹：让死人复活，使大麻风患者康复，医治瘫子，治愈瞎眼的重见光明，——还创造了许多其他的奇迹，正应验了先知们以前的预言："他治好了我们的伤痛，承担了我们的疾苦。"③

---

① ［俄］谢·布尔加科夫：《亘古不灭之光——观察与思辩》，王志耕、李春青译，云南人民出版社1999 年版，第 159 页。

② 王松亭译注：《古史纪年：古俄语—汉语对照》，商务印书馆 2010 年版，第 71 页。

③ 王松亭译注：《古史纪年：古俄语—汉语对照》，商务印书馆 2010 年版，第 56 页。

如《圣经》所言："神又按自己的旨意，用神迹奇事和百般的异能，并圣灵的恩赐，同他们作见证。"（《希伯来书》2：4）在古罗斯编年史家笔下，上帝向罗斯民族显示了一系列神迹以展现神恩：6374（866）年项下，希腊皇帝米哈伊尔大帝与总主教福季在向圣母祈祷一夜后，被海水浸湿金衣的圣母像将罗斯人的船只摧毁殆尽；6605（1097）年项下，斯维亚托波尔克违反了亲吻十字架时立下的誓言，在与被其剜目的瓦西里科作战时，上帝站在瓦西里科一方，向其显现了巨大十字架的神迹："两军拼杀起来，当时有许多虔诚信徒都曾看到，在瓦西里科兵士们的上方有一个大十字架闪现。"① 6580（1072）年项下记载了鲍利斯和格列布兄弟在被迁移尸骨时，鲍利斯尸骨散发芳香及经过祈祷后格列布的棺椁得以通过大门的神迹。

《古史纪年》以相当大的篇幅记载了基辅洞窟修道院的建立史及其中显现的诸多神迹。建立基辅洞窟修道院这一事实本身，即显示出罗斯人对于基督教在罗斯本土生根发芽的自我诠释。有关基辅洞窟修道院的叙事，构成了《古史纪年》宗教叙事的重要组成部分：基辅洞窟修道院的选址为上帝所授，其建立受到了来自"圣山"的祝福。关于发生在修道院中的各类神迹的记载，显示了首任院长费奥多西及以其为代表的罗斯基督教会的神圣。6599（1091）年项下，在费奥多西遗体被迁移之时，上帝显示了一系列重要神迹：

> 当敲钟时，他们看到有3条明亮的光柱从窖洞方向而来，辗转于教堂上空，后来，费奥多西的遗体就存放在这个教堂内。当年曾继费奥多西而任院长的斯特凡主教此时在修道院看到了窖洞上空一片光亮。……两人在前往窖洞的路上，都见到了一片光亮，再往前走，他们看到有无数燃烧的蜡烛在窖洞上空闪烁，走近窖洞，便什么也看不见了。②

光辉灿烂的神迹发生在基辅洞窟修道院内这一事件本身，即意味着基辅洞窟修道院和费奥多西具有为神所承认的合法性。这一神迹的见证者，包括当时的院长斯特凡（Стефан）与下任院长克里门特（Климент），神

---

① 王松亭译注：《古史纪年：古俄语—汉语对照》，商务印书馆2010年版，第149页。
② 王松亭译注：《古史纪年：古俄语—汉语对照》，商务印书馆2010年版，第111页。

迹的显现因而也具有了特殊意义，即对于未来院长的承认。"斯特凡知道该搬迁费奥多西的遗骸了，他不能不参加，于是骑上马，带上克里门特，即刻前往。克里门特后来被斯特凡任命为修道院院长。"① 神迹被认为是上帝对罗斯施以神恩的重要证据。正是由于神迹的显现，罗斯大地对于基督教的虔诚与上帝对罗斯民族的护佑之情得以获得证明。

5. 恭顺、爱与宽恕

《古史纪年》整部文本，以基督教教义为其主题与思想基调奠基，对基督教所尤为赞赏的恭顺、爱与宽恕进行了直接或间接的宣扬。古罗斯编年史家往往为遵教、恭顺、宽恕等抽象基督教教义划定重要的代表人物，如奥莉加被认为是罗斯遵教者的典型："她是第一个进入天国的罗斯人，她的后人将赞美她，颂扬她这位先驱和拓荒人，因为在她死后仍向上帝为罗斯祈祷。遵教者的灵魂是永生的，正如所罗门之言：'人们乐于颂扬遵教者的功绩。'遵教者永远受到怀念，因他为上帝和人们所公认。"② 鲍利斯和格列布则被认为是基督教教义中"恭顺"一词的代表，他们毫无怨言地接受了死亡，这是基督教所尤为赞赏的，也符合基督教教义对于唯一的真神——上帝之恭顺、服从的教义：死亡是由上帝所安排的，《圣经》中有关摩西、约伯等人生平事件的记载都印证了这一点。

阿廖什科夫斯基认为，正是兄弟二人对命运的无比恭顺，使其获得了在俄罗斯国家史与教会史中的崇高地位："鲍利斯和格列布被他们的兄弟杀于 1015 年。他们作为基督教徒毫无怨言地迎接了自己的死亡，几乎都要对这场杀戮持有感恩之心了。鲍利斯和格列布，史事歌中所述的'红太阳'弗拉基米尔大公之子，对他们对命运的恭顺和对上帝意志的期待之颂扬，尤为符合王公们与教会的利益。正因如此，鲍利斯和格列布的形象不仅在 12 世纪，也在整个俄罗斯历史上成为基督教兄弟友爱的象征。"③ 鲍利斯和格列布对于死亡的不予抵抗、对于命运（这在基督教文化视域中亦即上帝意志）的恭顺服从的品德，对基督教与古罗斯编年史的政治使命来说都是非常重要的，鲍利斯和格列布因而成为俄罗斯第一对受到封圣的使徒，受到全罗斯教会的极力颂扬，"对他们的崇拜一直是与

---

① 王松亭译注：《古史纪年：古俄语—汉语对照》，商务印书馆 2010 年版，第 111 页。

② 王松亭译注：《古史纪年：古俄语—汉语对照》，商务印书馆 2010 年版，第 36 页。

③ Алешковский М. Х. *Повесть временных лет. Судьба литературного произведения в Древней Руси.* М.：Издательство Наука，1971，С. 44.

罗斯统一的政治思想和停止兄弟残杀性的王公纷争相联系的"①。

《古史纪年》6586（1078）年项下记载了伊贾斯拉夫（Изяслав）王公战死的场景，他是编年史家笔下另一位备受赞扬的罗斯王公：伊贾斯拉夫没有对兄弟弗谢沃洛特（Всеволод）的所作所为予以报复，而是在弗谢沃洛特有求于他时以德报怨。兄弟之爱亦被认为是基督教教义中"仁爱"精神的现世体现，为基督教所推崇："你不爱看得见摸得着的兄弟，又怎么能爱看不见摸不着的上帝呢？这告诫我们，热爱上帝，也要热爱自己的兄弟。所有的人都要爱。由于爱，我们的罪可以消逝；由于爱，上帝之子从天上降临，代我们有罪之人受刑，使自己被钉在十字架上，他给我们十字架，让我们用来驱除魔鬼的嫉恨；因为爱，受难者们流尽了自己的血；同样也因为爱，伊贾斯拉夫王公遵从上帝的训诫，为自己的亲兄弟献出了生命。"② 整部《古史纪年》讲述了罗斯民族在持续不断的分裂、内讧中走向统一的民族国家史，罗斯王公间的兄弟仁爱被认为有利于维护罗斯领土完整统一，也是基督教所尤为称许的重要思想："上帝的本质——爱与和解、为受造物的自我牺牲。"③

二、多神教叙事

尽管基督教叙事在《古史纪年》中占有非常重要的地位，但多神教叙事亦是《古史纪年》的重要组成部分。在基督教被引入古罗斯后，多神教影响痕迹在罗斯人的信仰层面中并未完全消除，一度使罗斯社会呈现"双重信仰"的特殊宗教图景。尽管罗斯的全民受洗（公元988年）是被弗拉基米尔大公所强制推行的，但基督教真正进入罗斯人信仰领域的过程较为温和，多神教信奉的残存痕迹在很长时间内是与基督教信仰并存而不易察觉的，甚至在诺夫哥罗德和罗斯托夫等城市，多神教依旧牢牢占据着信仰的统治地位："正像一些历史学家所认为的那样，远离基辅的大城市敌视基督教的一个原因，在于这里的居民对传统多神教仪式的热衷。因为正是在诺夫哥罗德和罗斯托夫这些城市，形成了多神教组织的核心。这里

① ［俄］德·谢·利哈乔夫：《解读俄罗斯》，吴晓都等译，北京大学出版社2003年版，第117页。
② 王松亭译注：《古史纪年：古俄语—汉语对照》，商务印书馆2010年版，第108页。
③ ［俄］谢·布尔加科夫：《亘古不灭之光——观察与思辩》，王志耕、李春青译，云南人民出版社1999年版，第132页。

的多神教已存在正规、固定的宗教仪式，有术士、巫师组成的独特的祭司团体，而在南方城市和乡下都还没有这一套组织。"①

在《古史纪年》所记载的一系列古罗斯民间传说中，6420（912）年项下奥列格不听巫师预言死于马尸的事件极具多神教色彩：

> 从希腊回基辅后又过了 4 年，在第 5 个年头奥列格猛然想起巫师关于他将死于此马的预言。他把马夫长叫来，问道："我让你们喂养的战马呢？"马夫长回答说："死了。"奥列格大笑，嘲笑那个巫师："这些法师纯粹胡言乱语，我的马死了，而我依然健在。"他命人备马，说："我要去看一看那战马的尸骨。"奥列格来到那里，见到马的骨架和颅骨，于是下马，笑道："难道我会死于这颅骨不成？"边说边用脚踢了一下颅骨，这时忽然从里面蹿出一条蛇来，咬了他的脚，奥列格因此而死。②

英国人类学家弗雷泽（J. G. Frazer）认为，巫术包括"接触巫术"，以及"顺势巫术"或"模拟巫术"（弗雷泽认为，这种巫术能够通过模拟行为实现）。"接触巫术"被界定为"物体一经互相接触，在切断实际接触后，仍继续远距离地互相作用"③。"模拟巫术"则是指巫师等人试图通过某种对其所欲实现之事的模拟来对其予以真实地实现。列维·斯特劳斯则提出，巫术的完整实现需要被下巫者的真实相信来参与，以保证其确实完成："但同时我们看到在巫术的效应中也显示出对巫术的相信。这种相信包含着三个方面，它们相辅相成：首先是巫师对于自己法术效果的笃信，其次是病人或受害者对于巫师法力的信任，最后还有公众对巫术的相信与需要——这种相信与需要随时形成一种引力场，而巫师与中邪者之间的关系便在其间并从中得以确定。"④ 在这则故事片段中，奥列格显然并

---

① 曹维安：《俄国史新论——影响俄国历史发展的基本问题》，中国社会科学出版社 2002 年版，第 42 页。

② 王松亭译注：《古史纪年：古俄语—汉语对照》，商务印书馆 2010 年版，第 19 页。

③ ［英］J. G. 弗雷泽：《金枝》（上），徐育新、汪培基、张泽石译，新世界出版社 2006 年版，第 5 页。

④ ［法］列维·斯特劳斯：《结构人类学——巫术·宗教·艺术·神话》，文化艺术出版社 1989 年版，第 2 页。

不相信巫师的预言能够成真，这位王公试图通过踢打马颅骨，对巫师的预言实行一场带有戏谑性质的反抗，但其行为在某种程度上实现了一场能够导致其死亡的"模拟巫术"之变体。奥列格对死马的踢打，正是对巫师关于他将死于此马之预言的模拟，于是这场巫术在奥列格行为的参与下，彻底得到了实现。从道德层面来讲，这匹马作为奥列格"心爱之坐骑"①，在其死后并未得到奥列格的尊重：他是用脚去踢它的头颅骨的，这是对其非常不尊重的表现，从头颅中窜出毒蛇正是这一友谊终结于此的体现。在6579（1071）年项下亦出现了巫师对罗斯托夫歉收地区的预言成为现实的记载。

在古罗斯编年史家笔下，某些巫师如同神灵一般，能够显示某种奇迹，也正是因此，一些懵懂无知的人将其误以为是神灵。在《古史纪年》6420（912）年项下，记载了罗斯一个名为阿波洛尼（Аполоний）的巫师所创造的奇迹：他将一只铜制蝎子埋入土里，帮助城里的人们消除了蚊蝎之苦。其所行奇迹甚至传扬至圣城耶路撒冷："在谈到阿波洛尼时，连伟大的阿纳斯塔西（耶路撒冷人氏）也说：'阿波洛尼创造的奇迹，直到现在还在有些地方时常出现。这些奇迹，有的赶走了为害人们的四足兽和猛禽鸟，有的挡住了泛滥的洪水。当然，也有一些给人们带来损害乃至死亡。不仅在他活着时这样，就是在他死后，鬼怪仍在棺材旁以他的名字使愚夫愚妇们鬼迷心窍。'"② 在6579（1071）年项下，编年史家谈及巫师所行奇迹的问题，认定其所行奇迹属于"妖术"，是由魔鬼所操控的：

> 但未受洗的男人有时也经常受到魔鬼的诱惑，如在早期基督教时代，西门做巫师的时候，他曾行魔法使狗吠出人言，他自己时而变做老头，时而变做年轻人，或变成其他样子。阿纳尼和玛姆夫利也是如此：他们行奇事与摩西作对，但不久后便无计可施。库诺普受魔鬼之唆使，施行妖术，能在水上行走，还能变幻象引诱众人，可到头来害人害己。③

---

① 王松亭译注：《古史纪年：古俄语—汉语对照》，商务印书馆2010年版，第19页。
② 王松亭译注：《古史纪年：古俄语—汉语对照》，商务印书馆2010年版，第20页。
③ 王松亭译注：《古史纪年：古俄语—汉语对照》，商务印书馆2010年版，第96—97页。

编年史家对上述事件的记载，实际是为点明人们口中所谓巫师的"奇迹"与基督教的"神迹"之间徒具表面的相似性。随着《古史纪年》所载罗斯历史进程的推进，这些巫师的真面目逐渐被揭露出来，其下场均为被驱逐或是杀死，罗斯人对于巫师所行奇迹由最初的惧怕、敬畏逐渐变为勇于揭示与反抗。

6579（1071）年项下所记载的白湖大暴动时杨·维沙季奇①（Янь Вышатич）对两个雅罗斯拉夫利巫师恶行的揭露事件，是有关巫师的颇具代表性的事件："他们沿伏尔加河而行，每到一处乡村墓地，便指着那些富裕的妇女，说这个藏有粮食，这个藏有鱼，这个藏有蜂蜜，这个藏有毛皮。人们纷纷携母亲、妻子以及姐妹来见这两个巫师。这两个巫师哄骗众人，凭妖术切开这些妇女的后背，从中或掏出粮食，或掏出鱼之类的东西，巫师用这种方法杀死许多妇女，而将她们的财物据为己有。……水手们抓起两个巫师，将他们杀死，把尸体悬挂在橡树上：这两个巫师得到上帝正义的惩罚。"②古罗斯编年史家指出，这些巫师利用"奇迹"对普通罗斯民众进行捉弄，完全是由于受到了魔鬼的诱惑。

6600（1092）年项下，在波洛茨克城亦出现了一系列异象，编年史家直截了当地点明：这是魔鬼在作祟。异象的出现被认为是某些民族触怒上帝的先兆或象征：

> 波洛茨克城内出现惊人的奇象。夜间，有魔鬼在街上游荡，像人一样呻吟，并伴随着嘈杂的脚步声，一旦有人出门观看，即刻会被魔鬼打伤，不治而死。因此谁也不敢出门。后来在白天城里也闹鬼——有人骑着马，但人们看不见他们，只看得见他们坐骑的蹄子。魔鬼伤害了波洛茨克城及周围地区的许多人。人们说，这是鬼魂在伤害波洛茨克人。闹鬼之事先从德鲁茨克城开始。在这一年，空中也出现异象——天空中出现一个很大的圆圈。是年，干旱无雨，大地干裂，许多树林和沼泽无缘无故燃烧起来。③

---

① 据《古史纪年》记载，杨是罗斯一位将军之子，于6614（1106）年去世。
② 王松亭译注：《古史纪年：古俄语—汉语对照》，商务印书馆2010年版，第94—95页。
③ 王松亭译注：《古史纪年：古俄语—汉语对照》，商务印书馆2010年版，第113页。

在 6573（1065）年项下，编年史家讲述了一系列异象，他们认为出现异象的原因为"是年，弗谢斯拉夫挑起内讧"①：

> 在此期间出现异象，西边天空出现一巨星，发血色光芒，每天日落后升空，一连持续 7 日。这是凶兆，此后内讧及异教徒入侵之事多有发生，因为此星预示将有血光之灾。在此期间，曾有一婴儿被弃于塞托姆里河，后被渔夫救起，但照料到晚上，又把他扔入水中。这个婴儿长得奇特，阴部长在脸上，其他特征更羞于细说。在此之前太阳也有所变化，变得如月亮一般，不再发光，笨愚之人说，太阳被吃掉了。②

古罗斯编年史家还列举了一系列在耶路撒冷出现的异象。异象被认为是大灾或死亡的预兆与先导："天空出现异象：或星辰有变，或太阳有变，或禽鸟有变，或有别的异象，——这都不是吉兆，通常预示灾难或是战乱，或是饥荒，或是死亡等等。"③ 关于这些异象的记录，显示了古罗斯民族对自然变迁、风云变幻的高度关注，以及对这些自然变幻的自我诠释。异象的出现，总是伴随着基督教视域之下的不洁、不遵神旨、外族入侵或内讧现象的发生，被认为是神对某一民族的警告与惩罚的先导现象。

在有关基辅洞窟修道院的叙事中，不仅出现了神迹，也出现了异象。其修士马特维（Матвей）和伊萨基（Исакий）都曾见证过修道院内的异象。马特维能够看到魔鬼撒下的粘人花：魔鬼化作利亚赫人的模样，衣服里藏有粘人花，若粘人花粘在了某人身上，他就会思想混乱，无法进行晨祷；马特维还曾看到一个人骑在猪身上，其他的人与他同行；也曾见到一头驴子站在院长尼孔的位置上，他便明白院长还未起床。只要发生人幻化成动物或动物口吐人言这种异象，就注定有魔鬼力量参与其中：动物（如猪、驴等）常常就是魔鬼在人间的化身。

古罗斯编年史家还记载了古罗斯人的部分生活习俗，其中存在较为鲜明的多神教信仰痕迹，如在《古史纪年》的开端部分讲述了德列夫利安人的抢亲习俗："德列夫利安人风俗野蛮，像畜牲一样群居，相互残杀，

---

① 王松亭译注：《古史纪年：古俄语—汉语对照》，商务印书馆 2010 年版，第 88 页。
② 王松亭译注：《古史纪年：古俄语—汉语对照》，商务印书馆 2010 年版，第 88—89 页。
③ 王松亭译注：《古史纪年：古俄语—汉语对照》，商务印书馆 2010 年版，第 89 页。

吃不洁的食物，无婚娶之习俗，喜欢在近水的地方抢姑娘做妻子。"① 利哈乔夫指出，这一习俗与多神教中的水崇拜有关，且这一风俗渐渐被传入罗斯的基督教所弱化与吸取："多神教的习俗获得了基督教的色彩。基督教也还弱化和吸收了多神教的其他一些习俗。例如，《初始编年史》讲述了有关多神教将未婚妻从水中抢走的习俗。这种习俗是与水井崇拜，一般说来是水崇拜相连的。但是随着基督教的引入水崇拜就被弱化了，而结识用水桶汲水的姑娘的习俗却保留下来。"②

古罗斯编年史家记载了当时异族人的葬礼习俗：

> 拉迪米奇人、维亚迪奇人和塞维利安人的风俗习惯是一样的：……如果有人去世，就为他举行追荐亡灵仪式，然后在一块大木头上挖一个槽，将死者尸体放入，点燃，烧完后将尸骨收入一个小罐子里，挂到路旁的木柱上。现在维亚迪奇人仍然这样做，克里维奇人和其他一些不懂上帝戒律的多神教徒也有这样的丧葬习俗。③

古罗斯墓地文化其实质显示了古罗斯时期的多神教痕迹：

> 在古代基辅罗斯境内，至今还保留着称作古城遗址的古代城堡的痕迹。这通常是一片片圆形的地方，方形的较少，有的四周围的围墙，还隐约可见。这样的古城在第聂伯河沿岸到处都有，两城之间的距离相隔四至八俄里。这些古城都位于古墓的旁边，可以证明它们的起源早在多神教时代。这些古墓发掘的结果，证明墓内的尸体是按照多神教仪式埋葬的。④

《古史纪年》在记载的奥莉加为其夫伊戈尔之死向前来迎亲的德列夫利安人进行三次复仇的事件中，展现了奥莉加使用船只将前来接亲的德列夫利安人活埋的场景，点明了当时罗斯的丧葬习俗为船只埋葬。根据记

---

① 王松亭译注：《古史纪年：古俄语—汉语对照》，商务印书馆 2010 年版，第 6 页。
② ［俄］德·谢·利哈乔夫：《解读俄罗斯》，吴晓都等译，北京大学出版社 2003 年版，第 55—56 页。
③ 王松亭译注：《古史纪年：古俄语—汉语对照》，商务印书馆 2010 年版，第 6—7 页。
④ ［俄］瓦·奥·克柳切夫斯基：《俄国史》（第一卷），张草纫、浦允南译，商务印书馆 2013 年版，第 99 页。

载，意图迎娶奥莉加的德列夫利安王公名为马尔，他在准备迎娶奥莉加前做了带有预兆的噩梦，该梦在本质上具有多神教色彩：

> "马尔公兴高采烈，准备迎亲，但他常常做梦，梦见奥尔加来了，送给他一件镶有黑宝石的衣服，四边缝有珍珠；饰有绿色花纹的黑被和涂满松脂的船。"此梦预兆不详：贵重的衣服，珍珠——表示眼泪，黑色是丧葬之色（试比较 1152 年条伊帕季编年史中的弗拉季米尔·加利茨基的葬礼描述）：在场的人都穿"黑披风"。船是殡葬仪式的一种祭品（见前所述）。马尔的此梦和《伊戈尔远征记》中说的基辅斯维亚托斯拉夫的梦在很多地方有相似之处……①

《古史纪年》中有关多神教的叙事，不仅呈现了斯拉夫族裔最初的生活习俗，也显示了基督教传入罗斯初期斯拉夫人（尤其是罗斯人）在精神领域的多神教遗存痕迹，以及以善恶冲突为代表的多神教思想与基督教思想在罗斯大地上的隐形斗争。"多神教可以有两条发展路线：一条是在故事里，另一条是在信仰或习俗里。它们在数百年间会相遇，而且会彼此取代。"②

第三节 《古史纪年》中的神魔形象

《古史纪年》中呈现了明确的上帝与魔鬼形象。有学者认为上帝与魔鬼的力量共同参与到了编年史家笔下的罗斯国家史进程中："按照包括《古史纪年》在内的古俄文学作品中所反映的观念，在大地上发生的所有事件都是由超越人类之力——上帝与魔鬼所掌控的。"③ 古罗斯编年史家笔下的上帝与魔鬼形象，既具有基督教文化视域下的上帝、魔鬼形象的特征，也体现了斯拉夫民间文化对于神与小鬼的释解。

---

① ［俄］拉夫连季编：《往年纪事》，朱寰、胡敦伟译，商务印书馆 2011 年版，第 361 页。
② ［俄］普罗普：《故事形态学》，贾放译，中华书局 2006 年版，第 168 页。
③ Шайкин А. А. *Се повести временных лет от Кия до Мономаха.* М.：Современник，1989，С. 7.

一、上帝形象

上帝形象首先出现在《古史纪年》所载的《圣经》神话中，如创世记、伊甸园、通天塔、摩西出埃及、上帝逐魔鬼出天堂等。在《圣经》的记载中，上帝还被称作"主""神""耶和华"等。普世教会意义上的"上帝"被定义为："基督教所信奉之神，被认为是神圣、无限和永恒的精神实体，同时也是最高或终极的存在。他是人类和宇宙的创造者、维护者和裁决者。在基督教神学中，上帝是一个有生命、有位格、慈爱、宽大的存在体，他是历史的主宰者和统治者。他存在的目的是通过耶稣基督再造一个新天地。"① "在旧约中上帝是作为永在而显示的。他重新与人相会，他的独处在世界里终止了。但对沦为世界自然力奴仆的人，上帝首先显示为超自然的、战胜世界的、超验的存在物。"② 上帝形象的一个重要特征，就是其神力的伟大与无所不能，任何对上帝权威的挑战都将导致上帝给以其严厉惩罚；自伊甸园起，有关通天塔、摩西等的神话都印证了人类与上帝之间绝对臣属与统治的关系，任何对其意志的质疑都是不被允许的。

《古史纪年》构建了一个紧密围绕上帝形象展开的历史系统与言说系统，体现了当时罗斯人对上帝的认知。我国学者林精华在《圣经的（俄）罗斯化：古罗斯文学及其向现代俄罗斯文学的转化》（2014）一文中提出"上帝形象的俄罗斯化"③ 的观点，认为在《古史纪年》的文本叙事中呈现了"上帝形象的古罗斯化"的鲜明特征。在《一个哲学家的谈话》中，上帝是无所不能的，他创造了天地万物，也能将天地万物毁灭，以洪水灭世与其子耶稣降临大地的形式重建新天新地。上帝在这里是手握权柄、有鲜明喜恶的神，罗斯人接受了基督教的教义，认为上帝是万物的造物主："上帝是伟大的，他威力强大，法力无边。"④ "如果大地是母亲，那么天即是父亲——因为上帝最初创造天，又创造地。人们常说：'我们在天上

① 《基督教词典》编写组：《基督教词典》，北京语言学院出版社1994年版，第412页。
② ［俄］谢·布尔加科夫：《亘古不灭之光——观察与思辩》，王志耕、李春青译，云南人民出版社1999年版，第153页。
③ 林精华：《圣经的（俄）罗斯化：古罗斯文学及其向现代俄罗斯文学的转化》，《圣经文学研究》2014年第1期，第143页。
④ 王松亭译注：《古史纪年：古俄语—汉语对照》，商务印书馆2010年版，第43页。

的父。'"① 上帝因亚伯拉罕指出真神的存在而赐福于他，受神之赐福的民族将世代拥有福祉："上帝喜欢亚伯拉罕，对他说：'你要离开本族本家，往我指引你的地方去。我将让你成为一个大族之始祖。我将赐福给你，人类世世代代都将因你得福。'"②

上帝被认为是无形无踪的，如古罗斯编年史家曾感叹："你不爱看得见摸得着的兄弟，又怎么能爱看不见摸不着的上帝呢?"③ 但在某些特殊情况下，上帝会在世人面前现身，如在《圣经》记载中其曾向摩西显现圣容："后来上帝在燃烧的荆棘中向摩西显身并对他说……"④ 6619（1111）年项下记载了上帝出现的场景："我抬起头来看，只见一个人在空中飞行，身着一身红衣，乍一看，像天使长加百列，但这不是加百列，也不是一个普通人，而是我主自身，他只是以人的形象显现而已。正如书中所讲的：这个人，身着一身红衣，他的双腿如金子一样闪光，他的身体像黄玉一般，他的脸像闪电一样明亮，他的眼睛像烛火一般，他的肩膀和双臂就如黄铜一样，他开口讲话，就像许多人在呐喊。"⑤ 有关对上帝形象的描述，其重点体现在"光"之寓意上，体现其作为创世者与万物之主的意义，"光"被认为是世间万物中最先出现的事物："起初，神创造天地。地是空虚混沌，渊面黑暗；神的灵运行在水面上。神说：'要有光。'就有了光。"（《创世记》1：1—3）

上帝借由先知等人之口，向世人传达其意愿，如使徒安德烈曾预言基辅的诞生与基督教未来在罗斯的兴盛，又如可萨族老人预言波利安人将向其他部族收取贡赋，"后来此话果然应验。因为这话不是按自己的意愿而说的，而是按上帝的意愿而言的"⑥。上帝本身亦是使人远离魔鬼的存在，如总主教对罗斯首位接受洗礼的奥莉加说道："上帝在古时候曾保佑以诺，赐方舟保佑挪亚，保佑亚伯拉罕免受亚比米勒的伤害。在烧毁所多玛城时，上帝派天使救出罗得；上帝帮助摩西逃避法老的追杀；保佑大卫免受扫罗的迫害；保佑三少年在迦勒底王的火窑中不受伤害；保佑但以理虽

---

① 王松亭译注：《古史纪年：古俄语—汉语对照》，商务印书馆 2010 年版，第 62 页。
② 王松亭译注：《古史纪年：古俄语—汉语对照》，商务印书馆 2010 年版，第 50 页。
③ 王松亭译注：《古史纪年：古俄语—汉语对照》，商务印书馆 2010 年版，第 108 页。
④ 王松亭译注：《古史纪年：古俄语—汉语对照》，商务印书馆 2010 年版，第 51 页。
⑤ 王松亭译注：《古史纪年：古俄语—汉语对照》，商务印书馆 2010 年版，第 163—164 页。
⑥ 王松亭译注：《古史纪年：古俄语—汉语对照》，商务印书馆 2010 年版，第 8 页。

被投身狮坑而毫发无损。你既然已经接受洗礼，改信耶稣，耶稣也会保佑你的，他会让你远离魔鬼，不受诱惑。"[1] 上帝在《古史纪年》中被视为对斯拉夫族裔与古罗斯民族予以特殊观照的存在，而这一存在是以体现上帝对待罗斯的态度的诸多事件为基础而形成的，上帝对古罗斯民族的特殊观照首先经由《古史纪年》所记载的有关基督教的传说予以体现，如使徒安德烈的故事、圣母金衣的故事等。

《古史纪年》中记载的有关古罗斯的神迹，亦证明了上帝对于罗斯人的特殊观照，如6496（988）年项下关于弗拉基米尔受洗后失而复明的记载：

> 赫尔松人出城迎接安娜，向她行礼，迎进城里，安置在宫殿之中。而此时，由于上帝的旨意，弗拉基米尔得了眼疾，什么也看不见。他着急万分，不知所措。王后派人对他说："若想摆脱此疾，速受洗礼，否则，你将永不得见光明。"弗拉基米尔听后说："如果你所说的真能实现，那么上帝是真正伟大的神。"随即吩咐为他施洗。赫尔松的主教和王后的神甫为弗拉基米尔施洗。当主教把手放到弗拉基米尔的头上时，他马上便复明了。弗拉基米尔突然痊愈，非常高兴，赞美上帝说："现在我终于找到了真神。"许多士兵见此情景也纷纷受洗。[2]

这一事件在某种程度上可视为罗斯在经由洗礼后被上帝所真正接纳的神迹证明。如《圣经》言："王的心在耶和华手中，好像陇沟的水，随意流转。"（《箴言》21：1）王公领袖被认为是其国家道德水准的体现者，为上帝所亲自拣选，王公的圣明与否，决定了其所领导国家的繁荣程度。"上帝与魔鬼总是通过人，首先是王公们来实现自己的意志，因为正如编年史家所说，整个民族与国家的命运、'大地'的命运都取决于王公。"[3]"君权神授"的思想在俄罗斯16世纪伊凡雷帝统治时期达到了鼎盛，这从俄罗斯统治者之称号的演变，即公（Князь）—大公（Великий Князь）—沙皇

---

① 王松亭译注：《古史纪年：古俄语—汉语对照》，商务印书馆2010年版，第32页。
② 王松亭译注：《古史纪年：古俄语—汉语对照》，商务印书馆2010年版，第60页。
③ Шайкин А. А. *Се повести временных лет от Кия до Мономаха*, М.：Современник, 1989, С. 7.

（Царь）可见一斑。这一思想早在《古史纪年》中已有所呈现，如可萨族老人按照上帝意愿点明波利安人未来不会是甘愿纳贡的种族，《古史纪年》的编纂者同时点明法老长官认为摩西将毁灭埃及的预言也是上帝授意的，"德列夫利安人也是如此：起初统治别人，而后则受别人管治。时至今日，俄罗斯大公依然统治着可萨人"①。王公的统治权被认为是上帝所授的。

在罗斯时期，编年史家已认定上帝为唯一的神，在《古史纪年》中编年史家说道："我们是基督教徒，我们信仰神圣的三位一体，信仰唯一的真神上帝，我们有共同的信仰，共同的律法，因为我们为耶稣而受洗礼，并且蒙受耶稣基督的恩惠。"② 按照《圣经》所言，人类始祖亚当在被逐出伊甸园后就失去了与上帝直接交流的能力，而施洗、祈祷、礼拜等宗教形式在某种程度上可被视为在尘世与上帝进行沟通的通道，水在这里是沟通尘世与天堂的重要介质。"神的灵运行在水面上。"（《创世记》1：3）在《古史纪年》的记载中，上帝利用水赐予人类新生："用水来使人们获得新生，是因为：在挪亚时代，人们犯罪太多，上帝发洪水淹没了大地和世上的人们，上帝说：'我曾因人的罪而用洪水来使他们消亡，现在我用水洗去人们的罪——让他们通过水而获得新生。'"③ 罗斯首个施洗者奥莉加亦被视为"第一个进入天国的罗斯人"④。

《古史纪年》反映了古罗斯国家的一系列重要史实：古罗斯如何受洗，第一批教堂如何建设，斯拉夫文字由谁创制，首批经书如何翻译，修道院与僧侣如何出现，以及基督教的启蒙教育收到了怎样的结果。罗斯因基督教的引入而得到了教化，而这一使罗斯人由蒙昧走向文明的教化是上帝的意愿："在此之前，罗斯人得不到教化，上帝根据自己的意愿降福给他们，正如先知所说：'我将赐福给我喜欢的人。'我们'通过洗礼和灵魂新生'而得到上帝的赐福，这是上帝的意愿，并非取决于我们自己。是我们的主耶稣基督垂青于我罗斯大地，用圣洁的洗礼给予它光明。"⑤ 伊拉里昂在《法与神赐说》中将这一思想予以清晰化，认为犹太人是最先认识上帝的民族，而罗斯人是最后认识上帝的民族。

---

① 王松亭译注：《古史纪年：古俄语—汉语对照》，商务印书馆 2010 年版，第 8 页。
② 王松亭译注：《古史纪年：古俄语—汉语对照》，商务印书馆 2010 年版，第 8 页。
③ 王松亭译注：《古史纪年：古俄语—汉语对照》，商务印书馆 2010 年版，第 57 页。
④ 王松亭译注：《古史纪年：古俄语—汉语对照》，商务印书馆 2010 年版，第 36 页。
⑤ 王松亭译注：《古史纪年：古俄语—汉语对照》，商务印书馆 2010 年版，第 64 页。

"俄罗斯从拜占庭接受的东正教不仅是一种宗教信仰，而且是一种世界观。"[1] 上帝对古罗斯国家的特殊观照，可由古罗斯历史上显示的神迹证明。在《古史纪年》中体现了罗斯军队之所以取得胜利是因为上帝暗中帮助的观念，如6619（1111）年项下记载道："我罗斯王公寄希望于上帝的赐福，对兵士们说：'弟兄们，我们要与异族人决一死战，要顽强杀敌。'他们仰望上苍，乞求上帝的帮助。两军相接，战斗激烈异常。这时上帝发怒于异邦异族人，他们开始在我基督徒面前溃败。我罗斯大军大获全胜，在捷格伊一带杀死许多敌兵。是上帝帮助罗斯王公战胜了敌人，……上帝又派天使来帮助我罗斯王公们作战。……上帝拯救了自己的子民——罗斯人。"[2] "敌人"不仅是在疆域、邦国、民族层面的异于"本己"之人，也是在信仰层面上与罗斯民族截然相反之民族，故在《古史纪年》中对于"敌人"的称呼多为"异族人—异教徒"（иноплеменник-иноверженец）。

在古罗斯编年史家看来，无论是上帝降下的灾难，还是异族敌人的入侵，都是对罗斯民族的特殊警示与惩戒，以惩罚其所犯罪孽，使之回归正途。"善与恶、外部和内部的灾难，以及天象本身，这一切在神的手中都是教育人的手段，都是说明'上帝的意旨'、神创造的世界道德秩序的合适材料。"[3] 如6576（1068）年项下波洛韦茨人的入侵被认为是对伊贾斯拉夫三兄弟违背誓言，将挑起内讧的弗谢斯拉夫及其子囚禁的惩罚："上帝派异教徒入侵我土以惩罚我们所犯的罪。波洛韦茨人获胜，罗斯王公伊贾斯拉夫三兄弟败北而逃。上帝于盛怒之下使我民蒙受异族侵凌，只有经过这场灾难，人们才会想起上帝；魔鬼则引诱人们挑起内讧。"[4]

古罗斯编年史家认为，不应实施多余的报复，而应寄望于上帝的帮助，而不是永无休止的复仇。被残忍剜目的瓦西里科曾实施了两次复仇计划，编年史家认为这违背常理，并对其报复举动评价道："瓦西里科这已经是第2次实施本不应该的报复，他应当相信上帝，因为上帝会为他报仇的。正如先知所言：'我的敌人，那些憎恨我的人将得到报复，因为上帝

---

① 金亚娜：《俄罗斯的种族宗教文化记忆》，《国外社会科学》2003年第5期。

② 王松亭译注：《古史纪年：古俄语—汉语对照》，商务印书馆2010年版，第164页。

③ ［美］尼古拉·梁赞诺夫斯基、马克·斯坦伯格：《俄罗斯史》，杨烨、卿文辉译，上海人民出版社2007年版，第84页。

④ 王松亭译注：《古史纪年：古俄语—汉语对照》，商务印书馆2010年版，第90页。

将为其子孙所流的血而报仇。'"①

"在俄罗斯民族，与土地相联系的宗教是有强大势力的……母性——这是最基本的范畴。"② 在接受基督教之前，罗斯人信奉的是与大自然颇具联系的多神教，有六位重要神祇的木质或石质偶像矗立在罗斯大地上：雷神庇隆、太阳神（火神）大日博格、风神司特利博格、天神西玛尔戈尔、畜神霍尔斯以及生殖女神莫科什。莫科什（Мокошь）作为其中唯一的女神，主宰生殖与水源，在某种程度上可与斯拉夫民间信仰中的"润泽的大地母亲"（Мать-Сыра-Земля）等而视之。多神教深刻地影响了斯拉夫人的世界观，即使在基督教被定为国教后，其精神烙印也难以泯灭。斯拉夫人对于圣母的崇拜在一定程度上带有莫科什崇拜的影踪。圣母在俄罗斯东正教中尤受推崇，在《古史纪年》的记载中，其与上帝、耶稣形象一样，是对罗斯民族持有特殊庇护感的神。圣母被认为是将罗斯苦难传达给上帝的传达者与庇护者："圣母和众天使们的祈祷感动了上帝，上帝又派天使来帮助我罗斯诸王公战胜异族人。"③

弗拉基米尔大公在接受基督教后，首先修建的教堂即圣母大教堂，可见古罗斯人对于圣母的重视程度。《古史纪年》6497（989）年项下对此记载道："弗拉基米尔饮食起居皆遵循基督教教规。他决定建圣母大教堂，派人请来希腊的工匠。教堂建成之后，用圣像画装饰，授权赫尔松人阿纳斯塔斯管理，安排从赫尔松来的神甫在教堂行法事，并将以前从赫尔松带来的圣像、祭器及十字架等赐给该教堂。"④

天使形象是上帝形象的重要附属形象，被视为"上帝的信使"，"《旧约》中'上帝的信使'（maleachim）在希腊语中为'angeloil'（拉丁语angeli），他们最初被看做上帝意愿的化身，而后成为天堂主人或天主审判庭中的成员（即军队）"⑤。在《古史纪年》的记载中，天使被认为能够帮助人类战胜魔鬼诱惑："天使从不作恶于人，他们总是与人为善，帮助基督徒，

① 王松亭译注：《古史纪年：古俄语—汉语对照》，商务印书馆 2010 年版，第 148 页。
② ［俄］尼·别尔嘉耶夫：《俄罗斯思想：十九世纪末至二十世纪初俄罗斯思想的主要问题》，雷永生、邱宇娟译，生活·读书·新知三联书店 1995 年版，第 6 页。
③ 王松亭译注：《古史纪年：古俄语—汉语对照》，商务印书馆 2010 年版，第 160 页。
④ 王松亭译注：《古史纪年：古俄语—汉语对照》，商务印书馆 2010 年版，第 66 页。
⑤ ［德］汉斯·比德曼：《世界文化象征辞典》，刘玉红等译，漓江出版社 2000 年版，第 347 页。

使他们免受魔鬼的迫害。"[1] 天使还被认为是上帝派遣来帮助罗斯人的使者："上帝又派天使来帮助我罗斯王公们作战。……波洛韦茨人在弗拉基米尔大军面前一个个倒下了，因为他们被天使用无形的剑砍死，当时许多人都看到了这一场面：被无形之剑砍下的头颅到处乱飞，滚落地面。"[2] 天使也被认为是为上帝传播福音的罗斯人的导引者和守护者："应当明白，基督教徒们并不仅仅有一个天使，这世上有多少受洗者，也就会有多少个天使，况且那些圣明的王公们每人也都有一个天使在导引和辅佐他们。"[3]

《圣经》对天使形象亦有描述，在基督死后将要复活之时，有天使到来："忽然，地大震动，因为有主的使者从天上下来，把石头滚开，坐在上面。他的相貌如同闪电，衣服洁白如雪。"（《马太福音》28：2—3）关于天使在古罗斯人心目中的形象，有一则出现于《古史纪年》中有关基辅洞窟修道院的传说记载可予以说明。在6582（1074）年项下魔鬼幻化成天使的模样诱惑修士伊萨基向其跪拜："有一次，他照例坐下来，吹熄蜡烛，准备做祷告，突然窑洞内金光闪闪，耀眼炫目。有两个少年面目清秀，脸上发光，来到他面前说：'伊萨基，我们是天使，耶稣基督到你这里来了，你要跪拜。'"[4] 古罗斯人对上帝、圣母、天使等基督教神祇形象的想象，多集中于其耀眼光芒与完美形象，如《古史纪年》中有关上帝的金色身体、弗拉赫尔纳教堂圣母的金衣以及天使"脸上发光"的记载，其对于光芒的向往与追求或许源于其对于《圣经》创世的理解，这一理解在拜占庭的神学观念中亦久已有之。"天使的画像约出现在公元四世纪，画面为穿白衣的青年，携光环和翅膀，手持信使权杖、百合、棕榈树枝、燃烧的利剑（用于跟魔鬼战斗）、香炉、旗帜和喇叭（用于宣告最后审判的到来）。"[5] 在《启示录》中对人子形象的记载也体现了这一神学观：

> 灯台中间有一位好像人子，身穿长衣，直垂到脚，胸间束着金带。他的头与发皆白，如白羊毛、如雪，眼目如同火焰，脚好像在炉中锻炼光明的铜，声音如同众水的声音。他右手拿着七星，从他口中

---

① 王松亭译注：《古史纪年：古俄语—汉语对照》，商务印书馆2010年版，第73页。
② 王松亭译注：《古史纪年：古俄语—汉语对照》，商务印书馆2010年版，第161页。
③ 王松亭译注：《古史纪年：古俄语—汉语对照》，商务印书馆2010年版，第160页。
④ 王松亭译注：《古史纪年：古俄语—汉语对照》，商务印书馆2010年版，第103页。
⑤ ［德］汉斯·比德曼：《世界文化象征辞典》，刘玉红等译，漓江出版社2000年版，第348页。

出来一把两刃的利剑，面貌如同烈日放光。(《启示录》1：13—16)

据《古史纪年》记载，上帝曾帮助摩西带领以色列人走出埃及："上帝白天升起云柱，夜间以火柱引导他们经过沙漠前往红海。"① 这里的云柱与火柱被古罗斯编年史家阐释为上帝所遣天使的隐性形态，发生在基辅洞窟修道院中的火柱异象也被予以同样的解释："实际上这不是什么火柱，而是天使降临；因为天使总是这样出现的，或是化作一道火柱，或者火焰。正如大卫所言：'创造万物的上帝将天使化为神，将他的仆人化为燃烧的火，派往他们该去的地方。'天使总是去圣洁的地方，并且隐去自己的真形，只是让人们看见即可。所以人们不可能见到天使的真形，就连伟大的摩西当年也不能见到天使真形，他在白天只是看到前方有一云柱，而夜间则为火柱。实际上这也不是云柱和火柱，而是天使在前方带领犹太人前行。"②

二、魔鬼形象

"魔鬼"形象在《旧约》中首次出现于《约伯记》中："有一天，神的众子来侍立在耶和华面前，撒但也来在其中。耶和华问撒但说：'你从哪里来？'撒但回答说：'我从地上走来走去，往返而来。'"(《约伯记》1：6—7) 可见撒但原本是上帝的众子之一。在《新约》的叙述中，魔鬼形象演变为"诱惑""试探"的代名词："当时，耶稣被圣灵引到旷野，受魔鬼的试探。"(《马太福音》4：1) 在《启示录》中魔鬼被描绘成古蛇与红龙的形象："天上又现出异象来：有一条大红龙，七头十脚，七头上戴着七个冠冕。它的尾巴拖拉着天上星辰的三分之一，摔在地上。"(《启示录》12：3—4)"大龙就是那古蛇，名叫魔鬼，又叫撒但，是迷惑普天下的。"(《启示录》12：9) 这里的古蛇形象与《创世记》中诱惑夏娃的魔鬼——蛇有所联系，阴险毒辣的蛇是魔鬼的化身与原型。魔鬼亦被称为"假先知"："那兽被擒拿；那在兽面前曾行奇事、迷惑受兽印记和拜兽像之人的假先知，也与兽同被擒拿。"(《启示录》19：20) 还被称为

① 王松亭译注：《古史纪年：古俄语—汉语对照》，商务印书馆2010年版，第52页。
② 王松亭译注：《古史纪年：古俄语—汉语对照》，商务印书馆2010年版，第157页。

"彼列"："义和不义有什么相交呢？光明和黑暗有什么相通呢？基督和彼列有什么相和呢？"（《哥林多后书》6：14—15）

基督教设定了严格、分明的天堂—人间—地狱的空间段式，上帝为天堂之神，魔鬼为地狱之主。魔鬼与上帝的关系在众多文化与宗教的释义中皆为反抗与敌对之属，也是黑暗与光明之二元对立的初始源头。"《以赛亚书》第十四章详尽阐述魔鬼存在的根源［撒旦，启明星（Phosphorus），掌灯人］，并追溯到他造上帝的反和堕入冥府。"① "对于上帝的爱和畏惧恰恰是通过对撒旦、恶魔的恐惧和恨的对比而实现的。他们认为生活中的许多不幸正是撒旦一手造成的，而巫术则是恶魔实现统治人间目的的主要中介之一。对于中世纪的人——不管是受过教育的还是没有教育的人——而言，太多的东西充满了不确定性，然而，有一点是确定的，即他们都确信世间存在鬼神、撒旦以及邪恶的巫士。……中世纪的人们对生活的二分认识，对天堂与地狱的二分认识，正是借助教会所采用的类似巫术的一系列仪式得以强化。《圣经》本身就极其强化这一二分世界及其斗争。"②

《圣经》不仅是一部意味着过去的宗教典仪，它也以《启示录》的神启形式预设并构建了有关天堂、人间与地狱的未来图景。人们从《启示录》中得知，魔鬼在千年之后将被暂时释放，最后审判（即第二次生命）即将迎来，人们必须为此做出准备。俄罗斯古代文学在相当程度上都弥漫着末世气息，俄罗斯古代社会直至伊凡四世甚至更晚的皇权都在为将要来临的千禧年与最后审判进行各种形式的准备，其中就包括文学作品层面上的累积与散播。末世论（Eschatology）"论述人死后的结局和世界末日后的情况，包括基督再临、死人复活、最后审判、千禧年、天堂、地狱等内容。大致可分为弥赛亚论、千禧年论和启示论三种。弥赛亚论期望救世主和审判者降临；千禧年论期望基督的千年王国实现；启示论则强调上帝兴起巨变"③。如俄罗斯思想家别尔嘉耶夫所认为的："俄罗斯民族就其形而上学的本性，就其所担负的世界使命而言是一个终极的民族。"④

---

① ［德］汉斯·比德曼：《世界文化象征辞典》，刘玉红等译，漓江出版社2000年版，第230页。

② 张顺洪、赵文洪、姜南主编：《中国社会科学院世界历史研究所学术文集》（第7辑），社会科学文献出版社2011年版，第60页。

③ 《基督教词典》编写组：《基督教词典》，北京语言学院出版社1994年版，第351页。

④ ［俄］尼·别尔嘉耶夫：《俄罗斯思想：十九世纪末至二十世纪初俄罗斯思想的主要问题》，雷永生、邱守娟译，生活·读书·新知三联书店1995年版，第100页。

　　《启示录》描述了天堂与地狱势力之间于世界末日进行的斗争，在作为伪典的死海古卷中亦有"光暗之战"之说。天堂与地狱之间的战争在旧的千年之交已有结果："我又看见一位天使从天降下，手里拿着无底坑的钥匙和一条大链子。他捉住那龙，就是古蛇，又叫魔鬼，也叫撒但，把它捆绑一千年，扔在无底坑里，将无底坑关闭，用印封上，使它不得再迷惑列国。等到那一千年完了，必须暂时释放它。"（《启示录》20：1—3）据《圣经》记载，人类极欲建成的通天塔在倒后变成了魔鬼与一切可憎之物的居所，魔鬼因此弥散人间，四处诱惑、败坏人类："此后，我看见另有一位有大权柄的天使从天降下，地就因他的荣耀而发光。他大声喊着说：'巴比伦大城倾倒了！倾倒了！成了鬼魔的住处和各样污秽之灵的巢穴，并各种污秽可憎之雀鸟的巢穴。'"（《启示录》18：1—2）正是由于人间有魔鬼作祟，上帝与魔鬼就人心进行的斗争与争夺方才彰显了其永恒不息的存在。有关魔鬼的思想在整个基督教教义系统中占有重要地位，"路西法由天堂堕入地狱的过程体现了伴随着恶这一概念的诸种特性：恶诞生于与善的差池，是臣属概念，然而差异性却也令其具备了与绝对法则分庭抗礼的力量，成为反抗美学的源头"①。

　　古罗斯编年史家在《一个哲学家的谈话》中提及了撒旦（又译为"撒但"）形象："第一个天使见到这一切，心想：'我要降临大地，统治大地，我将像上帝一样，把圣位设在北方的云层之上。'他这样想着，立刻就被上帝从天上贬下来。随之一同受贬的还有第十等天使。他的名字叫撒旦，上帝让天使长米迦勒代替他原来的位置。而撒旦因为欺骗上帝而失去了原来的荣耀，所以成了上帝的敌人。"② 魔鬼形象在《古史纪年》中亦被定位成臣属于上帝并在人间诱惑人类远离上帝的形象。如希腊皇帝罗曼在同罗斯签订的和约中写道："我等受罗斯大公伊戈尔、罗斯诸王公及罗斯臣民之委托，前来此地，目的在于恢复被仇视善良和憎恨友谊的魔鬼破坏多年的两族间往日之和平，以巩固罗斯人和希腊人间之友谊。"③ 罗斯首位受洗的女使徒奥莉加在聆听总主教教诲后说道："主啊，你的话将保佑我躲避魔鬼的圈套。"④

---

① 丁君君：《僭越与道德——简评〈恶的美学〉》，《德语人文研究》2013 年第 1 期。
② 王松亭译注：《古史纪年：古俄语—汉语对照》，商务印书馆 2010 年版，第 47 页。
③ 王松亭译注：《古史纪年：古俄语—汉语对照》，商务印书馆 2010 年版，第 24 页。
④ 王松亭译注：《古史纪年：古俄语—汉语对照》，商务印书馆 2010 年版，第 32 页。

在俄语语言图景中，表示"魔鬼"意义的词有多个，如 Чёрт、Бес、Диавол、Дьявол、Демон、Сатана 等。魔鬼形象亦体现了等级制度关系：Сатана 为一切魔鬼之主，Сатана 在犹太语中为"反对者、敌视者"之意，"在基督教传统中撒旦为上帝、天上和地上忠于上帝之力以及人类的主要敌人，地狱之主与众魔之王。《新约》文本中并未包含任何对撒旦的明显形象的描述，因为他是一股灵气，其活动成为世间邪恶之源。撒旦并不是在平等基础上反抗上帝，但作为上帝堕落的造物，其由上帝所允许的存在符合神有关世界的构思，主要为了保持所造之物的自由。撒旦将从上帝处获得的力量用以反抗上帝，但其常常违反自己意志最终履行神意。因此撒旦实际上的敌人并非上帝，而是天使长、基督徒的天堂庇护者米哈伊尔，他与撒旦搏斗"①。这一点在《启示录》所描绘的天堂与地狱势力在世界末日进行的大战中可以得到证明，天堂派众天使倾倒七只碗打败了地狱力量。Сатана 等级之下的魔鬼为 Бес，Бес 为"不洁之灵，魔鬼，上帝敌对者，教堂敌人与撒旦的奴仆。根据基督教教义，魔鬼是堕落的天使，其背叛了上帝并将其力量用于邪恶之事。鉴于在创世、意志与选择自由框架内上帝对其给予的允许，魔鬼们的存在与活动并未受到上帝禁止。魔鬼对自然现象具有相对的权力，不受制于尘世世界的时空状况，能够以虚假的奇迹摧毁人的想象，能够幻化成天使甚至基督本身的样子，深入人的思维进程并向人灌输错误思想。根据东正教传统，其主要目的在于使人在完成罪孽前减少负罪感，以及增大人在施恶后产生的罪孽意识，使人痛苦不堪。"②

《古史纪年》中的魔鬼形象，除去基督教教义所赋予的宗教外壳，在其中依旧可以发现斯拉夫民族昔日多神信仰的痕迹。"基督教的统一思潮里混杂着多种外来元素，它们的确切历史和地理根源基本都无法追溯了。魔鬼能千变万化，这个解释显得有点简单。我们还可以说，基督教针对异教的信仰和习俗进行了上千年的斗争，其中一些核心部分坚强地抵制住了针对它的全面破坏，但同时也慢慢地被吸收，换上一个新包装，指向一个不同的领域，不过保留了其独特的召唤力量。神学范畴鬼神学的高潮掩盖了众多魔鬼文化的光芒，不过并没有完全摧毁它们。魔鬼因此有了数不清

---

① Булычев Ю. Ю. *Православие：Словарь неофита*，СПб.：Амфора，2004，С. 210.

② Булычев Ю. Ю. *Православие：Словарь неофита*，СПб.：Амфора，2004，С. 42.

的外在形象。它是动物，在犹太—基督教传统与异教徒敬仰的融合了生命形态的神之间游移不定。"①

魔鬼形象在《圣经》中曾被提及："耶稣对他们说：'我曾看见撒但从天上坠落，像闪电一样。'"（《路加福音》10：18）在《圣经》系统中，魔鬼尽管是恶之源头，但其前身乃出自天国的神之诸子，其形象与思维可以说依旧具有神祇风采，堪与上帝抗衡。而在《古史纪年》的记载中，其形象在一定程度上混杂了斯拉夫民间信仰与文化中的"鬼"（Дьявол）形象的因素。"地中海一带的民众和凯尔特人、日耳曼人、斯拉夫人还有斯堪的纳维亚人都在不同程度上接受着基督教思想的渗透。随之而来的是，在这个被民众接受的新思想范围里，他们从前的部分传统得以被重新诠释。杰弗里·伯顿·拉塞尔因此断定，纯基督教的魔鬼概念已受到了来自习俗和传统'民间'因素的强烈影响。"②"根据存在于众多文明中（不仅仅是基督教）的象征体系，魔鬼通常是黑色的，但有时也会是红色，或者蓄着浓密的大胡子，甚至还会是绿色的。"③

古罗斯编年史家笔下的小鬼具有斯拉夫民间神话中小鬼的特征，欢快活泼，《古史纪年》对此描述道："魔鬼总是用各种手段，用吹打乐器或者耍活宝，用古丝理琴或人鱼节游乐引诱我们背叛上帝。我们看到人们沉溺于歌舞和丝竹之中，而教堂内空无一人，祈祷之时也极少有人来教堂。"④ 在有关基辅洞窟修道院的叙事中，修士马特维曾见到魔鬼骑着一头猪现身："他在钟下坐下来休息一会儿，因为他的住处离教堂较远，他忽然看到，一群人离开大门而去，抬眼细看，见有一个人骑在猪身上，其他的人与他同行。"⑤

针对这类魔鬼举行的娱乐节目已深入古罗斯的民间娱乐中："在中世纪'双重标准'的文化中，基督教中的肉体与灵魂、高尚与卑劣的二元论的表现形式，实际上，宫廷内部举行的基督教大弥撒、吃斋、虔诚的庄

① ［法］罗贝尔·穆尚布莱：《魔鬼的历史》，张庭芳译，广西师范大学出版社 2005 年版，第 10—11 页。
② ［法］罗贝尔·穆尚布莱：《魔鬼的历史》，张庭芳译，广西师范大学出版社 2005 年版，第 8—9 页。
③ ［法］罗贝尔·穆尚布莱：《魔鬼的历史》，张庭芳译，广西师范大学出版社 2005 年版，第 12 页。
④ 王松亭译注：《古史纪年：古俄语—汉语对照》，商务印书馆 2010 年版，第 91 页。
⑤ 王松亭译注：《古史纪年：古俄语—汉语对照》，商务印书馆 2010 年版，第 102 页。

严肃穆与民间节日中的滑稽可笑、诙谐和狂欢的二元论是一样的。古罗斯的'搞笑创作者'、流浪艺人及其他们演唱的'鬼歌'、疯狂而诙谐的舞蹈，这些既是宫廷内部所喜爱的娱乐活动，也是普通农民喜闻乐见的娱乐形式，例如，装满迷魂汤（指伏特加之类的烈性酒）的罐子，一直是这种传统娱乐活动中必不可少的标志。"①

在《古史纪年》中，编年史家以一则基辅洞窟修道院叙事对魔鬼幻化成天使的模样诱惑人的场景予以了呈现：伊萨基在洞窟内被幻化为天使模样的魔鬼所迷惑，忘记在胸前画十字，像跪拜上帝一样跪拜了魔鬼。"那个自称是耶稣基督的魔鬼说：'拿起芦笛，铃鼓演奏起来，让伊萨基为我们跳舞。'魔鬼们敲打乐器，玩弄伊萨基。侮辱、玩弄一番后，魔鬼们离去，而伊萨基已经奄奄一息。"②"按照经典的说法，恶魔就是堕落的天使，隐含的意思是常人很难将恶魔和天使区分开。耶稣本人从没有反对魔鬼能够摄取人的灵魂这样的说法，并且，他本人在《新约》的第一章里就是以地道的'驱魔者'身份出现的。"③《古史纪年》记载的在基辅洞窟修道院中所发生的这一事件，实际上以极为朴素的形式呈现了人在神与魔这一两相对立的神学模式面前最初的懵懂与最后的成熟：这一事件以魔鬼再次戏弄信仰坚定的伊萨基的失败告终，魔鬼幻化成熊、猛兽、毒蛇等凶猛之物，或是假装要埋掉伊萨基，都无法使他动摇。伊萨基在此点明了魔鬼身份："你们的王是反基督的，而你们则是魔鬼。"④

《古史纪年》中的魔鬼，狡狯而阴险，其阴谋或恶行之所以能够得逞，常常是因为人们的信仰不够坚定；其所描绘的魔鬼十分惧怕十字架的威力，总是哄骗人弃绝基督信仰，或是阻碍基督教的传播。6491（983）年项下记载了魔鬼挑唆罗斯人对从希腊来的瓦兰基督徒父子进行迫害的事件，俄罗斯学者沙赫玛托夫认为"在这一年项下谈及了罗斯首批基督教蒙难者"⑤。魔鬼被认为出现在蒙昧的、未经基督教启蒙的人们中间，正

---

① ［俄］Т. С. 格奥尔吉耶娃：《俄罗斯文化史——历史与现代》，焦东建、董茉莉译，商务印书馆2006 年版，第 41—42 页。

② 王松亭译注：《古史纪年：古俄语—汉语对照》，商务印书馆 2010 年版，第 103 页。

③ 张顺洪、赵文洪、姜南主编：《中国社会科学院世界历史研究所学术文集》（第 7 辑），社会科学文献出版社 2011 年版，第 61 页。

④ 王松亭译注：《古史纪年：古俄语—汉语对照》，商务印书馆 2010 年版，第 104 页。

⑤ Шахматов А. А. Повесть временных лет и её источники, ТОДРЛ IV, СПб. : Пушкинский дом, Наука, 1940, С. 44.

是人们的未经教化使得魔鬼有机可乘。"谁也不知道他们被埋葬在哪里，因为当时的人们都野蛮无知，不信基督，而魔鬼不知自己已离死不远，还暗自高兴。他企图消灭所有信耶稣的人。他被圣十字架从别处赶到这里，试图在这里为自己招罗一些人，因为使徒们没有在这里传经布道，先知没有在这里做什么预言。"①

《古史纪年》中有关多神教的宗教叙事离不开罗斯人对异教偶像的崇拜。异教偶像与基督教圣像的实质有巨大区别。按照法国学者韦尔南（Jean-Pierre Vernant）的说法："偶像（eidolon，即英文的 idol）是敏感的表面的一种简单拷贝，是对眼前提供之物的一种移印，而神像（或者圣象，eikon，即英文的 icon）是一种本质的迁移。在偶像和它的模本之间，同一性在于整个的表面；在神像和它所反映的东西之间，关系是在深层结构和所指（signifie）的层面上连结成的。"② 《古史纪年》讲述了弗拉基米尔大公在罗斯大地上树立起多神教神像时的情景："在塔楼院后面的山冈上立起神像：有木刻的雷神庇隆的像，配以白银铸做的头和金胡须；还有霍尔斯，太阳神大日博格，风神司特利博格、西玛尔戈尔和莫科什的神像。人们送来祭品，敬它们为神灵，他们还扶老携幼来参拜神像。可是他们的祭品却献给了魔鬼，他们的祭礼使大地受到玷污。"③ 祭献偶像的做法被认为是将贡品祭献给了魔鬼，亦即将灵魂出卖给了魔鬼或供魔鬼驱使。

在基督教未传入时，曾有一对瓦兰基督徒父子被受魔鬼蛊惑的罗斯人所害，他们是这样描述异教偶像的："那不是圣神，只是一些木头而已。它们今天还有，明天就会消失。它们不会吃，不会喝，不会说话，只是人们用木头雕刻出来而已。真正的神只有一个，希腊人崇拜他，侍奉他，他创造出天地、星星、月亮、太阳和人，并让人生活在大地上。"④ 《圣经》认为崇拜异教偶像与其他罪过一样，是要受到审判的："其余未曾被这些灾所杀的人仍旧不悔改自己手所作的，还是去拜鬼魔和那些不能看、不能听、不能走，金、银、铜、木、石的偶像；又不悔改他们那些凶杀、邪术、奸淫、偷窃的事。"（《创世记》9：20—21）

"启示宗教与异教的根本区别在对神的认知方面，只有启示宗教才

---

① 王松亭译注：《古史纪年：古俄语—汉语对照》，商务印书馆 2010 年版，第 45 页。
② 陈跃红、张辉主编：《比较文学与世界文学》（第一期），北京大学出版社 2012 年版，第 15 页。
③ 王松亭译注：《古史纪年：古俄语—汉语对照》，商务印书馆 2010 年版，第 42 页。
④ 王松亭译注：《古史纪年：古俄语—汉语对照》，商务印书馆 2010 年版，第 44 页。

具有真理的纯洁性，不含任何杂质。异教不懂得直接去认识神，只懂得认识神的自然神像，尽管在异教的信仰范围内，这种圣像是有灵的和鼓舞人心的。"① 在圣经文化语境中，犹太人正是因为信奉能够融化的金牛犊和殴打先知而成为被上帝所弃的选民的，犹太人因而失去了固定的国土，犹太社会被认为是离散社会的代表。古罗斯编年史家认为，尊崇圣像是神圣的宗教行为，是与圣像之主进行沟通的有效方式。据《古史纪年》记载，弗拉基米尔大公在受洗之时，希腊主教告知他基督教教义中规定了对待圣像的正确态度："使徒要求我们吻十字架，向圣像鞠躬敬拜。路加第一个画了圣像，并送往罗马。正如巴西尔所言：尊崇圣像亦即尊崇像主。"②

罗斯人最初对于异教偶像十分崇拜，认为自己正是这些异教之神的后裔。"维列斯或伏洛斯（畜神），在编年史中曾一再提及。据说，在十世纪的基辅、诺夫哥罗德等地均设有维列斯（伏洛斯）神像。显然，维列斯也被认为诗人的庇护者。即它是牧人的神，同时也是诗歌的神。'远征记'中常常提到异教神，这显然反映了作者还有着古代氏族社会制度的残余思想。人与自然都是神的后裔、子孙。神是祖先；鲍扬是维列斯的子孙；风是斯特里鲍格的子孙；俄罗斯人则是达日吉鲍格的子孙。"③ 罗斯人这一将所崇拜神灵视为祖先的思想，在《古史纪年》中以将罗斯人设定为雅弗后裔的形式予以了呈现。

先知是上帝在人间传播福音的助手，巫师则是魔鬼在人间散播罪恶的前驱，也是魔鬼随时会抛弃的牺牲品，《古史纪年》对此评价道："要知道，魔鬼总是诱惑人，唆使他们去干坏事，然后又对他们加以嘲弄，让他们死去，教唆他们说假话。"④ 巫师形象可以被认定为从属"敌基督"形象之列，如陀思妥耶夫斯基笔下的宗教大法官即属"敌基督"形象之列。"敌基督者（Antichrist）亦译'假基督'，意为'反对基督的人。'见于《新约圣经·约翰书信》。约翰称一切否认圣父及圣子的人、否认耶稣是圣子的人、否认耶稣是道成肉身的人都是敌基督者。后世神学家也把一切

---

① ［俄］谢·布尔加科夫：《亘古不灭之光——观察与思辩》，王志耕、李春青译，云南人民出版社1999年版，第143页。

② 王松亭译注：《古史纪年：古俄语—汉语对照》，商务印书馆2010年版，第62页。

③ 《伊戈尔远征记》，魏荒弩译，人民文学出版社1957年版，第34页。

④ 王松亭译注：《古史纪年：古俄语—汉语对照》，商务印书馆2010年版，第94页。

背叛教会、倡导异端的人称为'敌基督者'。"①

《古史纪年》在很多年项下都记载了巫师事迹,这代表在当时社会已存在巫师这一特定人群。"共同礼拜的制度那时尚未确立,甚至在崇拜多神教的后期也仅能看到它的微弱的萌芽。既看不到庙宇,也看不到祭司阶级这一类人;但是已有个别的巫师和卜者,人民请他们占卜,他们在人民中有着很大的威望。"② 《古史纪年》中最早提及巫师形象的是 6420(912)年项下关于奥列格王公死于马尸事件的记载。

《古史纪年》对这一巫师预言果报事件的记载实质上反映了多神教在当时罗斯社会所留存的难以磨灭的影响。"编年史家在转述这民间传说时,极力想诋毁这种多神教传说的作用,与之相对地宣传基督教对星相家的观点。这种抨击星相家的现象在《往年纪事》中不止一次地出现(试比较 1071 年条关于白湖的星相家和诺夫哥罗德的星相家等)。"③ 这也说明了"奇迹"在古罗斯编年史家眼中的意义:"不管发生何等天灾或鬼怪作祟,我们崇高的信仰都能经受住考验,因为我们信仰坚定,与上帝同在,决不受人类之敌和凶神所施魔法与邪恶所诱惑。"④

这里的"奇迹"并不能等同于《圣经》中上帝或基督所行的"神迹",而是某种与之截然相反的东西。在《古史纪年》中对这一"奇迹"还有数次记载,记录了许多超自然的、不可思议的事件,如巫师将铜制蝎子埋入地下,帮助人们驱赶害人的蛇虫和蝎子等。阿波洛尼是《古史纪年》中为数不多的正面巫师形象之一,其使用巫术、魔法是为了帮助人们。在古罗斯编年史家看来,"许多观念不正的人,在基督降世以前,也并不是为了愚弄无知百姓而显示奇迹,像西门、梅南德尔等法师都是如此。所以,古话说得对:'显示奇迹并不是为了惑众……'"⑤ 这些法师在史书中有确切记载:"西蒙是公元 1 世纪的魔法师,承认异端教派,是主张买卖宗教职位的诺斯替派的奠基人。说他有创造奇迹的才能。米南德尔

① 《基督教词典》编写组:《基督教词典》,北京语言学院出版社 1994 年版,第 106 页。
② [俄] 瓦·奥·克柳切夫斯基:《俄国史》(第一卷),张草纫、浦允南译,商务印书馆 2013 年版,第 101 页。
③ [俄] 拉夫连季编:《往年纪事》,朱寰、胡敦伟译,商务印书馆 2011 年版,第 345 页。
④ 王松亭译注:《古史纪年:古俄语—汉语对照》,商务印书馆 2010 年版,第 20 页。
⑤ 王松亭译注:《古史纪年:古俄语—汉语对照》,商务印书馆 2010 年版,第 20—21 页。

是西蒙的一位追随者。"①

在《古史纪年》的记载中，魔鬼在未经基督教传道的地方肆意横行，而接受洗礼的人能够将其驱赶出去，在"罗斯受洗"这一事件后，出现了一段魔鬼的自白："我完了！人们将把我从此地赶走。我本以为能在这里找到敬奉我的人，因为这里的人没有听到使徒们的训诫，因为他们不知道上帝，而我只喜欢崇拜我的人。我不是败在使徒们的手里，也不是败在那些殉教者的手里，而是败在这些愚民的手下，我已无法继续在此地统治。"② 在《古史纪年》的记载中，接受基督教信仰或受洗等事件的意义之一就是远离魔鬼的诱惑与引诱，如奥莉加受洗、罗斯受洗等事件所承载的重要意义。

在历史上，西方曾有残酷惩罚巫师、魔法师的事件发生，巫师、魔法师等一度被认为是渎神而邪恶的，人们认为他们受魔鬼驱使，是魔鬼在人间肆虐的帮凶。《古史纪年》亦记载了蛊惑人心的巫师被惩罚的事件，在6579（1071）年项下记载了数位巫师的故事，其中在罗斯托夫地区招摇撞骗的两个巫师因杀害妇女而得到惩罚。在杨与两个巫师的谈话中呈现了魔鬼的形象：这两个巫师信仰的是反基督之神，这个神的居所位于无底洞中。杨点明了他们所信之神即受上帝所驱的魔鬼："曾有一个天使因为骄傲自满而被上帝贬下无底洞，等待上帝降临对他及信仰他的人进行审判。这位被贬的天使正是你们所说的反基督之神。"③ 杨在这里实际指出了《圣经》所载的末日审判之时魔鬼被天使打入无底洞直至新千年的场景，其帮凶巫师也注定受到惩罚。

魔鬼被认为不是万能的，其能够引诱人类，完全是人类内心不够坚定、信仰不够虔诚所致："魔鬼不知道人们的思想，不知道人们的秘密，但他们可以诱惑人的思想，只有上帝才真正知道人们所思所想的。魔鬼并不是那么强大有力，因为他们一无所知。"④ 俄罗斯史学家克柳切夫斯基指出："魔鬼唆使人去做坏事，把他推入死亡的深渊，而自己却从旁取笑。他们用幻象、妖术来迷惑人们，特别是迷惑妇女，用各种圈套来使人们做坏事。而恶人比魔鬼更坏：魔鬼还惧怕上帝，而恶人'既不惧怕上

① ［俄］拉夫连季编：《往年纪事》，朱寰、胡敦伟译，商务印书馆2011年版，第346页。
② 王松亭译注：《古史纪年：古俄语—汉语对照》，商务印书馆2010年版，第64页。
③ 王松亭译注：《古史纪年：古俄语—汉语对照》，商务印书馆2010年版，第95页。
④ 王松亭译注：《古史纪年：古俄语—汉语对照》，商务印书馆2010年版，第96页。

帝，又不知害臊'。但是魔鬼也有自己的弱点：它们虽能使人产生罪恶的念头，但却不知道人的思想，人的思想是只有上帝才知道的，因此魔鬼胡乱地放出的狡狯毒箭，不免经常落空。"①

《古史纪年》中所呈现的与上帝两相抗衡、形成对立之势的魔鬼形象具有《圣经》中撒旦形象的投射，古罗斯编年史家在编年史中改写了《圣经》中的魔鬼形象。如俄罗斯学者指出的，在《一个哲学家的谈话》中，"在一系列情况中出现了《圣经》文本之外的撒但。撒但为大地的咒诅感到高兴，教会该隐怎样杀死兄弟"②。魔鬼是上帝的造物，其出现本身就意味着上帝的存在，是上帝惩罚的载体与罪孽的形象化。引发内讧、杀害兄弟的斯维亚托波尔克在逃跑时就受到了魔鬼的咒诅，"在逃跑时斯维亚托波尔克魔鬼附身"③，他总是感到被一股力量追赶，"他是被上帝的愤怒所追逐"④。魔鬼既是反抗上帝之力的源泉所在，又在惩罚、警戒层面上成为上帝最为有力的助手，如《大师与玛格丽特》中的魔王沃兰德即负有上帝赋予的考验莫斯科人的使命。

本章小结

《古史纪年》记载了罗斯由异教（多神教）向启示宗教（基督教）的信仰演化过程，尽管这一过程以"罗斯受洗"事件为重大转折点，但罗斯民族对新信仰宗教的理解经历了漫长的适应与认知过程。《古史纪年》以罗斯史实为载体对这一过程进行了铺陈式记述，在这个过程中，罗斯民族逐渐摒弃多神教偶像，并且走近上帝真神。《古史纪年》所反映的罗斯民族对于上帝的认知和对上帝形象的描述，都鲜明地体现了基督教在罗斯的逐渐扎根与多神教隐秘谢幕的历程。

---

① ［俄］瓦·奥·克柳切夫斯基：《俄国史》（第一卷），张草纫、浦允南译，商务印书馆2013年版，第83页。

② Кузьмин А. Г. Фомин В. В. *Повесть временных лет.* М.：Институт русской цивилизации，Родная страна，2014，С. 460.

③ 王松亭译注：《古史纪年：古俄语—汉语对照》，商务印书馆2010年版，第78页。

④ 王松亭译注：《古史纪年：古俄语—汉语对照》，商务印书馆2010年版，第78页。

　　谢·布尔加科夫认为："一切宗教哲学所面对的一个中心命题便是'神'的论证。"① "上帝在创造世界时也在创造中体现自己，并进入到他所创造的事物中去。从这个意义上说世界在其进程中就是上帝的显现和上帝的谱系，这两者是互为条件的。"② 《古史纪年》中的上帝形象，拥有《圣经》中神之形象的威严。上帝被认为是一种主宰一切历史的、压倒性的、湮没天地的力量的形象化，从某种程度上说，《古史纪年》意欲呈现的上帝形象是《圣经》所述之"道""逻各斯"在古罗斯民族史中的反射与阐释，"上帝的本质——爱与和解、为受造物的自我牺牲"③。

　　"中世纪以复杂的象征主义贯穿世界，这种象征主义把一切都联系于一个统一的先验体系。"④ 《古史纪年》的宗教维度，彰显了《圣经》中上帝—魔鬼、信神—异教（不信神）之间的二元对立在罗斯大地上的冲突与演变。古罗斯编年史家试图以此勾画出罗斯民族逐渐摒弃魔鬼侵扰与诱惑、走近上帝与信神的民族历程，赋予其民族历程以天堂力量与地狱力量的参与，以此彰显罗斯的历史为"神圣历史"的政治—宗教理想："所谓的神圣历史，即上帝选民的历史是一部神话化的历史。"⑤

---

① ［俄］谢·布尔加科夫：《亘古不灭之光——观察与思辩》，王志耕、李春青译，云南人民出版社1999年版，译者序第4页。

② ［俄］谢·布尔加科夫：《亘古不灭之光——观察与思辩》，王志耕、李春青译，云南人民出版社1999年版，译者序第4页。

③ ［俄］谢·布尔加科夫：《亘古不灭之光——观察与思辩》，王志耕、李春青译，云南人民出版社1999年版，第132页。

④ ［俄］德·谢·利哈乔夫：《解读俄罗斯》，吴晓都等译，北京大学出版社2003年版，第68页。

⑤ ［俄］谢·布尔加科夫：《亘古不灭之光——观察与思辩》，王志耕、李春青译，云南人民出版社1999年版，第64页。

第三章 《古史纪年》的思想维度

《古史纪年》不仅是一部记载古罗斯国家史、民族史的编年史汇编，也是一部承载了古罗斯民族思想的发展历程的精神史书。对其思想维度的解析，有助于我们厘清古罗斯初始时期的思想源头，继而探求整个古罗斯初始时期的民族思想演进历程。

第一节 《古史纪年》中的"神圣罗斯"理念萌芽

"神圣罗斯"（Святая Русь）理念历来被认为是俄罗斯最重要的精神文化现象之一，其不仅关乎俄罗斯民族对于自我意识的表达，也关乎俄罗斯民族对于其在世界民族中自我定位的思索。"神圣罗斯"理念在罗斯首任都主教伊拉里昂所作《法与神赐说》中得到了明确的表述，这一理念在古罗斯编年史汇编《古史纪年》中得到了进一步延展。"神圣罗斯——起初是俄罗斯民间文学、诗歌、谚语与俗语中'罗斯'的名称，后来在民间世界观中将尘世的、短暂的罗斯变为永恒的、不可变更的罗斯，变为基督之国、耶路撒冷以及人类的神圣未来（即基督教东正教），在其视域中，俄罗斯民族被视为神圣之人，即神之民族。"[①] 后来在俄罗斯思想史中出现的"莫斯科第三罗马"理念是"神圣罗斯"理念的延伸与扩展，"莫斯科第三罗马"理念体现了俄罗斯民族对东正教地位与角色的深入思

① Фёдор Гайда. Что значит "Святая Русь"？, http：//www. pravoslavie. ru/63409. html.

索与民族自豪感。

《古史纪年》可谓俄罗斯民族群体想象认同中的重要一环，其被视为构建与维系古罗斯帝国形象的初始文学文本，以史书形式展现了古罗斯国家的民族生态、权力更迭与宗教视野等，呈现了罗斯实现民族融合与国家肯认的历史图景。《古史纪年》试图赋予古罗斯帝国以神性起源、合理版图及其在世界历史中的自我定位，以此构建初始的古罗斯帝国形象。[①]

《古史纪年》共记载了 70 余个国名及 90 余个民族名称，"并将古罗斯历史同世界史及斯拉夫民族史联系起来"[②]，记载了斯拉夫民族各部落及部落联盟的地理分布、习俗异同和交往作战情况。罗斯国家的建立史，以及罗斯同异邦（异族）间的战争、联姻、传教、和约签订、文化交流等情况，构建了古罗斯帝国"自我"与"他者"的国别形象画廊：斯拉夫人—外族人的自我—他者形象，罗斯人—斯拉夫人的自我—他者形象，罗斯—异邦的自我—他者形象。

编年史家明确引用了拜占庭史书《年代记》（*Хроника*），其中对印度人的吃人习俗[③]、伽勒底人和巴比伦人的乱伦习俗、吉利亚人的母系氏族习俗、亚马逊女人与外族随意交媾并杀害初生男婴的生育习俗等的记载，与对叙利亚人、巴克特里亚人的文明习俗的记载构成了鲜明对比：

> 每个种族，要么有书面的法令，要么有一定的风俗习惯，即他们祖先定下的规矩。这要首推住在世界边缘的叙利亚人。他们将祖先制定的规矩作为法律：不淫乱，不偷盗，不诬蔑，不杀人，尤其重要的是不作恶。巴克特里亚人也恪守这种规矩，这些人又称拉赫曼人或奥斯特罗维吉安人。这些人遵守先辈的古训，不食肉，不饮酒，不淫

---

① 目前国内外学界对"帝国"这一概念的释义颇为多元，笔者赞同《一战帝国：1911—1923》一书所引"帝国"概念定义："查尔斯·梅尔将帝国定义为超国家实体，其特征可由'规模'大小、是否存在'民族等级化'、是否有'一个体现了社会和（或）民族精英进行管理的权力集中的政体'来鉴别。"（参见［德］格沃特、［美］曼尼拉《一战帝国：1911—1923》，钟厚涛译，人民出版社 2015 年版，第 3 页）《古史纪年》所载古罗斯国家的诸多特征，诸如古罗斯的广阔疆域、多个民族对国家建构的共同参与、罗斯人对异族人的民族优越感等，都证明在上述"帝国"框架内，古罗斯可被称为"古罗斯帝国"。

② 王松亭译注：《古史纪年：古俄语—汉语对照》，商务印书馆 2010 年版，译者前言第 13 页。

③ 在《古史纪年》编年史文本的最初部分以大段篇幅介绍了各类习俗。

乱，不作恶，并且敬畏神。①

《古史纪年》亦将习俗描写作为区分罗斯人与异族人的文明程度的重要手段。古罗斯编年史家将波利安人同拉迪米奇人、维亚迪奇人、塞维利安人的饮食、婚娶、丧葬等习俗进行了对比，突出了波利安人的文明与先进："波利安人性情温和，恪守祖制，姑嫂妯娌，兄弟姐妹，父母儿女以及亲戚之间关系分明，长幼有序，不乱伦，他们也有婚娶的习俗：女婿不去女方领新娘，而是让人在婚前一天将新娘领来，次日带彩礼而归。"② 波利安人被认为是最初的罗斯人，据罗斯民间传说，基辅（基易之城）建城者基易（Кий）自称波利安人。斯拉夫人的一支德列夫利安人被古罗斯编年史家认为是野蛮落后的："德列夫利安人风俗野蛮，像畜牲一样群居，相互残杀，吃不洁的食物，无婚娶之习俗，喜欢在近水的地方抢姑娘做妻子。"③ 编年史家亦记载了波洛韦茨人对其祖先恶习的承继："纵然是现在，波洛韦茨人依然保持其祖先的习俗：随意杀人，并以此为荣；吃人，吃不洁的食物——狷鼠和黄鼠等；与母辈或晚辈乱伦等等。"④ 有关波利安人习俗与其他斯拉夫族裔及异族人习俗的记载，确立了一道罗斯人—斯拉夫人—异族人的文明划分弧线。《古史纪年》中对于两个人物奥列格和奥莉加之事件的记载，突出了罗斯人的智慧与风俗之文明。如6415（907）年项下对于奥列格智慧的记载：

> 奥列格命士兵制作大圆轮，安装在战船底部。趁顺风他们扬帆从田野驶向城下。希腊人看到后非常害怕，派使者与奥列格讲和："不要毁坏城市，要什么贡品，我们都给。"奥列格下令停止攻城，希腊人从城里送来食物和酒，但奥列格不接受，料定里面下了毒药。希腊人惊讶地说："这不是奥列格，这是上帝派来惩罚我们的圣者德米特里。"奥列格要求希腊人向2000艘战船上的士兵分发贡品：每艘船上

① 王松亭译注：《古史纪年：古俄语—汉语对照》，商务印书馆2010年版，第7页。
② 王松亭译注：《古史纪年：古俄语—汉语对照》，商务印书馆2010年版，第6页。
③ 王松亭译注：《古史纪年：古俄语—汉语对照》，商务印书馆2010年版，第6页。
④ 王松亭译注：《古史纪年：古俄语—汉语对照》，商务印书馆2010年版，第8页。

有 40 人，每个人分 12 个格利夫纳。①

由此可见，奥列格的智慧胜过了当时的希腊人，奥列格因此甚至被称为"先知"（Вещий）。《古史纪年》中有关奥莉加为夫报仇的记载，也显示了奥莉加（又译为"奥丽佳"）的智慧胜过当时的德列夫利安人：在她四次报仇过程中（包括挖坑埋船、澡堂纵火、醉宴杀人、飞鸟纵火），德列夫利安人都被蒙骗得团团转，在临死前方才知晓。同时，有关德列夫利安人王公想要迎娶敌军遗孀的记载表明罗斯人在婚姻认知方面更为进步与文明："德列夫利安人王公（部落酋长）马尔要求娶伊戈尔的妻子奥丽佳，这实际上是古老氏族社会风俗的反映。在原始社会里，杀死对方氏族首领之后，往往要占有死者的妻子。马尔的求婚和奥丽佳的拒绝，也反映了德列夫利安人和波良人社会进步程度的差异。"② 在《古史纪年》中记载的两个有关军事围困的事件，显示出罗斯人的智慧甚至超过当时在各方面（包括文化、军事、宗教、国力等）都很先进的希腊人。在 6496（988）年项下，弗拉基米尔在攻打希腊城市赫尔松时切断了该城市的水源，迫使希腊人投降；而在 6505（997）年项下的记载中，罗斯人凭借智慧，将甜浆与面羹置于井中骗过了佩切涅格人的兵士，指出"我们从大地内获得食物"③，使佩切涅格人知晓围困无效，顺利使其退兵。尽管这两件事件并未被放在一起直接比较，但古罗斯编年史家对罗斯民族智慧的赞扬是不言自明的。

编年史家评价道："斯拉夫人和罗斯人是同一民族，只是在瓦兰人来到之后我们才称罗斯，而以前也本是斯拉夫人。"④ 罗斯人被视为斯拉夫人的统治者："奥列格为罗斯王公坐镇基辅，实行统治，并说：'基辅将成为罗斯众城之母。'当时在他的统治下有瓦兰人、斯拉夫人和其他部族的人，统称为罗斯人。"⑤ 按照俄罗斯史学家阿克萨科夫（Аксаков К. С.）的观点——"斯拉夫人保存有真正的基督教及适合其意义的村社制度（这是人类理想联盟的体现），他们并没有组建国家，而是自愿号召其

---

① 王松亭译注：《古史纪年：古俄语—汉语对照》，商务印书馆 2010 年版，第 15 页。
② 王钺：《往年纪事译注》，甘肃民族出版社 1994 年版，第 116 页。
③ 王松亭译注：《古史纪年：古俄语—汉语对照》，商务印书馆 2010 年版，第 69 页。
④ 王松亭译注：《古史纪年：古俄语—汉语对照》，商务印书馆 2010 年版，第 14 页。
⑤ 王松亭译注：《古史纪年：古俄语—汉语对照》，商务印书馆 2010 年版，第 12 页。

出现的"①，俄罗斯史学家克柳切夫斯基将罗斯人与斯拉夫人之间的关系
界定为"为命运所决定在同一个国家联盟中过共同生活的、一个对另一
个占优势的两个部落，分成了不同等级"②。6420（912）年项下有关罗希
战争和约的记载说明了罗斯人在整个斯拉夫民族中的优越地位：

> 希腊人吻十字架，而奥列格和他的士兵则按罗斯方式发誓——他
> 们以自己的武器，以雷神庇隆和畜牧神沃洛斯的名义发誓保持和平。
> 奥列格对希腊人说："用锦缎为我们罗斯人做帆，用亚麻布给斯拉夫
> 人做帆。"——希腊人遵命照办。奥列格把自己的盾牌悬挂在城门
> 上，表示胜利，然后离开察里格勒。罗斯人拉起锦帆；斯拉夫人拉起
> 布帆，马上被风吹破。斯拉夫人说："我们还是用自己原来的帆，他
> 们不给我们斯拉夫人用锦缎制帆。"奥列格满载金银、锦缎、水果、
> 酒以及各种细软回到基辅。从此以后人们称奥列格为先知，因为这些
> 人都信奉异教，愚昧无知。③

《古史纪年》对罗斯人与斯拉夫人的身份区分与形象分野显示了东
斯拉夫在整个斯拉夫世界的重要位置，可谓16世纪"神圣罗斯"（其
意义堪比"神圣罗马"）理念的萌芽。古罗斯编年史家有关基易即基辅
建立者的身份的记载，在某种程度上也显示其欲予以古罗斯帝国中心
高贵的开端，比如《古史纪年》记载了罗斯人始祖基易曾被希腊皇帝
隆重接见的事件："有些人不了解情况，说基易曾是一个摆渡者，因为
当时从第聂伯河对岸到基辅有一个摆渡口，所以过去人们常说：'基易
的渡口。'然而，如果基易真是一个渡手的话，那他就不会去察里格勒
了。事实上，基易在治理本氏族时，确实去过察里格勒，并且当时的皇
帝给予他很高的荣耀，只是我们不知道这位皇帝究竟是谁。"④古罗斯
编年史家意图以此证明基易的高贵身份，指出甚至连希腊皇帝也对他予以

① Платонов О. А. *Святая Русь. Энциклопедический словарь русской цивилизации*, М. : Православное издательство Энциклопедия русской цивилизации, 2000, С. 24.
② ［俄］瓦·奥·克柳切夫斯基：《俄国史》（第一卷），张草纫、浦允南译，商务印书馆2013年版，第143页。
③ 王松亭译注：《古史纪年：古俄语—汉语对照》，商务印书馆2010年版，第16页。
④ 王松亭译注：《古史纪年：古俄语—汉语对照》，商务印书馆2010年版，第5页。

优待。

古罗斯编年史家记载了一系列随斯拉夫语的创立而出现的史实，如古罗斯受洗、首座圣母大教堂建成、第一批修道院与僧侣出现及罗斯孩童初次接受启蒙教育等。拜占庭皇帝亲派使者前往罗斯创制字母表并翻译《圣经》系列典籍（如《使徒行传》《福音书》等），当时有人反对，认为"除了犹太人、希腊人和拉丁人外，任何其他民族都不该有自己的文字，因为彼拉多就是用这三种文字在圣十字架上题词的"①。此举受到罗马教皇的驳斥，认为"应当创制文字，'让所有的人都来赞美上帝，''让所有的人都来赞美万能的上帝，因为是圣灵让他们能说话的。'如果谁再敢诋毁斯拉夫文字，将被开除教籍"②。在古罗斯编年史家看来，其所获语言是神所赐予的特殊赠礼，是受到"第一罗马"与"第二罗马"郑重肯认的合法文字，"在此之前，罗斯人得不到教化，上帝根据自己的意愿降福给他们，正如先知所说：'我将赐福给我喜欢的人。'我们'通过洗礼和灵魂新生'而得到上帝的赐福，这是上帝的意愿，并非取决于我们自己"③。语言不仅被视为罗斯接受基督教化的必要条件，更被视为上帝对罗斯优待的象征及罗斯受正统教会合法承认的暗示，罗斯本族语言是《圣经》所载希伯来、罗马和希利尼三种文字之外的神圣、合法之语。

古罗斯编年史家称受洗的罗斯人为"新的基督徒，是上帝的选民"，"受圣灵照耀的新人"④，"罗斯受洗"成为《圣经》所载上帝将另选信民的尘世肯认，成为上帝与之另立新约的现世证明。《古史纪年》着重讲述了犹太民族因亚伯拉罕被选，又因信奉可以融化的金牛犊、殴打先知而被弃民族史，犹太社会因而成为离散社会的象征。⑤ 编年史家试图以罗斯历史映衬《圣经》所述的犹太民族史，"这些传说中的犹太的历史事件在编年史中用来和罗斯史事件相对比"⑥，凸显上帝对罗斯民族更甚于犹太

---

① 王松亭译注：《古史纪年：古俄语—汉语对照》，商务印书馆 2010 年版，第 14 页。
② 王松亭译注：《古史纪年：古俄语—汉语对照》，商务印书馆 2010 年版，第 14 页。
③ 王松亭译注：《古史纪年：古俄语—汉语对照》，商务印书馆 2010 年版，第 64 页。
④ 王松亭译注：《古史纪年：古俄语—汉语对照》，商务印书馆 2010 年版，第 65、71 页。
⑤ 《古史纪年》还记载了因不被上帝保佑而致灭绝的民族，如奥布尔人，以及被马其顿王用铜门封在山内的 8 支异族人，这 8 支异族人被认为将在世界末日迁出（见《古史纪年：古俄语—汉语对照》第 123 页）。
⑥ ［俄］拉夫连季编：《往年纪事》，朱寰、胡敦伟译，商务印书馆 2011 年版，第 299 页。

民族的独特青睐。尽管在其所述罗斯史中，不乏其对异教偶像的崇拜与献祭、最初对基督教的抵制（如杀害瓦兰基督徒父子）及王公间内讧杀戮等罪过①的记载，罗斯依旧被认为是最后接近上帝的全新选民。罗斯人也曾野蛮地杀害基督徒，但这在《古史纪年》中仅仅被视为其在接受基督教之前的无知与可以原谅的错误，因为其是上帝与之另立新约的民族。罗斯人获得以本族语认识上帝的权力，罗斯得以最后受洗，罗斯大地上出现的一系列使徒、神迹等皆为证明。这一思想最终在罗斯首任都主教伊拉里昂的《法与神赐说》中得到了明确表述。尽管"神圣罗斯"理念是在《法与神赐说》中首次提出的，但在《古史纪年》中已呈现该理念的萌芽："一方面，作者记载了古罗斯的历史；另一方面，也传达了一种理念：罗斯的历史是《圣经》故事的再现。罗斯是神圣的国家，罗斯人民是上帝的选民，罗斯的历史是'神选民族的历史'。"②

　　"神圣罗斯"是俄罗斯民族独有的思想，其意义堪比"神圣罗马"。"俄罗斯民族尤为珍贵的品质是神圣罗斯。正因为这一点，俄罗斯成为整个基督教世界信仰的支柱。对善良与公正之理想的忘我努力，向圣灵的靠拢，对无罪与完善的追求使俄罗斯民族成为上帝所全新选中的民族。俄罗斯民族自发形成的特殊信仰使命，可在《古史纪年》（11世纪）中有所发现；其神选性并不被理解为同其他民族的对立，而被视为同世界之邪恶作斗争与热爱良善的特殊任务。……俄罗斯东正教实现了神圣罗斯的价值，其不仅仅是一种宗教系统，更是一种心灵状态——向上帝的精神—道德运动，其中包括俄罗斯人生活的所有方面：国家的、社会的以及个人的。俄罗斯东正教是同其俄罗斯人的民族意识与民族精神共同发展的。伴随着民族精神的提高，东正教也随之提高，相反地，民族意识的分散会导致东正教的退化。"③"神圣罗斯"思想是随同东正教被正式引入的，在罗斯繁荣发展的过程中被逐渐确立起来，这一思想使古罗斯民族同其他民族有所区别，是其后"第三罗马"思想的先导，是古罗斯对"神圣罗马"称号的承继，证明了罗斯东正教的正统性和罗斯民族的神圣性。俄罗斯民族由于其特殊的、与生俱来的向神靠近的信仰本性，被认为具有"携神

① 古罗斯编年史家认为，这些事件的发生都是由于魔鬼从中挑拨与作祟。
② 郭小丽、孙静萱：《俄罗斯弥赛亚意识的结构及其流变》，《俄罗斯研究》2009年第2期。
③ Платонов О. А. *Святая Русь Энциклопедический словарь русской цивилизации*, М.: Православное издательство Энциклопедия русской цивилизации，2000，C. 1241–1242.

者"的信仰特征；而犹太民族由于对神及神的使者的不敬历史，被认为具有"弑神者"的信仰特征。"神圣罗斯"被认为是俄罗斯民族—携神者的思想体系，其与犹太教（犹太民族—弑神者）的思想体系有割裂性的矛盾。罗斯民族作为被上帝最后选中的，却也最为贴近上帝的选民，其与曾经的神之选民——犹太民族对于神与基督教的态度、理念是有巨大差异的，对此古罗斯编年史家以犹太民族最终成为离散社会的象征，暗示上帝对两个民族态度的差别。"上帝恨我们的祖先，因我们有罪而把我们分散到各地，上帝把我们的土地给了基督教徒。"① 尽管《古史纪年》中不乏神对罗斯民族的惩罚，但其惩罚被视为另一种形式的神恩，与犹太民族所受惩罚的寓意截然相反。整部《古史纪年》编纂意愿在于记载、描述犹太民族被弃、罗斯民族被选的神选史。与罗斯人构成巨大反差的还有《古史纪年》记载的奥布尔人（其因不受上帝保佑而全族灭绝）、被马其顿王亚历山大根据上帝意愿以铜门浇筑在大山之内的8支异族人（其被认为是不洁净的种族）等。

第二节 《古史纪年》中的神人、生死与善恶观念

一、神人观

《古史纪年》记载了罗斯接受基督教的历史，其中必然涉及对古罗斯编年史家视域下的神人观之反映。这里我们所说的"神"不仅指基督教文化系统中的上帝，还包括罗斯早期尚未接受基督教之前的多神教神祇。无论是在多神教信仰时期还是在基督教信仰时期，罗斯王公在宗教信仰中都处于非常重要的地位。

英国人类学家弗雷泽认为，在宗教形成之前，帝王最初扮演巫师的角色，随后扮演祭司的角色，神同人之间并无巨大差别，帝王因兼具巫

---

① 王松亭译注：《古史纪年：古俄语—汉语对照》，商务印书馆2010年版，第46页。

师（祭司）与领导者的身份而被视为最初的神。弗雷泽认为：“随着人类社会的发展，巫术的虚伪无能，经过相当长的过程才渐渐地被一些智力较为发达的人所看破。宗教渐渐地取巫术而代之；巫师也渐渐地让位于祭司、牧师。可以说，帝王的世系最早是由扮演巫师角色开始的，先是从事巫术活动，渐次地转为完成祭司的祈祷和贡献牺牲职能。当时人们认为，神也同人们一样，神和人没有绝对的差别。只要是比集团中的其他成员更为优异的人，便可以在他们生前或死后升格为神。这一类的造神活动，自然多见于巫术时代向宗教时代过渡的漫长历史阶段。在这样一种相信神是以人的形象出现的社会信仰中，唯有帝王们最能坐收渔人之利，成为被人们崇拜的对象，集巫师或祭司与帝王于一身，当是很自然的事。”① 弗雷泽在其著作《金枝》中对古罗马内米湖畔“守卫/折取金枝”的古老习俗的记录，形象地说明了帝王的最初作用：手执象征权力的金枝守护圣树，其在某种程度上意味着帝王对整个国家的庇护作用，在这里帝王化身为一种符号的意指，一种保护的象征，帝王的更迭随金枝的折取被渐次取代。

俄罗斯学者沙赫玛托夫从考古学层面注意到，在罗斯尚处在多神教信仰时期时，罗斯王公就兼任祭司的职位。“主持出殡仪式的人在填埋黑墓（在切尔尼戈夫附近）时，并不关心把所有武器从坑里取出来（指在举行殡葬仪式时，把坑里的陪葬品拿到土坑上展览）；在篝火遗迹中他们留下很多武器。但是，他们更注意的是充分地表现死者和祭祀的关系。在这里我们发现了两个野牛角（斯拉夫神灵的必然的特征），两把祭祀时所供的刀，最后还有一尊青铜偶像。死者的同时代人告诉我们，黑墓中躺着的死者不仅是法典赋予的将军，还是个祭司，他们在那个世界用得上刀，可以切割祭品，还用得上神圣的角形大酒杯，可以用它来向本族人宣布幸福的生活。这种集兵权和祭权于一身的只有王公才能办到。在许多斯拉夫语言中，王公和祭司二词的发音几乎相同。我们知道斯拉夫人的王公们常常执行最高祭司的职能。”②

古罗斯编年史家记载了罗斯早期信仰多神教时的场景，当时罗斯人将

① ［英］J. G. 弗雷泽：《金枝》（上），徐育新、汪培基、张泽石译，新世界出版社2006年版，第5页。

② ［俄］拉夫连季编：《往年纪事》，朱寰、胡敦伟译，商务印书馆2011年版，第336页。

木制的多神教偶像奉为神灵：

> 弗拉基米尔开始独自一人在基辅统治，在塔楼院后面的山冈上立起神像：有木刻的雷神庇隆的像，配以白银铸做的头和金胡须；还有霍尔斯，太阳神大日博格，风神司特利博格、西玛尔戈尔和莫科什的神像。人们送来祭品，敬它们为神灵，他们还扶老携幼来参拜神像。可是他们的祭品却献给了魔鬼，他们的祭礼使大地受到玷污。但仁慈的上帝并不想除掉这些有罪之人，所以在这个山冈上至今还有圣瓦西里教堂。①

古罗斯编年史家认为，祭拜异教偶像是"将祭品献给魔鬼"。然而在这里，存在一个有关信仰条件的前提，即当时的罗斯人对于信仰是懵懂无知的，由于其处在多神教信仰时期，对于神的概念较为单纯，对于神的认知并不深刻，罗斯人只知偶像是由罗斯王公所精心拣选并树立起来的。弗拉基米尔大公使当时罗斯大地的多神教信仰得以统一，使罗斯人的多神教神祇的信仰集中在以雷神庇隆为首的五位神祇身上。罗斯人对待多神教神祇非常郑重，他们在神像前同异邦使者发誓守约。"次日，伊戈尔大公召来希腊使节及罗斯人中的多神教徒来到设庇隆神像的山冈上，放置盾牌、兵器及金饰，发誓守约。"②上帝和雷神庇隆同时出现在古罗斯的条约行文之中："如若罗斯王公或平民不信守条约中所规定内容，无论是否基督徒，让其罪有应得，死于自己的刀枪之下，让其因破坏誓言而受到上帝和庇隆的诅咒。"③

尽管编年史家在《古史纪年》的记载中已明确表示，信仰异教神祇就意味着需要向异教神祇奉献贡品，其实质成为对魔鬼的祭献，但当时的罗斯人由于并未普遍信仰基督教，对于基督教中上帝—魔鬼的二元冲突概念尚未明确形成，其在某种程度上是在单纯地信仰罗斯土地的保护神。在《古史纪年》的记载中，明确将魔鬼作为神祇信仰的罗斯人物只有巫师。《古史纪年》6579（1071）年项下记载了义人杨·维沙季奇在白湖大暴动

---

① 王松亭译注：《古史纪年：古俄语—汉语对照》，商务印书馆2010年版，第42页。
② 王松亭译注：《古史纪年：古俄语—汉语对照》，商务印书馆2010年版，第27页。
③ 王松亭译注：《古史纪年：古俄语—汉语对照》，商务印书馆2010年版，第27页。

中同两个巫师的对话：

> 杨对他们说："你们确实受到魔鬼的诱惑，你们信什么神呢？"他们回答说："我们信反基督之神。"问："他在哪里？"回答说："在无底洞。"杨对他们说："既然是无底洞，还算什么神呢，那是魔鬼，而上帝在天上，居神坛之上，旁边有敬畏他的天使，天使不敢看上帝。曾有一个天使因为骄傲自满而被上帝贬下无底洞，等待上帝降临对他及信仰他的人进行审判。这位被贬的天使正是你们所说的反基督之神。你们在这里也要受到我的惩处，死后你们也将到无底洞中去。"①

在这里杨与巫师的对话显示当时罗斯（距"罗斯受洗"约83年）对于神的理解已有所加深，已认识到基督教宗教系统中上帝、魔鬼及天使形象的存在，并对上帝、魔鬼及天使的所居之处有正确的理解。魔鬼也被认为处于神的位格上，并被认为是"反基督之神"。《古史纪年》6579（1071）年项下所记载的诺夫哥罗德人同巫师的对话，进一步确认了魔鬼这位神祇的形象："他们住在无底洞，全身是黑色的，有翅膀，有尾巴，他们也听命于你们的神，因为你们的神是在天上的。"②这里巫师所描述的魔鬼，并非地狱之主撒旦，而是在基督教文化视域下添加了古罗斯民间文化元素的小鬼（Бес），如《古史纪年》中进入基辅洞窟修道院内的魔鬼就具有民间文化中魔鬼的特征，他们活泼好动，喜好游乐。

由此，我们可以认为，在"罗斯受洗"之后，罗斯人对于神祇的理解是逐步深入、清晰的，罗斯人在总体上确认了上帝为唯一真神的神人观。巫师作为一个特殊的群体，形成了以魔鬼为信仰神祇的特殊神人观，但其也对魔鬼与上帝间的隶属关系具有一定程度的正确认知。

对于《古史纪年》的神人观，编年史家在其记载文本中给予了不断的、重复的强调。然而这一神人观在很大程度上始于《古史纪年》文本之外，始于《圣经》所述的基督教信仰场景之中。在《创世记》中首先

---

① 王松亭译注：《古史纪年：古俄语—汉语对照》，商务印书馆2010年版，第95页。
② 王松亭译注：《古史纪年：古俄语—汉语对照》，商务印书馆2010年版，第96页。

点明了人是神的造物，神创造了天地万物，又按照自己的样子创造了人："神就照着自己的形象造人，乃是照着他的形象造男造女。"（《创世记》1：27）但在象征永恒的伊甸园中，人首次以夏娃摘取善恶树果实的形式违背了上帝的意志，从此开启了人与上帝（神）之间的奇特关系。《圣经》中关于摩西的神话具有很大的代表性：尽管人具有了神的特征之一——区分善恶，但在很多时候人或因无知，或因被魔鬼所蒙蔽、诱惑而无法识得真神，如摩西率以色列人出埃及时，犹太人敬拜金牛犊为神的行为；人在某些时候甚至怀疑上帝，如摩西对于上帝之言的质疑。上帝以降临灾难的形式（如瘟疫、虫灾、地震等）惩罚人对于神的无知与亵渎，又显示神迹（如用云柱和火柱引领以色列人出埃及、在地上变出吗哪给人做食物、指引摩西将一棵树放入水中使苦水变甜等）救助人，增强人对神的认知与信仰："我主给我们做了这样的事：他创造了我们人类，他扶起堕落的人们，他宽恕了亚当所犯的罪，他赐予永生的沐浴，他为我们而流血。上帝看到我们不守义，于是便用战争和忧伤来惩戒我们，以使我们在未来得福，摆脱苦难，上帝不愿为同一种过错而惩罚人类两次。这是对人类怎样的爱啊！"[①] 在圣经文化视域下，上帝以其子基督耶稣肉身的真正死亡来弥补世人的过错，耶稣的死亡从某种程度上说明了上帝与人类的关系：人类背叛了上帝，上帝依旧以另外的形式拯救人类，而这一方式是以其子的痛苦死亡来实现的，这本身就是神对世人的巨大恩赐与拯救。

《古史纪年》通篇反映了《圣经》所示的神人观，并且对这一神人观进行了基于罗斯民族视野的、以罗斯史实为记载蓝本的阐释。"罗斯受洗"毫无疑问是罗斯人产生神之认知的最初一步，由此罗斯得以普遍地认识了真神。古罗斯编年史家以6495（987）年项下弗拉基米尔在受洗时失而复明这一事件，象征性地表达了罗斯由蒙昧走向光明的信仰巨变：

> 赫尔松人出城迎接安娜，向她行礼，迎进城里，安置在宫殿之中。而此时，由于上帝的旨意，弗拉基米尔得了眼疾，什么也看不见。他着急万分，不知所措。王后派人对他说："若想摆脱此疾，速受洗礼，否则，你将永不得见光明。"弗拉基米尔听后说："如果你所说的真能实现，那么上帝是真正伟大的神。"随即吩咐为他施洗。

---

① 王松亭译注：《古史纪年：古俄语—汉语对照》，商务印书馆2010年版，第118页。

赫尔松的主教和王后的神甫为弗拉基米尔施洗。当主教把手放在弗拉基米尔的头上时，他马上便复明了。弗拉基米尔突然痊愈，非常高兴，赞美上帝说："现在我终于找到了真神。"许多士兵见此情景也纷纷受洗。①

古罗斯编年史家借弗拉基米尔大公之口强调，"罗斯受洗"使整个罗斯认识了唯一的真神："弗拉基米尔非常高兴，因为不但他本人，而且他的臣民也都认识了上帝，他对天大喊：'创造天地的上帝基督啊！看看这些新的子民吧，让他们像其他基督徒一样认识你——唯一的真神，请给他们坚定正义的信仰；同时也请你给我力量和帮助，我将战胜魔鬼。'"②"我们理应为他祈祷，因为我们通过他才认识了上帝。"③"罗斯受洗"开启了罗斯人对于神之认知的启蒙，随后的关于罗斯史实的记载则反映了罗斯人对于唯一的真神上帝不断认信、质疑（罗斯人不服从上帝）以及再度认信（上帝惩罚罗斯人，罗斯人再度认识上帝）的信仰史，反映了古罗斯神人观的逐渐变迁与循环的历程。

在《古史纪年》中，对罗斯民族的惩罚被认为是上帝对罗斯民族的特殊偏爱，是神恩的显示，如波洛韦茨人的入侵被古罗斯编年史家认为是上帝的惩罚："上帝派异教徒入侵我土以惩罚我们所犯的罪。"④ 6576（1068）年项下论述了上帝惩戒的意义所在：

> 上帝于盛怒之下使我民蒙受异族侵凌，只有经过这场灾难，人们才会想起上帝；魔鬼则引诱人们挑起内讧。上帝不愿予人以恶，而是予人以善；魔鬼则乐于看到人们之间的争杀和流血事件，所以千方百计挑起纷争，引发嫉妒，使兄弟反目，相互诋毁。如果一国陷于罪孽之中，上帝将用死亡，或用饥荒，或用异族入侵，或用干旱，或用虫灾，或用别的方法惩罚他们，使之忏悔且听命于上帝，因为上帝借先知之口对我们说过："你们要全心向我，要斋戒，要哭泣忏悔。"⑤

① 王松亭译注：《古史纪年：古俄语—汉语对照》，商务印书馆 2010 年版，第 60 页。
② 王松亭译注：《古史纪年：古俄语—汉语对照》，商务印书馆 2010 年版，第 64 页。
③ 王松亭译注：《古史纪年：古俄语—汉语对照》，商务印书馆 2010 年版，第 71 页。
④ 王松亭译注：《古史纪年：古俄语—汉语对照》，商务印书馆 2010 年版，第 90 页。
⑤ 王松亭译注：《古史纪年：古俄语—汉语对照》，商务印书馆 2010 年版，第 90 页。

在古罗斯编年史家的视域之下，灾难（包括死亡、饥荒、异族入侵、干旱、虫灾等）是上帝惩戒罗斯人的方式，以此惩罚他们因内讧、嫉妒、渎神等而藐视与远离信仰和神的做法。古罗斯编年史家以上帝为第一人称记载道："为什么你们不摆脱你们的罪行呢？为什么口头上诵读我的训诫却不遵守？如果你们崇信我，我将善待你们，分给你们天国的食物，消除对你们的怨恨，并且决不再毁坏你们的家园和庄稼，而你们却藐视我，说什么'敬奉上帝是徒劳之事！''你们口头上尊敬我，心却远离我。'"①上帝在这里成为人格化的、在场的对话者与询问者，古罗斯编年史家以神之口吻表述出对上帝的尊崇应来自内心对训诫的持守。

这里上帝的惩罚以罗斯人的死亡为实现形式之一，其实质乃是上帝对恶的阶段性断绝，以使罗斯得到不断的拯救："死亡一旦缺席，道德的败坏将随着时间的推移而笼罩人类生活，甚至任何正当的行为都难以躲避它的影响：罪孽的人类，本享有永生的恩赐，却受到转变为恶魔，或者至少是彻底归于恶的威胁，这种恶本是只有谎言之父和他的走卒们才有的。因此，死亡，作为人类全部事物中自然的中断，并同样对人类的整个创造打上不可避免的烙印，它将拯救人，使之摆脱恶的创造的连续性，以此削弱和瓦解它的力量。被剥夺了死亡之赐的、被道德败坏的人类所栖居的罪孽世界，将更多地使撒旦的欲求得到满足，他将会使这世界变为满足私欲的泥沼和毫无出路的苦难地狱。"②死亡是魔鬼因人类的嫉妒而带入人世的，其出现在某种程度上也得到了上帝的默许，其被视为惩罚罪人、消灭罪恶的终极手段。

《古史纪年》在6601（1093）年项下对罗斯人与波洛韦茨人的战争进行了通篇记载，在罗斯土地被异族入侵、罗斯大败的情况下，罗斯人的信仰遭到了重大考验："更令人备感震惊的是，因为这灾难，对信念的动摇及恐慌心态在基督徒中传播开来。"③异族入侵成为罗斯人在忘却真神后再度认识上帝的途径："通过外邦的入侵及他们的折磨，我们认识了曾为我们所憎恨的万世之主：曾经受过他的赞美——但我们却没有赞美他；曾经受到他的爱——但我们却不尊敬他；曾经受他的启蒙——但我们却不明

---

① 王松亭译注：《古史纪年：古俄语—汉语对照》，商务印书馆2010年版，第91页。
② ［俄］谢·布尔加科夫：《亘古不灭之光——观察与思辩》，王志耕、李春青译，云南人民出版社1999年版，第162页。
③ 王松亭译注：《古史纪年：古俄语—汉语对照》，商务印书馆2010年版，第117页。

理；我们是他的奴隶——却不劳作；我们降生人世，却耻于承认他是我们的父。我们犯下了罪——所以也就受到惩罚。"[1] 尽管在罗斯举行了最初盛大的全民洗礼，但其对神的初始理解仍旧是浅薄的、形式化的，《古史纪年》所载罗斯史实充分说明了这一点：诸如内讧、信仰魔鬼、杀害基督徒等事件，在"罗斯受洗"后依旧有所发生。整部《古史纪年》的实质正是罗斯人以及罗斯国家对神的持续认信史，其在信神、怀疑、再度信神的持续不断的过程中最终巩固了基督教的地位，坚定了对上帝及神的信仰。

在古罗斯编年史家看来，一国君主不仅是一个维护统治、守卫国土的政治角色，更是传达上帝对某一国家态度的重要中介：国君的圣明、公义程度代表了上帝对该国的满意程度。"如果上帝满意于某个国家，他就会让一个义人，一个遵规守矩的人为君。因为国君圣明、国内便少些罪恶，反之，国君残暴狡猾，国内便多有灾祸，因为国君为一国之首。"[2]《古史纪年》记载了一系列罗斯王公在作战危难之时借由祈祷上帝而获得上帝帮助取得胜利的事迹，如上帝曾显示神迹帮助罗斯人战胜波洛韦茨人。弗拉基米尔·莫诺马赫在其《训诫书》中郑重指出："要敬畏神，这比任何事都重要。"[3] 罗斯王公为感谢神恩，往往会建立新的教堂，如弗拉基米尔大公在瓦西里耶夫建立主显圣容教堂；在即将作战之时，也往往会向上帝与圣母祈祷与许愿，如6611（1103）年项下记载罗斯发兵攻打波洛韦茨人之时，"罗斯诸王公及将士们虔诚地祈祷上帝，向上帝及圣母许愿：有人奉献祭品，有人供献蜜粥，有人施舍穷人，有人承诺给各修道院送大量祭品"[4]。

古罗斯人的神人观经历了由懵懂逐渐走向清晰的认知过程，《古史纪年》呈现出古罗斯人确立其东正教信仰的民族历程。战争的胜败是显示神之态度的重要载体：神对罗斯的偏爱使其在战场上帮助罗斯取得胜利。国君成为联通上帝与尘世罗斯的重要中介，国君是否为义人也显示了上帝对该国的态度。纵观《古史纪年》所载罗斯历史，尽管其中出现过剜掉兄弟双目的斯维亚托波尔克等不义王公，但整体上多数王公是正义、爱护

---

① 王松亭译注：《古史纪年：古俄语—汉语对照》，商务印书馆2010年版，第118页。
② 王松亭译注：《古史纪年：古俄语—汉语对照》，商务印书馆2010年版，第75页。
③ 王松亭译注：《古史纪年：古俄语—汉语对照》，商务印书馆2010年版，第128页。
④ 王松亭译注：《古史纪年：古俄语—汉语对照》，商务印书馆2010年版，第154页。

人民、服从上帝训诫的。在《古史纪年》的后半部分,许多罗斯王公更是团结起来共同抵御波洛韦茨人的进攻,守卫罗斯国土,说明在神之视域下,罗斯是接近上帝、受神庇佑的国度。

二、生死观

《古史纪年》的主要记载对象是罗斯王公,其记载必然涉及罗斯王公贵族的生死。我们发现,古罗斯编年史家对于罗斯王公生卒情况的记载主要集中于王公之死,而有关王公出生事件的记载则相对较少。同时,编年史家对于王公的死亡有不同说法(见表3-1)。

表 3-1 罗斯王公死亡年限—原因记录

死亡记载	死亡原因
6420(912)年 奥列格之死	死于马尸中蹿出的蛇,巫师预言果报
6453(945)年(下)伊戈尔之死	因贪收贡赋被德列夫利安人杀死
6477(969)年 奥莉加之死	病逝
6480(972)年 斯维亚托斯拉夫之死	战死
6485(977)年 奥列格之死	为躲避兄弟雅罗波尔克追杀落水而死
6488(980)年 雅罗波尔克之死	被其将军布鲁特谋害致死
6491(983)年 瓦兰人父子之死	魔鬼挑唆众人将儿子献祭,父子被杀死
6523(1015)年 弗拉基米尔之死	病逝
6523(1015)年 鲍利斯和格列布之死	被兄弟斯维亚托尔克杀死
6527(1019)年 斯维亚托波尔克之死	被兄弟雅罗斯拉夫追赶,魔鬼附身而死
6544(1036)年 姆斯季斯拉夫之死	病逝
6562(1054)年 雅罗斯拉夫之死	寿终正寝
6574(1066)年 罗斯季斯拉夫之死	被希腊派来的奸细下毒害死
6582(1074)年 院长费奥多西之死	病逝
6594(1086)年 雅罗波尔克之死	被兄弟涅拉杰茨用马刀刺死
6601(1093)年 弗谢沃洛特之死	病逝
6603(1095)年 伊拉特里之死	被兄弟诱骗至屋内,被兄弟之子射死

编年史家在对奥列格之死进行记录后,展开了一段有关巫术的讨论。尽管奥列格之死的确被巫师言中,但编年史家试图驱除由巫师言中所造成的恐慌,认为对上帝的虔诚信仰能达到这一目的,甚至能够驱除巫师预言

即魔鬼的作祟："不管发生何等天灾或鬼怪作祟，我们崇高的信仰都能经受住考验，因为我们信仰坚定，与上帝同在，决不受人类之敌和凶神所施魔法与邪恶所诱惑。有些人像巴兰、扫罗、卡伊阿法那样仅靠上帝之名分即能预卜吉凶，抑或像犹大和斯凯瓦维里的儿子们那样用上帝的名字驱赶魔鬼。"[1]

伊戈尔王公的死亡成为引发将其杀死的德列夫利安人的一系列死亡的导火索：首批派来迎娶奥莉加的德列夫利安人被"连船带人一并扔进预先挖好的大坑内"[2]，活埋而死；前来迎接奥莉加的德列夫利安长官们被奥莉加反锁在浴室中活活烧死；奥莉加来到伊戈尔死去的城市后，在追荐亡夫的酒宴上命令少年侍从们杀掉了 5000 个德列夫利安人；随后奥莉加及其子又大举进攻德列夫利安人，攻下伊斯科罗斯坚城，"将其烧毁，俘虏了城中长官，杀死了一些人，还有一些人充做家奴，至于剩下的人则令其交贡纳赋"[3]。

古罗斯编年史家对于奥莉加的葬礼是这样描述的："三天以后，奥莉加去世。她的子孙们及百姓悲痛不已，将其安葬。奥莉加遗嘱后人，不要举行追荐酒宴，由她身边的一个神甫为她举行葬礼。"阿廖什科夫斯基认为："在这一事件中似乎有一个不大的细节，但在其中隐藏了同一事件的两个完全不同的版本：其中一个版本说基督徒奥莉加是按照教会仪式被埋葬的，没有信奉多神教的罗斯民众参与；而另一版本说其葬礼是按照多神教仪式举行的全民葬礼。"[4]

我们认为，很有可能为奥莉加举行的依旧是履行多神教仪式的葬礼，因为古罗斯编年史家认为奥莉加是全罗斯最先受洗的人，连其子斯维亚托斯拉夫也没有举行过洗礼，可见在当时的罗斯，多神教的宗教氛围仍旧极为强烈。另外，当时的罗斯民众对基督教是极其排斥的，据说奥莉加曾想在罗斯进行其基督教洗礼，但遭到了罗斯民众的极大反对，不得已才改在希腊进行。在古罗斯编年史家提及这一葬礼之后，颂扬了这位"皈依基

---

[1] 王松亭译注：《古史纪年：古俄语—汉语对照》，商务印书馆 2010 年版，第 20 页。

[2] 王松亭译注：《古史纪年：古俄语—汉语对照》，商务印书馆 2010 年版，第 29 页。

[3] 王松亭译注：《古史纪年：古俄语—汉语对照》，商务印书馆 2010 年版，第 31 页。

[4] М. Х. Алешковский. *Повесть временных лет. Судьба литературного произведения в древней Руси*, М.：Издательство Наука，1971，С. 18.

督教的先驱"①:"奥莉加虽长眠地下多年,但尸体并未腐烂,人们至今仍在颂扬她。"② 这一点实际暗示了奥莉加安眠于坟墓之中,其棺椁并非按照基督教的葬礼仪式被永久停放在修道院里,而且在当时的罗斯,由于普通民众尚未受洗,也并未修建基督教教堂,"奥莉加遗嘱后人,不要举行追荐酒宴,由她身边的一个神甫为她举行葬礼"③。这句有可能是古罗斯编年史家特意添加的,其意在表明奥莉加对其所信奉的宗教的坚定与虔诚:"她是第一个进入天国的罗斯人,她的后人将赞美她,颂扬她这位先驱和拓荒人,因为她在死后仍向上帝为罗斯祈祷。"④

奥莉加之子斯维亚托斯拉夫的死亡,是罗斯遭受战争的结果:"春天来临,斯维亚托斯拉夫起兵前往石滩地区。佩切涅格人王公库里亚率兵进攻,杀死斯维亚托斯拉夫,取其头颅骨做成坯子,用铁皮包钉好,用来喝酒。"⑤ 我们注意到,斯维亚托斯拉夫与奥莉加是《古史纪年》中少有的对自己的死亡进行交代的罗斯王公和王公之母。斯维亚托斯拉夫曾预言其死亡方式:

> 罗斯兵士见希腊人有那么多的部队,非常害怕,斯维亚托斯拉夫说:"我们无路可退,不管愿意不愿意——一定要战斗。我们可能战死在这里,但不会给我们的罗斯国家带来耻辱,因为战死是不可耻的。如果我们逃跑,——那将是可耻的,所以我们不能逃跑,要勇敢对敌,我率先冲杀,如果我头颅落地,你们就各自逃命。"⑥

在这里,斯维亚托斯拉夫的死亡观很明显受到的是多神教的影响,多神教赋予了罗斯民族英勇好战、不惧死亡的英雄主义精神。斯维亚托斯拉夫的头颅骨被制成酒器,显示了佩切涅格人暴力可怕、生性残忍的民族性格。《古史纪年》中有关奥莉加与其子之死亡的记载与描述,显示了罗斯尚未全面受洗、多神教观念深入罗斯人心之际的两种不同的宗

---

① 王松亭译注:《古史纪年:古俄语—汉语对照》,商务印书馆 2010 年版,第 36 页。
② 王松亭译注:《古史纪年:古俄语—汉语对照》,商务印书馆 2010 年版,第 36 页。
③ 王松亭译注:《古史纪年:古俄语—汉语对照》,商务印书馆 2010 年版,第 36 页。
④ 王松亭译注:《古史纪年:古俄语—汉语对照》,商务印书馆 2010 年版,第 36 页。
⑤ 王松亭译注:《古史纪年:古俄语—汉语对照》,商务印书馆 2010 年版,第 39 页。
⑥ 王松亭译注:《古史纪年:古俄语—汉语对照》,商务印书馆 2010 年版,第 37 页。

教死亡观：对以斯维亚托斯拉夫为代表的信奉多神教的人来说，为国战死被认为是光荣与勇敢的；而以奥莉加为代表的基督徒，追求平静、安详的死亡，认为基督徒的死亡反而促成了其灵魂的永生与神的护佑："当时人们没有接受圣洁的洗礼，是有罪的，肮脏的，而奥莉加用圣水盘洗去了罪恶，抛弃了原来罪恶的旧装，从而成为耶稣基督的忠实信徒。……遵教者的灵魂是永生的……圣洁的奥莉加同样受到保护而免遭仇敌和魔鬼的损害。"①

雅罗波尔克的死亡，在很大程度上是其听从将军斯维涅尔德的教唆、攻打兄弟奥列格导致的上帝的惩罚：他被手下的将军布鲁特背叛，最后被谋害致死。从古罗斯编年史家对各历史事件的记载内容来看，其意图是反复重申弑兄内讧必将得到报应的基督教宗教果报观。② 杀害兄弟的斯维亚托波尔克亦在死前遭受了痛苦的折磨，在持续不断的逃跑中结束了生命，死后其坟墓还散发出代表邪恶、肮脏的恶臭："这是上帝在教诲罗斯王公们，既已知道斯维亚托波尔克之下场，谁若再干谋害亲兄弟之事，亦将遭此惩罚，甚至要受比这更重的惩罚，因为已有前车之鉴。"③《古史纪年》对罗斯王公死因的记载是颇有意味的，体现了古罗斯编年史家善恶报应的死亡观：行善事的王公（如弗拉基米尔）可以安详地死去或病逝，而行恶事的王公（如斯维亚托波尔克）死时则凄惨无比。

生卒事件能够被纳入《古史纪年》记载的罗斯人物，多为罗斯王公、贵族，但编年史家在6491（983）年项下特意记载了一对从希腊来的平民瓦兰基督徒父子的死亡事件。"当时有一个瓦兰人，他的家就在弗拉基米尔后来命人修建的什一圣母大教堂处。他从希腊来并信奉基督教。他有一个儿子，面目清秀，心地善良。魔鬼嫉妒他这个儿子，视其为眼中钉，肉中刺，于是唆使众人企图将他害死。"④ 这里暗示了基督教最初的传播在罗斯受阻的情形，瓦兰人因指出罗斯人信仰的偶像"本身倒是被造出来的"⑤ 的本质而被残酷杀死。这对瓦兰人父子之死被古罗斯编年史家指明

---

① 王松亭译注：《古史纪年：古俄语—汉语对照》，商务印书馆2010年版，第36页。
② 古罗斯编年史家认为，弑兄、内讧这类行为终将招致上帝的惩罚。
③ 王松亭译注：《古史纪年：古俄语—汉语对照》，商务印书馆2010年版，第78—79页。
④ 王松亭译注：《古史纪年：古俄语—汉语对照》，商务印书馆2010年版，第44页。
⑤ 王松亭译注：《古史纪年：古俄语—汉语对照》，商务印书馆2010年版，第44页。

是"殉教"，这种为信仰而献身的死亡是基督教所尤为赞赏的："我们凭使徒的教诲战胜魔鬼，将魔鬼踩在脚下，正如这两个瓦兰人所做的那样。他们如众多的殉教者和遵教者一样，为自己赢得了圣洁的花环。"① 在这里花环"象征虔诚的尘世生活在天堂获得回报"②。

俄罗斯宗教哲学家谢·布尔加科夫认为："死亡成为生命的不可避免的部分，而死后的生活则成为虽无法得知、但却是增长与加强灵魂的拯救之路。"③ 罗斯王公鲍利斯和格列布平静地接受兄弟带来的死亡的做法也被古罗斯编年史家认为是"殉教"，鲍利斯和格列布被界定为"神圣的殉教者"④："就这样，圣洁的鲍利斯死去了，他同其他义人一样，从上帝那里获得永生，他与众先知和使徒们并列，他被列入殉道的蒙难者之中，他永远平静地躺在亚伯拉罕的怀抱里，他与圣徒们在一起享受极乐，与天使们一起歌唱。"⑤ 利哈乔夫将鲍利斯（又译为鲍里斯）与格列布（又译为格列勃）的死亡视为"不以暴力抗恶"的罗斯民族精神的体现："罗斯还在东斯拉夫统一体中，在鞑靼－蒙古统治以前就已经懂得不以暴力抗恶的勇气，当时它尚未分成三个主要的东斯拉夫民族——乌克兰人、大俄罗斯人和白俄罗斯人。使徒鲍里斯和格列勃由于自己兄弟斯维亚托波尔克·奥卡扬内的缘故，为了国家的统一没有抵抗就接受了死亡。切尔尼哥夫斯基大公米哈伊尔和他的大贵族费多尔自愿去奥尔杜并且在那里由于拒绝履行多神教仪式接受了死亡。"⑥

在《一个哲学家的谈话》中，来自希腊的神甫向弗拉基米尔大公讲述了耶稣之死：

> 根据圣父、圣灵之意愿，为了解救自己所创造的一切，又不改变所创造的人，上帝使贞洁的处女怀孕，生下婴儿，同时又没有使圣母失去童贞，没有引起任何混乱和变化。当时他仍是过去的样子，可是

---

① 王松亭译注：《古史纪年：古俄语—汉语对照》，商务印书馆 2010 年版，第 45 页。
② ［德］汉斯·比德曼：《世界文化象征辞典》，刘玉红等译，漓江出版社 2000 年版，第 333 页。
③ ［俄］谢·布尔加科夫：《亘古不灭之光——观察与思辩》，王志耕、李春青译，云南人民出版社 1999 年版，第 137 页。
④ 王松亭译注：《古史纪年：古俄语—汉语对照》，商务印书馆 2010 年版，第 97 页。
⑤ 王松亭译注：《古史纪年：古俄语—汉语对照》，商务印书馆 2010 年版，第 73 页。
⑥ ［俄］德·谢·利哈乔夫：《解读俄罗斯》，吴晓都等译，北京大学出版社 2003 年版，第 14 页。

又不像过去的样子，他真正有一副奴仆的模样，而不是想象中的那副模样。他又根据自己的意愿而死去。他的死是真实的，而不是虚幻的。他所遭受的一切苦难都是人的本性所具有的，并非是虚构的、故意做作的。他被无罪处死以后，又魂归本位，复活升天，坐于圣父之右侧，重又荣耀地审判世间所有的生者和死者。①

耶稣之死历来被视为基督对世界之终极拯救的象征，其以肉身的毁灭与真实的死亡完成了对整个人类的巨大救赎。耶稣的复活则因其对尘世生死规律的颠覆，使这一死亡本身成为一个伟大的神迹。在谢·布尔加科夫看来："魔鬼的嫉妒使死亡来到世界上，但上帝把人造成不朽的。如果没有堕落，则上帝也不会疏远人和世界，死亡也不会威胁到他们。为了拯救人类，耶稣基督来到世上。基督成为人，为的是造成新的亚当。人的第二次新创造便要求死亡和复活。在基督身上人类寄予了悔罪与牺牲，获得了复活，并开始顺应上帝的意志。"② 在《启示录》中人子曾谈及他的死亡："我是首先的，我是末后的，又是那存活的。我曾死过，现在又活了，直活到永永远远，并且拿着死亡和阴间的钥匙。"（《启示录》1：17—18）在这里基督所持"死亡和阴间的钥匙"暗示末日审判到来之时，已死罪人与魔鬼将面临再次的、终结性的死亡："死亡和阴间也被扔在火湖里，这火湖就是第二次的死。若有人名字没记在生命册上，他就被扔在火湖里。"（《启示录》20：14—15）"惟有胆怯的、不信的、可憎的、杀人的、淫乱的、行邪术的、拜偶像的和一切说谎话的，他们的份就在烧着硫磺的火湖里，这是第二次的死。"（《启示录》21：8）

"斯拉夫人认为，死亡是到另外一个人们看不到的世界去，在那里逝者可以继续生活，所以人们在送葬的时候希望逝者只是远离家门，在另一个世界过上富裕的日子并成为乐善好施的祖先。"③ 古罗斯编年史家指出："有罪之人将下地狱遭受永久的苦难；而义人死后将升往天堂，与天使们

---

① 王松亭译注：《古史纪年：古俄语—汉语对照》，商务印书馆2010年版，第61页。

② ［俄］谢·布尔加科夫：《亘古不灭之光——观察与思辩》，王志耕、李春青译，云南人民出版社1999年版，译者序第9页。

③ 于玲玲、李雅君：《从斯拉夫民族的殡葬文化看其生死观和宗教信仰》，《俄罗斯文艺》2015年第4期。

在一起居住、生活。"① 在这里需要提及地狱之主撒旦，他主宰了恶人的死亡，帮助上帝惩罚恶人。《古史纪年》所记载的修士与巫师之死亡构成了鲜明对比，这在一定程度上代表了古罗斯善与恶的斗争关系。古罗斯编年史家认为隐修士、僧侣的死亡（如基辅洞窟修道院院长费奥多西之死）是将灵魂献给上帝，而巫师的死亡是将灵魂交给魔鬼："这巫师的肉体死去了，但他的灵魂却交给了魔鬼。"② 在《古史纪年》的记载中，巫师的诡计大多被罗斯王公或正义之人识破，意味着上帝对魔鬼、善对恶的最终胜利。

在古罗斯编年史家看来，魔鬼在人间的帮凶——巫师对于其死亡是无法预测的，如杨决定处死巫师时，巫师坚信"我们是不会死的"③；格列布在即将杀死一位巫师时，这位巫师却认为"我今天要创造大奇迹"④。修士在即将死去时，是可以感知到其将进入天堂的，基辅洞窟修道院院长费奥多西就这样评价自己的死亡："在我死后，如果上帝喜欢我，接受我，那么我们的修道院会继续繁荣和发展，你们就应明白：上帝已经接纳了我；反之，如果在我死后修道院内修士减少，出现差错，那你们就会知道，上帝不喜欢我。"⑤ 在古罗斯宗教视域下，死亡对于恶人和巫师是一种惩罚，他们在死后仍旧会因生前所行受到报应："而这些愚昧无知的异教徒，他们尽管在这个尘世上快活逍遥，而在那个世界他们将受苦受难，魔鬼将使他们在烈火中永远受罚。"⑥ 罗斯人的死亡亦是因其身怀罪孽："在这一年，有许多人死于各种疾病，棺材匠说：'我们从腓力节到谢肉节卖出7000具棺材。'这一切全都是因为我们有罪，而且我们的罪孽和不义之事不计其数。这是上帝对我们的惩罚，他要求我们忏悔，弃绝罪恶，不要心存忌妒，他警告我们不要再干那种种罪恶勾当。"⑦

而对于使徒和义人（包括生前行善的罗斯王公等）来说，死亡是其因生前所行而得以升入天堂的奖赏。在俄罗斯使徒传类文学作品中不乏对

---

① 王松亭译注：《古史纪年：古俄语—汉语对照》，商务印书馆 2010 年版，第 96 页。
② 王松亭译注：《古史纪年：古俄语—汉语对照》，商务印书馆 2010 年版，第 97 页。
③ 王松亭译注：《古史纪年：古俄语—汉语对照》，商务印书馆 2010 年版，第 96 页。
④ 王松亭译注：《古史纪年：古俄语—汉语对照》，商务印书馆 2010 年版，第 97 页。
⑤ 王松亭译注：《古史纪年：古俄语—汉语对照》，商务印书馆 2010 年版，第 100 页。
⑥ 王松亭译注：《古史纪年：古俄语—汉语对照》，商务印书馆 2010 年版，第 122 页。
⑦ 王松亭译注：《古史纪年：古俄语—汉语对照》，商务印书馆 2010 年版，第 113—114 页。

这种升入天堂、获得永生的使徒和义人的描述，如《关于神圣受难者鲍利斯和格列布之传记与被害之书目》（*Чтение о житии и погублении блаженных страстотерпцев Бориса и Глеба*，约 12 世纪）、《彼得和费弗罗尼娅的故事》（*Повесть о Петре и Февронии*，16 世纪）等。修士杰米杨在死前曾有天使现身："当杰米杨重病卧床将要去世之时，天使化作费奥多西的模样来见他，让他升入天国以奖赏他生前的功劳。"① 在对基辅洞窟修道院院长费奥多西的遗骨进行迁移之时，曾有三条明亮的光柱出现，继任的院长斯特凡还目睹了费奥多西遗骨迁移之时的神迹。

《古史纪年》对于罗斯王公死亡消息的记载明显多于对罗斯王公出生消息的记载。有关罗斯王公出生消息的记载仅有寥寥数条，《古史纪年》中首次出现的有关大公出生的消息为："6528（1020）年。雅罗斯拉夫得一子，取名为弗拉基米尔。"② 其余有关罗斯王公出生消息的记载仅有如下数条："6532（1024）年。……此年，雅罗斯拉夫又得一子，取名伊贾斯拉夫。"③ "6535（1027）年。雅罗斯拉夫得子，取名为斯维亚托斯拉夫。"④ "6538（1030）年。……同年雅罗斯拉夫得第四子，取名弗谢沃洛特。"⑤ "6544（1036）年。……此时雅罗斯拉夫又得一子，取名为维亚切斯拉夫。"⑥ "弗谢斯拉夫出生时，曾有法师相助。他生下来后，头上多长一层皮，法师对他母亲说：'让他终生留着这个，直到去世。'弗谢斯拉夫一直留着这个特征，所以他杀人不眨眼。"⑦ "6578（1070）年。弗谢沃洛特得一子，取名罗斯季斯拉夫。"⑧ 而有关罗斯王公死亡消息的记载，相对来说明显更多。

死亡记录多于出生记录这一点，在很大程度上与古罗斯的宗教信仰有关。古罗斯编年史家认为死亡并非恒久的终结，而是与"最后的审判"有关，与神秘的、终极的未来有关，与整个历史对某一王公的最终判定有关，故其对于记录死亡更为偏重。

---

① 王松亭译注：《古史纪年：古俄语—汉语对照》，商务印书馆 2010 年版，第 101 页。
② 王松亭译注：《古史纪年：古俄语—汉语对照》，商务印书馆 2010 年版，第 79 页。
③ 王松亭译注：《古史纪年：古俄语—汉语对照》，商务印书馆 2010 年版，第 80 页。
④ 王松亭译注：《古史纪年：古俄语—汉语对照》，商务印书馆 2010 年版，第 80 页。
⑤ 王松亭译注：《古史纪年：古俄语—汉语对照》，商务印书馆 2010 年版，第 81 页。
⑥ 王松亭译注：《古史纪年：古俄语—汉语对照》，商务印书馆 2010 年版，第 81 页。
⑦ 王松亭译注：《古史纪年：古俄语—汉语对照》，商务印书馆 2010 年版，第 83 页。
⑧ 王松亭译注：《古史纪年：古俄语—汉语对照》，商务印书馆 2010 年版，第 93 页。

三、善恶观

在圣经文化语境中，区分善恶是人类最初获取的能力，其由夏娃摘取了能够区分善恶的果子始，为上帝所严厉禁止，也是人类始祖被逐出伊甸园的最初原因。据《圣经》记载，蛇对女人说："神岂是真说不许你们吃园中所有树上的果子吗？"女人对蛇说："园中所有树上的果子，我们可以吃；惟有园当中那棵树上的果子，神曾说：'你们不可吃，也不可摸，免得你们死。'"蛇对女人说："你们不一定死，因为神知道，你们吃的日子眼睛就明亮了，你们便如神能知道善恶。"（《创世记》3：1—5）换言之，知晓善恶是由神所具备的能力，最初人并不具备这种能力，而人由于获得了这种能力而在某种程度上对神构成了威胁，因而为神所不容，被驱逐出位于天堂中的伊甸园。在神知晓人类偷吃了善恶树上的果实后，"神说：'那人已经与我们相似，能知道善恶。现在恐怕他伸手又摘生命树的果子吃，就永远活着。'"（《创世记》3：22）在这里上帝指出了神与人的本质区别，即是否知晓善恶与拥有永生的能力，人若摘取生命树上的果实，则与神再无差异。这一建立在灵与肉层面上的差异，被人在无意中消除了一个，神于是迅速消除了使人免去另一差异的可能，即将其逐出了栽有生命之树的伊甸园。这里对于"善""恶"的通晓，并非建立在现代道德意义上的善、恶层面，而是更多地具有"智慧"层面的意味，即对善恶的知晓意味着明辨是非，看清本质，祛除蒙昧的黑暗，走向智慧的光明。"在后世西方文学文化中，这'分别善恶的树'也被称为'智慧之树'，常被人们用以比喻'智慧''知识的源泉'或'人生的真谛'。"① 夏娃所摘的能够区分善恶的果实，对于人类的智慧起源史来说尤为重要，因为其在一开始就使人具有了神所特有的一项重要能力。"盗取来的知识的确是有关善与恶的知识，这恶是对混沌的反抗，那树上的果子就成为渴望已久的，因为它'能使人有智慧。'"② 如《圣经》所言："因为神知道，你们吃的日子眼睛就明亮了，你们便如神能知道善恶。"（《创世记》3：5）

① 石坚、林必果、李晓涛主编：《圣经文学文化词典》，四川大学出版社2003年版，第87页。
② ［俄］谢·布尔加科夫：《亘古不灭之光——观察与思辩》，王志耕、李春青译，云南人民出版社1999年版，第133页。

在圣经文化视域下，人和万物都是上帝的造物，来自伊甸园中的第一亚当，由尘土造其身，由上帝将生气注入其灵魂："上帝向人体吹入气息，由此说来，某种神性的本源、创造性辐射的种类同时产生。因此，人类可径直称为'神的种类。'"① 人因具有上帝的模样、上帝的生气而成为神的尘世之子，尽管魔鬼（蛇）的诱惑使这一具有神性起源的身份断裂，但上帝最终并未彻底放弃人："主宣告了判决，确认了这次在人与世界的本性中发生变故的性质和程度。人的全部生命之路都发生了改变，尽管造物主的想法并没有改变，改变的只是宇宙的终极目标：救赎的十字架——新的生命之树开始照亮堕落的黑暗。"② 在《古史纪年》中提及了魔鬼的一个重要特征：魔鬼非常惧怕圣十字架的力量，连凡人都可以凭十字架来驱赶魔鬼。这里从本质上点明了曾经存在于伊甸园中的善恶力量的斗争在亚当被贬下人间后所呈现的继续与延伸状态，象征上帝救赎与宽恕的十字架将在因堕落而被罚的人间重新建立一个尘世的伊甸园。这是作为第二亚当下凡，并经历了真实死亡的人子的终极使命，而这一使命实现的奥秘隐藏在万千的凡人手中，"第二伊甸园"的建立与否就取决于尘世凡人身上的善恶之争的结果。在天堂的伊甸园中，善恶斗争体现为夏娃以及亚当对于善的知晓与对于恶的盲从，而在尘世这一善恶斗争还在持续着，并且将一直持续到世界末日善恶所进行的终极决战。在《圣经》中有"世界末日的善恶决战场（Armageddon）"的说法："象征性战场，指撒旦军队和上帝的信仰者最后冲突的地方，现实中，这个天启的地点在以色列海法（Haifa）以西的梅吉多（Megiddo，阿拉伯语 Tell elMutesellim）古城废墟。"③ 届时邪恶将被永久封存，等待新千禧年之际的重启："在世界末日，在这个永恒的时间中，恶的灵魂将固守其恶而不变。"④ 《古史纪年》作为一部记录罗斯史实的编年史著作，由于其时间状态处于《圣经》时间的笼罩之下而具有了永恒的意味，具有了对末世的期待感。在《古史

---

① ［俄］谢·布尔加科夫：《亘古不灭之光——观察与思辩》，王志耕、李春青译，云南人民出版社1999年版，第99页。

② ［俄］谢·布尔加科夫：《亘古不灭之光——观察与思辩》，王志耕、李春青译，云南人民出版社1999年版，第135页。

③ ［德］汉斯·比德曼：《世界文化象征辞典》，刘玉红等译，漓江出版社2000年版，第297页。

④ ［俄］谢·布尔加科夫：《亘古不灭之光——观察与思辩》，王志耕、李春青译，云南人民出版社1999年版，第125页。

纪年》6603（1095）年项下的《训诫书》中记载了铜门的封印将被破除，不洁净部族将从大山中迁出的预测，这正是对世界末日之时邪恶、肮脏之事物将要破封而出的预警："最近几年将有8个部族从耶特利夫沙漠迁出；这些不洁净的部族，当时是根据上帝的意愿被封在世界北方大山之内的，他们也将破封迁出。"①

圣经文化语境下的善恶观进入了古罗斯编年史家的编纂视域，或者可以说，古罗斯编年史家在编纂过程中，其写作思维裹挟着《圣经》所体现的善恶观，由此他们对罗斯事件进行历史性编织。基督教传入罗斯，被认为是使罗斯人受到启蒙与教化的重大事件。古罗斯编年史家记载了一系列随同基督教的传入而出现的史实，如建成罗斯首座圣母大教堂，弗拉基米尔大公让臣民定期在王宫饮宴并免费向老弱病残发放食物，出现第一批修道院与僧侣，以及罗斯孩童初次接受启蒙教育等。在《古史纪年》中记载道："弗拉基米尔吩咐在以前供奉神像的地方建筑教堂。在以前人们供奉庇隆及其他神像的山冈上也建起了教堂，以纪念使徒瓦西里。在其他各城市也建筑了教堂，派去了神甫，带领城乡百姓前去受洗。又派人挑选善良人家的子弟，使之读书识字。"②

在古罗斯编年史家看来，区分善恶对罗斯人来说首先意味着认清上帝与魔鬼的存在，对其所信仰与追随的对象有所抉择。《古史纪年》记载了一位希腊神甫向弗拉基米尔大公讲述基督降世的原因的故事，可被视为对《圣经》情节的简短介绍。然而从更深层意义上来说，这位神甫讲述的是整个人类识得真神之历史。在神甫的介绍中，出现了四个逐渐识得真神的人物形象：首先是耶维尔，他没有盲目地跟从他人去建造通往天堂的通天塔，"上帝只让耶维尔一人保留了当时亚当所讲的言语，因为只有他一个人没有参与那荒唐的建塔之事，他说：'如果上帝允许建通天塔，那他会发话告诉我们的，就像他创造天空、大地、海洋及其他世界万物一样。'"③ 接着是亚伯拉罕，他最先指出人所塑造的偶像（包括木像、铜像、石像、金像、银像等）并非真神："亚伯拉罕在开始懂得真理之后，看着天空，看到天空和星辰，说：'只有创造天地的上帝才是真神，我的

---

① 王松亭译注：《古史纪年：古俄语—汉语对照》，商务印书馆2010年版，第138页。
② 王松亭译注：《古史纪年：古俄语—汉语对照》，商务印书馆2010年版，第64页。
③ 王松亭译注：《古史纪年：古俄语—汉语对照》，商务印书馆2010年版，第49页。

父亲是在欺骗人们。'"① 随后是率领以色列人出走的摩西。最后是大卫，大卫因遵守上帝律法而被上帝选中，并预言了基督的降世："但扫罗不愿遵守上帝的律法，于是上帝选中大卫，立他为以色列王，大卫非常敬奉上帝。上帝向大卫承诺，他的部族里将会降生一位天神。大卫第一个预言神的出现，他说：'你将在辰星落去之前从母腹中降生。'"② 耶维尔、亚伯拉罕、摩西和大卫的事迹，实际上点明了基督信徒所应具备的对于神的认知，即不盲从其他人而直接听命于上帝，认清神的本质并非为人所崇拜的偶像。

　　在这一简短的介绍中还出现了两个在人类认知真神历程中尤为重要的《圣经》人物：摩西与罗波安。"多数学者相信摩西是个历史人物，他的名字来自埃及语，意为'儿子'或'孩子'；希伯来语解释为'来自水中'。最可靠的推算是摩西生活于公元前约 1450 年，时值埃及历史上的'黑暗时代'，此后，锡拉岛火山爆发，大量的火山灰遮天蔽日，犹太人因此离开埃及。摩西在带领犹太人离开埃及时与他们立下盟约：世界上只有独一无二的神耶和华，他还建立了一套以律法，包括道德律法为基础的秩序。"③ 在《圣经》记载中，摩西是最初带领以色列人历经越海与饥渴之苦出走埃及之人。呈现在《古史纪年》中的摩西形象与其在《圣经》中所呈现的形象大略相同，上帝选中摩西，显示神迹引导方向，使摩西成为最初引领犹太人走出埃及的首领："摩西召集犹太人，走出埃及。上帝白天升起云柱，夜间以火柱引导他们经过沙漠前往红海。"④ 古罗斯编年史家将引领犹太人前行的神迹诠释为上帝派遣来指路的天使的作为："天使总是去圣洁的地方，并且隐去自己的真形，只是让人们看见即可。所以人们不可能见到天使的真形，就连伟大的摩西当年也不能见到天使真形，他在白天只是看到前方有一云柱，而夜间则为火柱。实际上这也不是云柱和火柱，而是天使在前方带领犹太人前行。"⑤

　　摩西受到上帝青睐的原因在于其认识真神，他惩罚了崇拜金牛犊之人："当时摩西上西奈山拜见上帝时，人们铸了一只金牛犊，向他下拜献

① 王松亭译注：《古史纪年：古俄语—汉语对照》，商务印书馆 2010 年版，第 50 页。
② 王松亭译注：《古史纪年：古俄语—汉语对照》，商务印书馆 2010 年版，第 52—53 页。
③ ［德］汉斯·比德曼：《世界文化象征辞典》，刘玉红等译，漓江出版社 2000 年版，第 231—232 页。
④ 王松亭译注：《古史纪年：古俄语—汉语对照》，商务印书馆 2010 年版，第 52 页。
⑤ 王松亭译注：《古史纪年：古俄语—汉语对照》，商务印书馆 2010 年版，第 157 页。

祭，奉之为神，摩西下山来，讨民之罪，杀了 3000 人。"① 然而摩西对于上帝的信仰不够坚定与持重，尽管他信上帝为唯一的真神，却质疑了上帝的权威，因而被其惩罚死在了能够看到上帝恩赐之地的尼波山上。

在所罗门之子罗波安统治时期，以色列人对于上帝的认知更为蒙昧，信奉异教偶像的风气大涨："在罗波安统治时期，以色列王国一分为二：一个在耶路撒冷，另一个在撒玛利亚。所罗门的奴仆罗波安在撒玛利亚统治，他铸造了两只金牛，一只放在伯特利的山冈上，另一只放在但。他说：'以色列人啊，这就是你们的神。'人们信奉金牛，忘记了上帝。而在耶路撒冷人们也忘记了上帝，信奉瓦勒，即战神，又称阿瑞斯。"② 以色列人不仅信奉可融化的金牛犊与异教神祇战神，甚至殴打上帝派遣去的先知，其对上帝的极大错误认知，造就了犹太民族被弃、上帝另选信民的事实。

《古史纪年》语境中的善与恶，承继了《圣经》所暗示的善恶观念，即善恶的区分在于是否对真神有正确认知（或信奉异教神、魔鬼），是否对信仰坚定持守。古罗斯编年史家记载了"罗斯受洗"的情景：

> 次日，弗拉基米尔与王后和赫尔松的神甫们一起来到第聂伯河边，那里人山人海。人们走进河里，有的走到深处，水到颈部；有的站在齐胸的水中；年少者站在近岸处，水到胸部；有些人还带着小孩；成年人到处走动；神甫们站在岸上，进行祈祷。天地皆为这诸多被拯救的灵魂而欢跃，魔鬼则痛苦地呻吟："我完了！人们将把我从此地赶走。我本以为能在这里找到敬奉我的人，因为这里的人没有听到使徒们的训诫，因为他们不知道上帝，而我只喜欢崇拜我的人。"③

在这里魔鬼点明了"罗斯受洗"所引起的罗斯人在灵魂与精神层面的剧变：他们知晓了上帝的存在，摒弃了对魔鬼的崇拜，做到了圣经文化语境中的明辨善恶。弗拉基米尔的臣僚们在同王公商讨是否接受基督教时，亦暗示了接受基督教存在"智慧"层面的交接："如果希腊人的宗教

---

① 王松亭译注：《古史纪年：古俄语—汉语对照》，商务印书馆 2010 年版，第 52 页。
② 王松亭译注：《古史纪年：古俄语—汉语对照》，商务印书馆 2010 年版，第 53 页。
③ 王松亭译注：《古史纪年：古俄语—汉语对照》，商务印书馆 2010 年版，第 64 页。

教义教规不好的话，那你的祖母奥莉加也不会接受他们的信仰，她是所有人中最睿智的。"① "罗斯受洗"意味着罗斯得到了真正的教化："在此之前，罗斯人得不到教化，上帝根据自己的意愿降福给他们，正如先知所说：'我将赐福给我喜欢的人。'"② 罗斯由此从蒙昧的黑暗走向信神的光明，在这里由"黑暗"向"光明"的嬗变即象征了在智慧层面由"恶"向"善"的变迁，这是古罗斯编年史家所反复强调的："是我们的主耶稣基督垂青于我罗斯大地，用圣洁的洗礼给予它光明。"③ "我们就要得到拯救……黑夜过去，白昼来临。"④

古罗斯编年史家认为，善来自上帝，恶趋于魔鬼。"善——来自上帝，上帝是善之源，但如果从特殊的限制性意义上去理解，上帝并不是善——上帝高于善，并且从这个意义上说不受善的影响。善是上帝希望从我们这里看到的东西，是作为上帝旨意被我们所意识的东西。"⑤ 按照利哈乔夫的观点，"俄罗斯性格中善与恶绝不是均衡的。善总是比恶要珍重几倍。因此，文化是建立在善的上面而不是建立在恶的上面的，文化表达着民间善的原则"⑥。《古史纪年》中的善是对上帝训诫的遵从，是对基督教义的信奉，是不以恶来报复恶，是以善来感化恶："听到上帝的训诫，我们当全心向善，当立正义之审判，庇护受侮辱者，我们将忏悔我们的罪，决不以恶还恶，以牙还牙；我们敬奉上帝，用斋戒和痛哭来洗掉我们的罪，我们决不能口头上自称为基督徒，却像不信基督的人一样生活。"⑦ 比如伊贾斯拉夫王公，古罗斯编年史家在第6586（1078）年项下集中讲述了他的"决不以恶还恶"⑧ 的事迹。

上帝对罗斯人的惩罚亦被视为对其所行邪恶之事的警告："这是上帝对我们的惩罚，他要求我们忏悔，弃绝罪恶，不要心存忌妒，他警告我们

---

① 王松亭译注：《古史纪年：古俄语—汉语对照》，商务印书馆2010年版，第59页。
② 王松亭译注：《古史纪年：古俄语—汉语对照》，商务印书馆2010年版，第64页。
③ 王松亭译注：《古史纪年：古俄语—汉语对照》，商务印书馆2010年版，第64页。
④ 王松亭译注：《古史纪年：古俄语—汉语对照》，商务印书馆2010年版，第65页。
⑤ ［俄］谢·布尔加科夫：《亘古不灭之光——观察与思辩》，王志耕、李春青译，云南人民出版社1999年版，第40页。
⑥ ［俄］德·谢·利哈乔夫：《解读俄罗斯》，吴晓都等译，北京大学出版社2003年版，第37页。
⑦ 王松亭译注：《古史纪年：古俄语—汉语对照》，商务印书馆2010年版，第91页。
⑧ 王松亭译注：《古史纪年：古俄语—汉语对照》，商务印书馆2010年版，第107页。

不要再干那种种罪恶勾当。"① "上帝使异邦进攻我们，并不是降福于波洛韦茨人，而是以此来惩罚我们，使我们远离邪恶之事。"②

俄罗斯学者普拉东诺夫（О. А. Платонов）认为，有关善恶的观念早在罗斯人接受东正教之前便已存在。"刚刚受洗的俄罗斯基督徒们将深刻的道德开端（其早在基督教引入前就已存在）纳入了其崭新的信仰，其首先是在生活中获得善良的思想，是善必将战胜恶的思想。在罗斯，东正教—基督教成为善良的象征，同时它还吸取了所有早前对善良、邪恶和对善良的乐观信仰的民族观点。"③

在这里，普拉东诺夫所指的善恶观源于古罗斯多神教和民间文化中的善恶观，其被纳入罗斯所信奉的基督教系统中，实现了古罗斯的世界观同基督教教义之间的融合，因而也使俄罗斯的东正教与传教之国——拜占庭的基督教之间呈现了割裂性的不同："在《古史纪年》中尘世生活被视作善与恶的对峙，而且不仅是上帝使者与撒旦仆人之间的斗争，还是善良之人与邪恶之人之间的斗争。邪恶之人比魔鬼更为危险，因为'魔鬼还惧怕上帝'，而邪恶之人既不怕人，也不怕上帝。世界之恶正是经由这些邪恶之人开始繁衍。为善良而进行的斗争，对善良的仁爱及良善作为某种偶像在基督教引入之前便已存在，在'罗斯受洗'之后获得了补充和尊崇，但有时与基督教教义相违背。"④ 根据《东正教：新教徒词典》（Православие：Словарь Неофита）的解释，邪恶（Зло）一词被定义为："灵魂与躯体不应具有的、不善的状态，通常会造成道德与生理上的痛苦。按照东正教教义，邪恶是有罪孽的自由和同上帝关于世界与人的意志之福祉相矛盾的虚假趋向之后果。所以只有自由的灵魂造物——堕落的天使及追随他的人们能够对世界之恶负责。与在上帝身上具有开端的善良（Добро）不同，邪恶依托良善而生，最终会被神的力量所战胜。"⑤

在《启示录》中新的千禧年到来之际，基督（善）必会将撒旦（恶）

① 王松亭译注：《古史纪年：古俄语—汉语对照》，商务印书馆 2010 年版，第 114 页。

② 王松亭译注：《古史纪年：古俄语—汉语对照》，商务印书馆 2010 年版，第 117 页。

③ Платонов О. А. Святая Русь Энциклопедический словарь русской цивилизации，М.：Православное издательство Энциклопедия русской цивилизации，2000. С. 1242.

④ Платонов О. А. Святая Русь Энциклопедический словарь русской цивилизации，М.：Православное издательство Энциклопедия русской цивилизации，2000. С. 1244.

⑤ Булычев Ю. Ю. Православие：Словарь неофита，СПб.：Амфора，2004，С. 111.

打败的预言给予邪恶最终将被神的力量战胜这一说法神性层面上的形象表征。"《新约》文本并没有包含任何对撒旦的可视形象的描述，因为他是一股精神的存在，其活动被认为是世界之恶的源泉。"① 魔鬼撒旦被认为是开启了盛有世界之恶的潘多拉之盒的邪恶始祖，恶人则成为其毋庸置疑的追随者与帮凶，促进了邪恶在整个世界的传播与繁衍；行邪恶之事的恶人因而被古罗斯编年史家认为是帮助魔鬼散播邪恶的人间使者，其邪恶甚至甚于魔鬼；行邪恶之事的恶人也被认为会同魔鬼一样，被神的力量所战胜、摧毁，如杀害兄弟的斯维亚托波尔克最终难逃惨死的宿命："斯维亚托波尔克的坟墓至今还在这荒凉地方，散发出臭味。"②

以 6496（988）年的"罗斯受洗"事件为界，我们可以发现，在《古史纪年》文本中并没有关于多神教信仰时期的罗斯的善恶观念的论述，仅有关于"不作恶"等观念的论述，且其并非来自编年史家的论述，而是来自希腊《年代记》中的引文。编年史家指出，古希腊编年史家乔治·阿玛尔托尔在《年代记》中对于民族的文明程度进行界定的标准之一是"不作恶"："每个种族，要么有书面的法令，要么有一定的风俗习惯，即他们祖先定下的规矩。这要首推住在世界边缘的叙利亚人。他们将祖先制定的规矩作为法律：不淫乱，不偷窃，不污蔑，不杀人，尤其重要的是不作恶。巴克特里亚人也恪守这种规矩，这些人又称拉赫曼人或奥斯特罗维吉安人。这些人遵守先辈的古训，不食肉，不饮酒，不淫乱，不作恶，而且敬畏神。"③ 在古希腊时期，有关善恶的观念已存在，且人们认为"不作恶"对一个民族的精神与物质生活来说是非常重要的行为规约。

古罗斯编年史家承继了古希腊的善恶观，然而其在《古史纪年》中也呈现了古罗斯民族的变迁历程与阐释。古罗斯编年史家认为，不信神的人即可被认定为"恶人"，如其将奥莉加之子、不信奉上帝的斯维亚托斯拉夫界定为"恶人""渎神之人"："斯维亚托斯拉夫根本不听母亲的话，继续按多神教的风俗习惯生活，他没有想到，不听从母亲的话，会灾难临头的，正如俗话所说：'不听父母言，死亡在眼前。'斯维亚托斯拉夫甚至怨恨母亲。所罗门说：'教诲恶人会给自己招来怨恨，指责渎神的人反

① Булычев Ю. Ю. *Православие：Словарь неофита*，СПб.：Амфора，2004，С. 211.
② 王松亭译注：《古史纪年：古俄语—汉语对照》，商务印书馆 2010 年版，第 78 页。
③ 王松亭译注：《古史纪年：古俄语—汉语对照》，商务印书馆 2010 年版，第 7 页。

而会使自己蒙受耻辱，因为对渎神之人的训责是祸害之源。不要指责恶人，以免招来嫉恨。'"① 莫诺马赫在其《训诫书》中指出："先知曾说：'不要与阴险狡诈之人相争，更不要羡慕那些为恶之人。'"② 杀害鲍利斯和格列布的凶手被认为是"暴徒""魔鬼之子"："这些无法无天的暴徒！这些凶手的名字是：普特沙、塔列茨、耶洛维特、里亚什科，他们全都是魔鬼之子。……恶人行恶事，比魔鬼更坏，因为魔鬼惧怕上帝，而恶人则不惧怕上帝，不感到羞耻；魔鬼惧怕主的十字架，而恶人连圣十字架也不怕。"③ 由此可见在古罗斯编年史家看来，恶人之恶甚于魔鬼，其所行恶事连魔鬼也无法做出。被古罗斯编年史家界定为"恶事"的事件，大多为杀害兄弟之事，包括斯维亚托波尔克将鲍利斯和格列布杀害、斯维亚托波尔克命人剜去瓦西里科双眼的行为等。

唆使父子反目、兄弟阋墙亦被认为是邪恶之事，《古史纪年》记载了数个教唆内讧的人，如教唆雅罗波尔克攻打兄弟奥列格的斯维涅尔德等。在古罗斯编年史家看来，阴谋背叛者更为可怕，比如阴谋杀死自己王公雅罗波尔克的布鲁特："唆使他人杀人害命，是可恶的，而那些从王公、主子那里领取薪俸，反而谋害王公的人，他们丧心病狂，连魔鬼都不如。"④ 这两个人物的身份都是社会等级次于王公，却能够左右许多重要事件的将军。这两个人物既是邪恶的承载者，也在一定程度上消解了背负在罗斯王公身上的罪恶，成为其行恶的部分原因与暗中推动者。此外，违背父命、侵占别国也被认为是罪恶的："违背父命，这是大罪……侵占别人的土地——这是不仁不义之事。"⑤

"按照涅斯托尔的观点，俄罗斯历史——就是善良与邪恶的斗争史，是人类心灵永恒善良的开端同象征邪恶力量的魔鬼诱惑之间的斗争史。在这一斗争过程中，俄罗斯民族的自我意识得以苏醒，产生了民族天性、'超时间理想，确立了民族的超时间存在'。"⑥ 上帝与魔鬼的斗争始于人

---

① 王松亭译注：《古史纪年：古俄语—汉语对照》，商务印书馆 2010 年版，第 33 页。
② 王松亭译注：《古史纪年：古俄语—汉语对照》，商务印书馆 2010 年版，第 134 页。
③ 王松亭译注：《古史纪年：古俄语—汉语对照》，商务印书馆 2010 年版，第 73 页。
④ 王松亭译注：《古史纪年：古俄语—汉语对照》，商务印书馆 2010 年版，第 41 页。
⑤ 王松亭译注：《古史纪年：古俄语—汉语对照》，商务印书馆 2010 年版，第 98 页。
⑥ Платонов О. А. *Святая Русь Энциклопедический словарь русской цивилизации*, М. : Православное издательство Энциклопедия русской цивилизации, 2000, C. 1244.

类始祖在伊甸园中被魔鬼所化古蛇诱惑的事件，其后无论在《圣经》历史抑或人类历史中均有出现。在古罗斯编年史家视域之下，这一斗争在俄罗斯民族史中得以延续，而俄罗斯民族史与国家史也是俄罗斯民族在这一善恶斗争中逐渐向善的任信史。《古史纪年》在罗斯史实的不断推进中展现了善恶之间的顽强斗争过程，这种斗争在编年史家所记载的罗斯史初期体现为信神与不信神的斗争，在罗斯史中后期体现为维护罗斯统一与弑兄篡位之间的斗争，其实质表现了上帝与魔鬼就人心进行的不断考验与争夺。"两个世界的斗争是由于人而产生的。斗争引起的生活的漩涡转向何处，转向哪一端，人怎样能在这个漩涡中维持自己，这就是编年史家所要注意的主要对象。"①

　　"善"在某种程度上表达了俄罗斯民族性格中的正面元素，那么"恶"即代表其民族性格中的负面情绪。利哈乔夫指出："善越强有力，其'平衡'就越危险，就变成具有文化个性特点的恶，而最终是有缺陷。比如，如果一个民族慷慨，它的慷慨就是最重要的特点，那么其中恶的原则就将是浪费和挥霍。如果一个民族最明显的特点在于精确，那么恶就将是达到彻底冷漠和精神空虚的'顽固'。"②"恶在于非创造性的否定和与善非创造性的对立。"③如果将罗斯民族善战的民族性格视为"善"的维度，那么囊括于"善"之中的"恶"的维度就是指其在战斗中的残忍无度，如《古史纪年》6449（941）年项下所载罗斯军队向希腊入侵时发生的一系列暴行：

　　　　6449（941）年。伊戈尔出征希腊。他派保加利亚人前往告诉希腊皇帝：罗斯人乘万艘战船向察里格勒进发。罗斯人来到希腊，登陆后便开始作战，占领维菲尼亚，攻下庞德海沿岸从伊拉克利亚到帕夫拉戈尼亚的地区以及整个尼科米基亚，并烧毁苏德城。而被俘获的人，有的遭到鞭笞，有的被当做靶子射杀，还有的被反绑起来，从头心钉进铁钉。罗斯人将许多教堂、寺院和村庄化为灰烬，苏德城中的

①　[俄] 瓦·奥·克柳切夫斯基：《俄国史》（第一卷），张草纫、浦允南译，商务印书馆2013年版，第83页。
②　[俄] 德·谢·利哈乔夫：《解读俄罗斯》，吴晓都等译，北京大学出版社2003年版，第17页。
③　[俄] 德·谢·利哈乔夫：《解读俄罗斯》，吴晓都等译，北京大学出版社2003年版，第17页。

财物也被抢劫殆尽。①

古罗斯编年史家将宗教视域与统治视域合而为一，将违背父命、侵占别国或兄弟的土地等行为视为"大罪"："违背父命，这是大罪；当初含的后代侵犯希伯的后人，400年后他们遭到了上帝的报复，希伯部族后来发展为犹太人，他们消灭了迦南地区各部族，夺回自己应得的土地。以扫当初违背父命，后被杀死。侵占别人的土地——这是不仁不义之事。"②同时，其也对"善"在国家统治、兄弟关系层面上的内涵进行了阐释：不对兄弟的杀戮以怨报德，而是邀请其共同统治。鲍利斯和格列布恭顺地面对兄弟带来的死亡；被兄弟赶走的伊贾斯拉夫没有心存报复，而是在重得王位后，邀请兄弟共同统治。

呈现在《古史纪年》中的善恶观，以宗教与统治层面两相融合的特殊方式，展现了古罗斯民族对于善、恶观念的理解：善即信神，即兄弟友爱，即面对暴力与杀戮时不予抵抗、恭顺面对；恶即不信神，即不遵父训，即杀害兄弟，即侵占别国、他人的土地。在古罗斯编年史家看来，善的内涵首先表现为对上帝及其训诫的恭顺与持守："上帝从无感的、冰冷的虚无中化育了上帝子民的种类，他们负有神的使命，——但不是靠蛇曾引诱人的那样去侵占，而是靠为子的服从而得到恩赐。"③

第三节　《古史纪年》中的俄罗斯民族精神

《古史纪年》记载了公元852年至1110年古罗斯最为初期的历史，其中包括古罗斯最初的民族史，从中我们可以发现对古罗斯最初的民族精神史之释义与解读，其民族精神史与《古史纪年》所记载的古罗斯历史大事件，包括诸多对外征战、公元988年基督教的传入、基辅洞窟修道院的建立等事件密切相关。

---

① 王松亭译注：《古史纪年：古俄语—汉语对照》，商务印书馆2010年版，第22页。
② 王松亭译注：《古史纪年：古俄语—汉语对照》，商务印书馆2010年版，第98页。
③ ［俄］谢·布尔加科夫：《亘古不灭之光——观察与思辩》，王志耕、李春青译，云南人民出版社1999年版，第155页。

在基督教传入之前，多神教在古罗斯人民的宗教信仰中占据了首要地位，古罗斯编年史家在 6488（980）年项下记载了弗拉基米尔在基辅树立多神教偶像的事迹："有木刻的雷神庇隆的像，配以白银铸做的头和金胡须；还有霍尔斯，太阳神大日博格，风神司特利博格、西玛尔戈尔和莫科什的神像。"① 乌克兰史学家保罗·库比塞克指出："弗拉基米尔上台时是异教徒，信奉斯堪的纳维亚神索尔（Thor）的翻版雷神佩伦（Perun）。"② 同时，由于斯拉夫文化同拜占庭文化具有一定程度的承接关系，雷神庇隆的神格亦同希腊罗马神话系统中的雷神宙斯的神格类似，都在神系系统中处于主神的地位。

　　在《古史纪年》所记载的多神教系统中的五位神格中，"莫科什"（Мокошь）尤为特殊，她是斯拉夫文化土壤中所催生的独特产物，反映了斯拉夫早期民间文化的生命信仰观，其神格地位类似其他文化系统中的"大地女神"。莫科什在斯拉夫早期多神教系统中并非处于主神的位格，但其地位不可或缺，被列入重要神祇之列，反映了斯拉夫早期文化对"土地""水"对形成与维持生命的重要性的理解，也反映出初期斯拉夫人对整个世界物质循环系统的深刻领悟。

　　《古史纪年》记载的一项重要内容即世界史及罗斯史中的征战事件，不论是在古罗斯国家形成之时，还是在其建立之后，战争、对外征伐等都是古罗斯国家生活的重要组成部分。古罗斯民族的尚武、英勇善战精神，从其对武器的珍视程度可见一斑：最初的罗斯人——波利安人向可萨人上贡的贡品为双刃锋利之剑，可萨长老由此判定"将来他们会向我们和其他部族收取贡赋的"③。希腊人亦凭借斯维亚托斯拉夫不爱金帛而爱武器这一点，认定只能向其纳贡的事实。在基督教未被引入罗斯之时，罗斯王公在宣誓守约时，在神像前放置的是盾牌、武器及金饰，由此可见武器在整个罗斯国家精神与物质层面上都占有重要地位。

　　罗斯人对武器的偏爱，或可视为罗斯民族的一种象征。在古罗斯编年史家笔下有关此类民族象征的描写并不乏见，如德列夫利安人胸前佩戴的漂亮扣襻、保加尔人适合征战的靴子、代表佩切涅格人草原游牧文化的马

① 王松亭译注：《古史纪年：古俄语—汉语对照》，商务印书馆 2010 年版，第 42 页。
② ［乌］保罗·库比塞克：《乌克兰史》，中国大百科全书出版社 2009 年版，第 24 页。
③ 王松亭译注：《古史纪年：古俄语—汉语对照》，商务印书馆 2010 年版，第 8 页。

刀、弓箭及暴露其残忍杀人习性的头颅酒器（据《古史纪年》记载，奥莉加之子斯维亚托斯拉夫的头颅骨曾被佩切涅格人制成饮酒器）、希腊人的一应教堂物事（黄金、锦缎、宝石，耶稣受难的遗物，包括荆冠、铁钉、绛袍、使徒遗骨等）及代表其武力先进程度的"希腊火"等。

编年史家从异域视角描述了斯拉夫人的生活习俗，以旅行者使徒安德烈的口吻讲述了其奇异的洗浴习俗："来此地的途中我在斯拉夫人那儿见到非常奇异的景象，那里有木头搭成的浴室，人们洗澡前先把室内的石块烧红，然后脱衣，赤身裸体走进浴室，用明矾水浇身，拿嫩树枝拍打自己，一直拍打到精疲力竭，勉强能爬动，然后用冷水往身上淋，才能恢复元气。……别人不折磨他们，他们自己折磨自己，对他们来讲，这是洁身之道，并不是痛苦之事。"① 我国学者朱寰指出："实际上，民间传说是使徒安德烈访问罗斯的故事基础。民间传说和书上故事迥然不同，它有民间笑话和地方色彩。"② 尽管出自使徒安德烈这一异域旅者之口的讲述带有玩笑性质，但其在一定程度上点明了古罗斯民族极端的、与其他民族尤为相异的民族精神内涵——对古罗斯民族来说，自我惩罚就是自我救赎，这一点在基督教传入之前已在其民族精神中隐隐生根。

在基督教传入罗斯后，古罗斯民族开始对基督教义中有关"末世"的叙述尤为重视。古罗斯人倾尽整个民族之力的追寻，毫无疑问就隐藏在有关末世的深刻秘密中。从6494（986）年项下弗拉基米尔有关罗斯宗教的拣选事件，可以看出古罗斯民族对终极未来的极致追求：尽管吸引罗斯使臣的是希腊教堂的金碧辉煌及其教会仪式的完美无瑕，然而从另一方面来说，吸引他们的是在教会仪式中与上帝进行沟通的可能，这正是罗斯民族所虔诚寻觅之物。希腊东正教美好灿烂的礼拜仪式显然与罗马天主教严格、禁欲的礼拜仪式有很大区别，更为符合罗斯民族与上帝和天堂进行沟通的宗教愿望。

基辅洞窟修道院的建立，标志着古罗斯宗教系统的进一步自主、健全与完备。其首任院长为全罗斯首任牧首，意味着从此罗斯教会不再受到希腊教会的管辖，拥有了对罗斯宗教事宜的自主权。编年史家为基辅洞窟修道院的建立蒙上了一层具有神话色彩的面纱：其是接受了来自希

① 王松亭译注：《古史纪年：古俄语—汉语对照》，商务印书馆2010年版，第4页。
② ［俄］拉夫连季编：《往年纪事》，朱寰、胡敦伟译，商务印书馆2011年版，第289—290页。

腊宗教圣地——"圣山"（即希腊阿索斯山 Aфон）的祝福而建立的。围绕基辅洞窟修道院的编年史叙事体现了古罗斯历史初期出现的修道院隐修制度，在其叙事中不乏对修士以损伤肉体、装疯卖傻的方式达到苦修目的的描述，其中较为典型的是修士伊萨基：他曾被幻化为天使的魔鬼所迷惑，其后他"装疯卖傻，或是作弄院长，或是戏弄弟兄们和俗家人，以求遭受别人的殴打而达到其苦行的目的"①。伊萨基甚至将脚放在冒火的炉子上，以求达到灭火的目的。"善行即损伤肉体，即拒绝世界、在可怕的精神沙漠中独居，在令柱头苦行者周身麻木的那些柱头上独处，把自己的肉体看成为某种不可赎罪的罪恶的、野兽般的、畜生般的东西，把他们自己刚刚摆脱的、仍然喜爱的全部动物性、自发性本性看做是魔鬼的产物。"②

在整部《古史纪年》的记载文本中，鲜明呈现了上帝与魔鬼的斗争过程，以及罗斯人在信仰上帝与受到魔鬼诱惑二者之间的斗争与挣扎过程，这些过程在"罗斯受洗"事件之前就已存在，并将在古罗斯时期之后的俄罗斯历史中一直延续下去。在古罗斯人看来，正是在与魔鬼诱惑进行的不断斗争中，其对信仰的坚定与持守才逐渐显示出来。从最初因受到魔鬼诱惑而杀害基督徒，到不再受魔鬼挑拨的诱惑并且共同抵御外侮、保卫国土，《古史纪年》以种种历史画面展现了古罗斯人对信仰的逐渐坚定过程。这一点在有关基辅洞窟修道院的叙事中表现得尤为明显：即使作为信仰传播者与持守者的修道院隐修士，他们也要时刻面临魔鬼的诱惑，其中包括魔鬼幻化成天使模样的幻象、魔鬼抛撒在修士身上的粘人花（使其晨祷时昏昏欲睡）、魔鬼幻化成蛇虫野兽的恐怖景象的恐吓等。古罗斯编年史家对发生在基辅洞窟修道院内魔鬼作祟的种种现象进行了描述，并记载了修士们通过自身的努力，以忍受肉体的折磨与坚定内心的持守对魔鬼诱惑进行抵制与克服的历程。

同时，值得我们注意的是编年史家所竭力称颂的鲍利斯和格列布的兄弟的使徒殉难精神："在俄罗斯历史的最初阶段就出现了内容相悖的两种精神：一种是军事英雄主义的精神（壮士歌等）；另一种是殉难精

---

① 王松亭译注：《古史纪年：古俄语—汉语对照》，商务印书馆 2010 年版，第 104 页。

② ［俄］梅列日科夫斯基：《托尔斯泰与陀思妥耶夫斯基》（两卷本），杨德友译，华夏出版社 2009 年版，第 210 页。

神（圣人传记等）。后来，这两种精神都在俄罗斯的文化长河中得到了发展。"①《古史纪年》之所以在俄罗斯精神文化史中具有尤为重要的地位，与其在俄罗斯精神文化史中所占据的源头作用是密不可分的：其所开创的许多精神文化现象，时至今日依旧在俄罗斯精神文化与民族思想史中起着重要作用。由《古史纪年》所开创的军事英雄主义与殉难精神，尽管相悖，却构成了解读俄罗斯精神文化现象的重要符码。编年史家所宣扬的基辅洞窟修道院的隐修制度与鲍利斯和格列布的使徒精神，在一定程度上表明了古罗斯人意图同上帝交流的愿望，在他们看来，使徒是人（尤其是古罗斯人）得以同上帝进行交流的神圣存在："使徒的生活永远具有双重意思——本身的意义和作为其他人的道德形象。"②

《古史纪年》在记载罗斯历史的同时，以罗斯引入基督教等诸多历史事件展现了古罗斯民族对上帝的追寻之路。古罗斯编年史家通过古罗斯同保加尔等民族的宗教引入历程之间的对比，展现了古罗斯民族所特有的宗教自豪感，这一自豪感可被视为"神圣罗斯"理念得以形成的重要元素，而天象、地震、巫师之异样等都被视为上帝传达其意志的特殊载体。

古罗斯编年史家展现了罗斯民族特有的罪孽观："上帝之所以对我们发怒，是因为我们最受他的惦念，最多受他的训示，我们本应懂得上帝的意愿，然而我们的罪孽却比其他人更深重，所以我们所受的惩罚也最重。"③ 在古罗斯人看来，他们生来就负有尤为深重的罪孽，却也因负有罪孽这一事实本身而受到上帝的格外青睐，上帝对其的偏爱甚于世上一切其他民族，包括曾与之立约的以色列人："以色列人殴打先知，上帝发怒，说：'我要改变原来的主意，另选一些听我话的信众。即使他们也有过失，我将不重提他们的罪孽。'"④ 在东正教神学释义中，"原罪首先作用于人在思想与言行中向邪恶的趋从。在东正教中，狂躁被认为是罪孽之源。所以在东正教传统中，克服人的罪孽天性的问题，同净化人的心灵，

---

① 李英南、戴桂菊：《俄罗斯历史之路——千年回眸》，外语教学与研究出版社 2004 年版，第 228 页。

② ［俄］德·谢·利哈乔夫：《解读俄罗斯》，吴晓都等译，北京大学出版社 2003 年版，第 69 页。

③ 王松亭译注：《古史纪年：古俄语—汉语对照》，商务印书馆 2010 年版，第 119 页。

④ 王松亭译注：《古史纪年：古俄语—汉语对照》，商务印书馆 2010 年版，第 53 页。

并使其远离狂躁的冲动与趋从（使人趋从于罪孽）的任务是密切相关的"①。在《古史纪年》的记载文本中，对罪孽问题的探讨时有见之，古罗斯人自认为是有罪的民族，但其因身负罪孽实现了向上帝的靠近与民族的升华："俄罗斯人大概是尘世间最大的罪人，因为有罪，所以他们深深地扎根大地；同时，由于他们的圣洁理想，他们又最大地毫无余地地属于天国。这一点体现在他们民族意识的根源上。"②

"迷恋往昔和憧憬未来是俄罗斯人的性格特点。"③ "利哈乔夫将这种'只生活在过去和未来'的精神存在方式称为俄罗斯最重要的民族特点。"④ 这一民族特点早在《古史纪年》中已有所呈现，古罗斯人对历史之重视、对编年史编纂之重视这一事实本身，即证明了古罗斯人对于过去与历史的珍重；而对于终极未来的憧憬，在《古史纪年》中表现为对"末世论"的隐性重复与循环。"在古罗斯，未来承载着世界末日与不可逃避的、上帝将对每一个人的所作所为进行末日审判的观念，同时也承载有遵教者在天堂（其中并不存在时间）将获得'永生'的思想。对末世论的期待，决定了中世纪人的生活方式以及其对世界的感知，是完成最有意义事件的母题之一。"⑤ 《古史纪年》的编纂者亦试图窥视潜存在《圣经》所述的天国与地狱之间的秘密："最后审判是我们自己存在的秘密。"⑥ 后世的俄罗斯思想家、作家承继了这一思索脉络，如果戈理、托尔斯泰、陀思妥耶夫斯基、别尔嘉耶夫等人都曾以其作品或言论试图表达与破解这一秘密。俄罗斯著名思想家尼·别尔嘉耶夫指出："在确定俄罗斯民族的特点及其使命时，必须作出选择，就其最终目的来说，我称这种选择为末日论的。"⑦

《古史纪年》非常注重对于土地、国土的记载，土地、国土在古罗斯时期几乎与"国家"意义等同，因之形成了特殊的"空间和政权范围相

① Булычев Ю. Ю. *Православие*：*Словарь неофита*，СПб. ：Амфора，2004，С. 83 – 84.

② ［俄］叶夫多基莫夫：《俄罗斯思想中的基督》，杨德友译，学林出版社 1999 年版，第 32—33 页。

③ ［俄］德·谢·利哈乔夫：《解读俄罗斯》，吴晓都等译，北京大学出版社 2003 年版，译序第 4 页。

④ ［俄］德·谢·利哈乔夫：《解读俄罗斯》，吴晓都等译，北京大学出版社 2003 年版，译序第 4 页。

⑤ Еремина О. А. Повесть о Петре и Февронии Муромских как произведение христианской культуры，Впервые：*Русская словесность*，2002（4）．http：//grani. agni-age. net/articles11/4510. htm.

⑥ 张百春：《当代东正教神学思想》，上海三联书店 2000 年版，第 448 页。

⑦ ［俄］尼·别尔嘉耶夫：《俄罗斯思想：十九世纪末至二十世纪初俄罗斯思想的主要问题》，雷永生、邱守娟译，生活·读书·新知三联书店 1995 年版，第 3 页。

统一的思想，这种统一正是充满《古史纪年》和《伊戈尔远征记》的主要激情，它的产生是基于对公爵地位高低的原则的严格遵守，以制止公爵的权力之争，其后果就是几个世纪以后形成的对俄罗斯广袤领土的强硬中央集权"①。这种对空间的特殊守卫感与执着追求，在后世的俄罗斯作家笔下亦有所表现，诸如乞乞科夫的三驾马车所奔驰的广阔原野、佩列文笔下奔向虚空的"黄箭"号列车等。

　　整部《古史纪年》所记载的罗斯基督教化史，从古罗斯历史的初期、源头上就对古罗斯未来作为一个正统的东正教国家之形象予以奠基，其中"神圣罗斯"思想的体现，古罗斯作为自愿受洗、最后靠近上帝之民族（与犹太人、保加尔人等形成了鲜明对比）的呈现，都赋予古罗斯一种拯救世界、拯救东正教的神圣使命感。"俄罗斯的使命是成为真正的基督教、东正教的体现者与捍卫者。这是宗教的使命。'俄罗斯人'规定了'东正教'，俄罗斯是唯一的东正教王国，同时在这个意义上也是全天下的王国，正如同第一罗马和第二罗马一样，在此基础上形成了东正教王国的强烈的民族性。"②

本章小结

　　作为俄罗斯古代编年史中最为完备的著作，《古史纪年》囊括了诸多俄罗斯思想萌芽时期发生的事件、呈现的场景与发展的历程，如"神圣罗斯"等思想理念，上帝、神人、生死、善恶等观念，都是在罗斯基督教化的历史推进历程中逐渐形成的，其融合了斯拉夫早期民间多神教信仰的背景，形成了独一无二的古罗斯民族思想理念，并在很大程度上一直延续至今。

　　古罗斯民族是一个追求极致与终极的民族，东正教的传入在某种程度上使古罗斯人明确了自己的民族使命，古罗斯民族试图在神秘的关于终极

---

① 金亚娜：《俄罗斯的种族宗教文化记忆》，《国外社会科学》2003年第5期。
② ［俄］尼·别尔嘉耶夫：《俄罗斯思想：十九世纪末至二十世纪初俄罗斯思想的主要问题》，雷永生、邱守娟译，生活·读书·新知三联书店1995年版，第8页。

未来的秘密中一窥民族未来命运的走向。而对未来的"乐土"的不懈追寻，使古罗斯民族在一望无垠的罗斯大地上拥有神秘自豪感。"斯拉夫与俄罗斯的神秘主义的独特之处，就在于对上帝之城、未来之城的寻找，在于对天堂的耶路撒冷降临大地的期待，在于对普遍拯救和普遍幸福的渴求，在于启示的心境。这些启示的、先知的期待存在于俄罗斯已拥有自己的城池的矛盾情感之中，这城池就是'神圣的罗斯'。"①

---

① ［俄］别尔嘉耶夫：《俄罗斯的命运》，汪剑钊译，云南人民出版社 1999 年版，第 21 页。

结　语

　　爱尔兰裔社会学家本尼迪克特·安德森认为"民族"是借由想象构成的共同体："遵循着人类学的精神，我主张对民族进行如下界定：它是一种想象的共同体——并且，它是被想象为本质上有限的（limited），同时也享有主权的共同体。……区别不同的共同体的基础，并非他们的虚假/真实性，而是他们被想象的方式。"①　对俄罗斯民族而言，其现存最为古老的编年史汇编之一——《古史纪年》可谓其民族群体想象认同中初始的、尤为关键的一环。"作为政治共同体，民族国家一方面依靠国家机器维护其政治统一，另一方面，作为想象共同体，它又必须依赖本民族的文化传承，确保其文化统一。这包括每一个民族独有的民间故事、神话传说、文学叙事、文化象征、宗教仪式等等。"②　从某种程度上说，正是《古史纪年》等古罗斯文史典籍，构建了俄罗斯民族独有的历史与思想空间，表达了古罗斯初始的民族观念、世界观念与宗教观念。

　　《古史纪年》首先记载的是古罗斯初期的民族史、国家史。在对国家史的编纂过程中，透过对《圣经》事件的再现，通过对《圣经》文本母题的循环，古罗斯编年史家不仅力图使《古史纪年》成为记载古罗斯早期历史的史书，更力图使其成为某种程度上以古罗斯国家史、民族史与宗教史为主要内容的对《圣经》的再现。换言之，编年史家所编纂的正是古罗斯本民族的《圣经》。"《圣经》——是一个滤镜，透过这一滤镜，中

---

① 　［美］安德森：《想象的共同体：民族主义的起源与散布》，吴叡人译，上海人民出版社 2003 年版，第 5—6 页。

② 　赵一凡、张中载、李德恩：《西方文论关键词》，外语教学与研究出版社 2006 年版，第 469 页。

世纪作者看见、接受并掌握世界。"[1] 古罗斯编年史家借《圣经》中世界民族开端的共有元素，包括人类共同的始祖——义人挪亚的三子闪、含和雅弗的后裔之民族归属与变迁，以及大洪水之后挪亚三子对世界土地的重新划分，对《圣经》中有关古罗斯民族的模糊部分予以清晰化，赋予其源自《圣经》的族裔归属与合理版图，将古罗斯国家史、古罗斯民族史的进程纳入整个世界史的进程之中，从而赋予了《古史纪年》以《圣经》的全人类性，使整部《古史纪年》成为具有神性时空的神性文本。这体现在《古史纪年》中的古罗斯历史事件有开端，却绝无终结，尽管其所记载的是古罗斯最为初始的一段历史，但其所欲传达的历史观念却是延续性的、延伸至现在的俄罗斯史。从这一意义上来说，《古史纪年》所承载的不仅是"过去"之意义，还是"未来"之象征，是俄罗斯民族追求终极未来的民族表现之一。

上帝与魔鬼之争是俄罗斯文学作品乃至世界文学作品中的永恒母题之一，这一母题早在《古史纪年》中已有所体现。编年史家所欲呈现的古罗斯历史，演变为上帝与魔鬼就古罗斯人的信仰之争所做出的或明或暗之较量与斗争，这一母题在《古史纪年》文本中的恒久贯穿，正如其在《圣经》文本中的恒久呈现。"编年史家眼中的历史运动并非我们今日所见的那样。按照古代俄罗斯作品（包括《古史纪年》）中的观念，大地上发生的所有事件都是由超人类之力——上帝与魔鬼所控制的。"[2] 编年史家反映了古罗斯基督教化过程中多神教神祇的变迁与最终消融的过程，点明了古罗斯民族的上帝与魔鬼观亦具有古罗斯民间信仰的色彩，以及因对外交往所带来的异域神祇痕迹。

《古史纪年》的文本具有"层叠性""沉积性"的特征，这是由于《古史纪年》文本的编纂历经数位编纂者之手，其文本的编纂形式和内容融合了古罗斯早期不同时代的编纂思想与时代任务。"当我们摆脱这一思想，即编年史没有唯一的作者，其真正的作者是其产生的时代之时，呈现在我们面前的将是一个动态的思想过程。在我们面前，编年史呈现为一种真正的统一，这种统一并非由创造其的作者所决定，而是由其中映衬出的

---

[1] Данилевский И. Н. *Повесть временных лет*: *Герменевтические основы источниковедения летописных текстов*, М. : Аспект-Пресс, 2004, С. 181.

[2] Шайкин А. А. *Се повести временных лет от Кия до Мономаха*, М. : Современник, 1989, С. 7.

现实本身及其所有矛盾所决定的。"① 透过数位古罗斯编年史家共同却非共时的史实编纂风格，我们可以观察到在《古史纪年》文本中呈现的一以贯之的古罗斯时代任务与编纂特征（包括编纂主题、编纂任务等），反映出了古罗斯早期颇为一致的时代风貌、国家状况与编纂风格。

毫无疑问，《古史纪年》的编纂具有强烈的政治意义。古罗斯编年史家对文本事件的史学记载与文学描写，使《古史纪年》成为俄罗斯民族精神想象构建中的重要一环，在世界史的大背景下为古罗斯民族的神性起源、进入世界史的合法性提供了宝贵的自我构建，为古罗斯作为正统东正教承继者的身份提供了宗教延续链条与国别承接对比，构建了以"神圣罗斯"为思想背景的古罗斯国家形象。

俄罗斯学者叶廖明（Еремин И. П.）指出："《古史纪年》——是一本关于往昔的俄罗斯大地的书籍，但其字里行间都转向了当下编年史家所在的俄罗斯现实的方向：这是一本渗透了对俄罗斯土地未来之巨大担忧与不安的书籍。编年史家在编纂它时，希冀使其成为其同时期大公的案头必备之书，以使他们不仅能够在其中寻找到己所必备的道德支撑，也能将其中的经验教训作为对其所作所为的指导、成为日常国家活动实践的教科书。"② 《古史纪年》对俄罗斯民族的意义之一正在于此：它是来自过去的，也是通往未来的，它是俄罗斯民族书写自我的古罗斯版《圣经》，也是使来自远古的英勇精神与统治理念流传后世的伟大隧道。"它与一切社会、文化组织都无法分开，因为一个社会正是通过它来反视自我、书写自我、反思和想象的。"③

---

① Шайкин А. А. *Повесть временных лет. История и поэтика*, М.：НП ИД "Русская панорама", 2011，С. 10.

② Еремин И. П. *Повесть временных лет. Проблемы её историко-литературного изучения*, Л.：Издательство Ленинградского университета，1946，С. 19 – 20.

③ 孟华主编：《比较文学形象学》，北京大学出版社 2001 年版，第 124 页。

参考文献

［1］［俄］B．B．科列索夫：《语言与心智》，杨明天译，上海三联书店2006年版。

［2］［英］E．M．福斯特：《小说面面观》，冯涛译，人民文学出版社2009年版。

［3］［英］J．G．弗雷泽：《金枝》（上下），徐育新、汪培基、张泽石译，新世界出版社2006年版。

［4］［美］M．H．艾布拉姆斯：《欧美文学术语辞典》，朱金鹏、朱荔译，北京大学出版社1990年版。

［5］［俄］T．C．格奥尔吉耶娃：《俄罗斯文化史——历史与现代》，焦东建、董茉莉译，商务印书馆2006年版。

［6］［英］阿兰·R．H．贝克：《地理学与历史学——跨越楚河汉界》，阙维民译，商务印书馆2008年版。

［7］［美］安德森：《想象的共同体：民族主义的起源与散布》，吴叡人译，上海人民出版社2003年版。

［8］《盎格鲁-撒克逊编年史》，寿纪瑜译，商务印书馆2004年版。

［9］［秘］巴·略萨：《中国套盒——致一位青年小说家》，赵德明译，百花文艺出版社2000年版。

［10］［俄］别尔嘉耶夫：《俄罗斯的命运》，汪剑钊译，云南人民出版社1999年版。

［11］［俄］鲍里斯·尼古拉耶维奇·米罗诺夫：《俄国社会史：个性、民主家庭、公民社会及法制国家的形成（帝俄时期：十八世纪至二十世纪初）》，张广翔等译，山东大学出版社2006年版。

［12］［法］布罗代尔：《论历史》，刘北成、周立红译，北京大学出版社2008年版。

［13］ 曹维安：《俄国史新论——影响俄国历史发展的基本问题》，中国社会科学出版社 2002 年版。

［14］ 陈树林：《俄罗斯东正教的本土化特征》，《求是学刊》2009 年第 5 期。

［15］ 陈跃红、张辉主编：《比较文学与世界文学》（第一期），北京大学出版社 2012 年版。

［16］ 陈志强：《拜占庭帝国通史》，上海社会科学院出版社 2013 年版。

［17］ 淡修安：《普拉东诺夫的世界：个体和整体存在意义的求索》，世界知识出版社 2009 年版。

［18］ ［法兰克］都尔教会主教格雷戈里：《法兰克人史》，O. M. 道尔顿英译，寿纪瑜、戚国淦译，商务印书馆 1996 年版。

［19］ ［俄］德·谢·利哈乔夫：《解读俄罗斯》，吴晓都等译，北京大学出版社 2003 年版。

［20］ 丁君君：《僭越与道德——简评〈恶的美学〉》，《德语人文研究》2013 年第 1 期。

［21］ ［法］费尔南·布罗代尔：《菲利普二世时代的地中海和地中海世界》，唐家龙、曾培耿等译，商务印书馆 1996 年版。

［22］ ［法］菲斯泰尔·德·古朗士：《古代城市——希腊罗马宗教、法律及制度研究》，吴晓群译，上海人民出版社 2011 年版。

［23］ 伏飞雄：《保罗·利科的叙述哲学——利科对时间问题的“叙述阐释”》，苏州大学出版社 2011 年版。

［24］ ［法］福柯：《知识考古学》，谢强、马月译，生活·读书·新知三联书店 2003 年版。

［25］ ［美］格奥尔格·伊格尔斯、王晴佳：《全球史学史——从 18 世纪至当代》，杨豫译，北京大学出版社 2011 年版。

［26］ 关增建：《中国古代神话中的天文学知识探索》，《上海交通大学学报》（哲学社会科学版）2007 年第 3 期。

［27］ 郭小丽：《俄罗斯认同中“我－他”身份构建的历史流变》，《俄罗斯研究》2013 年第 3 期。

［28］ 郭小丽、孙静萱：《俄罗斯弥赛亚意识的结构及其流变》，《俄罗斯研究》2009 年第 2 期。

［29］ ［英］哈里森：《古代艺术与仪式》，刘宗迪译，生活·读书·新知三联书店 2008 年版。

［30］［美］海登·怀特：《后现代历史叙事学》，陈永国、张万娟译，中国
社会科学出版社 2003 年版。

［31］［美］海登·怀特：《元史学：十九世纪欧洲的历史想象》，陈新译，
译林出版社 2004 年版。

［32］［德］汉斯·比德曼：《世界文化象征辞典》，刘玉红等译，漓江出版社
2000 年版。

［33］贺五一：《新文化视野下的人民历史：拉斐尔·萨缪尔史学思想解读》，
社会科学文献出版社 2012 年版。

［34］何兆武、陈启能主编：《当代西方史学理论》，中国社会科学出版社
1996 年版。

［35］黄进兴：《后现代主义与史学研究：一个批判性的探讨》，生活·读
书·新知三联书店 2008 年版。

［36］黄永林、余惠先：《"挪亚方舟"与"努哈方舟"——〈圣经〉〈古兰
经〉中洪水神话的比较研究》，《外国文学研究》1990 年第 4 期。

［37］《基督教词典》编写组：《基督教词典》，北京语言学院出版社 1994
年版。

［38］［美］杰拉德·普林斯：《叙述学词典》（修订版），乔国强、李孝弟
译，上海译文出版社 2011 年版。

［39］金亚娜：《俄罗斯的种族宗教文化记忆》，《国外社会科学》2003 年第
5 期。

［40］［德］洛维特：《世界历史与救赎历史》，李秋零、田薇译，汉语基督
教文化研究所 1997 年版，第 228 页。

［41］［法］列维·斯特劳斯：《结构人类学——巫术·宗教·艺术·神话》，
文化艺术出版社 1989 年版。

［42］［乌］保罗·库比塞克：《乌克兰史》，颜震译，中国大百科全书出版
社 2009 年版。

［43］［俄］拉夫连季编：《往年纪事》，朱寰、胡敦伟译，商务印书馆 2011
年版。

［44］［美］勒内·韦勒克、奥斯汀·沃伦：《文学理论》，刘象愚等译，文
化艺术出版社 2010 年版。

［45］李英男、戴桂菊：《俄罗斯历史之路——千年回眸》，外语教学与研究
出版社 2002 年版。

［46］李权文：《当代叙事学的奠基之作——评热拉尔·热奈特的〈叙事话语〉》，《文艺批评》2009 年第 2 期。

［47］梁工：《圣经叙事艺术研究》，商务印书馆 2006 年版。

［48］［美］尼古拉·梁赞诺夫斯基、马克·斯坦伯格：《俄罗斯史》，杨烨、卿文辉译，上海人民出版社 2007 年版。

［49］林精华：《圣经的（俄）罗斯化：古罗斯文学及其向现代俄罗斯文学的转化》，《圣经文学研究》2014 年第 1 期。

［50］陆扬、潘朝伟：《〈圣经〉的文化解读》，复旦大学出版社 2008 年版。

［51］［法］罗贝尔·穆尚布莱：《魔鬼的历史》，张庭芳译，广西师范大学出版社 2005 年版。

［52］罗杰鹦：《本土化视野下的"耶鲁"学派视野研究》，浙江大学出版社 2012 年版。

［53］马骊：《关于古罗斯编年史中"邀请瓦良格王公传说"的探讨》，《东北师大学报》（社会哲学版）2013 年第 2 期。

［54］茅盾：《神话研究》，百花文艺出版社 1997 年版。

［55］［俄］梅列金斯基：《神话的诗学》，魏庆征译，商务印书馆 2009 年版。

［56］梅列日科夫斯基：《托尔斯泰与陀思妥耶夫斯基》（两卷本），杨德友译，华夏出版社 2009 年版。

［57］孟华主编：《比较文学形象学》，北京大学出版社 2001 年版。

［58］［俄］米尔斯基：《俄国文学史》（上下卷），刘文飞译，人民出版社 2013 年版。

［59］［俄］尼·别尔嘉耶夫：《俄罗斯思想：十九世纪末至二十世纪初俄罗斯思想的主要问题》，雷永生、邱守娟译，生活·读书·新知三联书店 1995 年版。

［60］［加］诺斯洛普·弗莱：《伟大的代码——圣经与文学》，郝振益、樊振帼、何成洲译，北京大学出版社 1997 年版。

［61］［加］诺斯洛普·弗莱：《批评的解剖》，陈慧、袁宪军、吴伟仁译，百花文艺出版社 2006 年版。

［62］［加］诺斯洛普·弗莱：《神力的语言——"圣经与文学"研究续编》，吴持哲译，社会科学文献出版社 2004 年版。

［63］皮野：《基辅洞窟修道院在俄罗斯文化史中的意义与价值》，《俄罗斯文艺》2012 年第 1 期。

［64］［俄］普罗普：《故事形态学》，贾放译，中华书局 2006 年版。

［65］齐嘉、曹维安：《"罗斯"名称的起源与古罗斯国家的形成》，《历史研究》2012 年第 3 期。

［66］任光宣：《俄国文学与宗教》，世界图书出版西安公司 1995 年版。

［67］［法］热拉尔·热奈特：《叙事话语·新叙事话语》，王文融译，中国社会科学出版社 1990 年版。

［68］［法］热拉尔·热奈特、［加］琳达·哈琴等：《文学理论精粹读本》，中国人民大学出版社 2006 年版。

［69］石坚、林必果、李晓涛主编：《圣经文学文化词典》，四川大学出版社 2003 年版。

［70］［英］汤因比等：《历史的话语·现代西方历史哲学译文集》，张文杰编，广西师范大学出版社 2002 年版。

［71］［英］汤因比：《历史研究》（插图本），刘北成、郭小凌译，上海人民出版社 2005 年版。

［72］［俄］陀思妥耶夫斯基：《卡拉马佐夫兄弟》（上），耿济之译，人民文学出版社 2004 年版。

［73］［俄］瓦·瓦·津科夫斯基：《俄国哲学史》，张冰译，人民出版社 2013 年版。

［74］［俄］瓦·奥·克柳切夫斯基：《俄国史》（第一卷），张草纫、浦允南译，商务印书馆 2013 年版。

［75］［俄］瓦·叶·哈利泽夫：《文学学导论》，周启超、王加兴等译，北京大学出版社 2006 年版。

［76］王晴佳、古伟瀛：《后现代与历史学：中西比较》，山东大学出版社 2006 年版。

［77］王群、夏静：《〈圣经〉"创世纪"与中国神话"创世说"比较研究》，《外语教育》2001 年第 0 期。

［78］王松亭：《俄〈古史纪年〉汉译本简介》，《外语学刊》1995 年第 4 期。

［79］王松亭译注：《古史纪年：古俄语—汉语对照》，商务印书馆 2010 年版。

［80］王向远、张哲俊主编：《比较世界文学史纲——各民族文学的起源与区域文学的形成》（上卷），江西教育出版社 2004 年版。

［81］王钺：《往年纪事译注》，甘肃民族出版社 1994 年版。

［82］［美］威尔·杜兰：《世界文明史》（十一卷），幼师文化公司译，东方

出版社 1998 年版。

［83］ 吴持哲编：《诺斯洛普·弗莱文论选集》，中国社会科学出版社 1997 年版。

［84］［俄］谢·布尔加科夫：《亘古不灭之光——观察与思辩》，王志耕、李春青译，云南人民出版社 1999 年版。

［85］ 谢春艳：《从〈古史纪年〉看俄罗斯文化与文学》，《俄罗斯文艺》2005 年第 2 期。

［86］ 徐岱：《小说叙事学》，商务印书馆 2010 年版。

［87］ 杨慧林、黄晋凯：《欧洲中世纪文学史》，译林出版社 2001 年版。

［88］ 杨冬：《文学理论·从柏拉图到德里达》，北京大学出版社 2009 年版。

［89］［俄］叶夫多基莫夫：《俄罗斯思想中的基督》，杨德友译，学林出版社 1999 年版。

［90］《伊戈尔远征记》，魏荒弩译，人民文学出版社 1983 年版。

［91］ 于玲玲、李雅君：《从斯拉夫民族的殡葬文化看其生死观和宗教信仰》，《俄罗斯文艺》2015 年第 4 期。

［92］［德］约恩·吕森：《历史思考的新途径》，綦甲福、来炯译，上海人民出版社 2005 年版。

［93］［美］詹姆斯·费伦、彼得·J. 拉比诺维茨主编：《当代叙事理论指南》，申丹等译，北京大学出版社 2007 年版。

［94］ 张百春：《当代东正教神学思想》，上海三联书店 2000 年版。

［95］ 张爱平：《从〈往年纪事〉看俄罗斯国家起源》，《烟台师范学院学报》1991 年第 2 期。

［96］ 张顺洪、赵文洪、姜南主编：《中国社会科学院世界历史研究所学术文集》（第 7 辑），社会科学文献出版社 2011 年版。

［97］ 赵敦华：《基督教哲学 1500 年》，人民出版社 1994 年版。

［98］ 赵敦华：《〈创世记〉四大神话的历史还原》，《北京大学学报》（哲学社会科学版）2009 年第 5 期。

［99］ 赵毅衡：《“叙事”还是“叙述”？——一个不能再“权宜”下去的术语混乱》，《外国文学评论》2009 年第 2 期。

［100］ 郑永旺：《论俄罗斯文学的思想维度与文化使命》，《东北亚外语研究》2015 年第 1 期。

［101］ 左少兴：《俄语古文读本》，北京大学出版社 1997 年版。

［102］ Адрианова-Перетц В. П. О связи между древним и новым

периодами в истории славянских литератур, *ТОДРЛ XIX*. СПб. : Пушкинский дом, Наука, 1963. С. 429 – 447.

[103] Адрианова-Перетц В. П. *Очерки поэтического стиля Древней Руси*, Л. : Наука, 1947.

[104] Алешковский М. Х. *Повесть временных лет. Судьба литературного произведения в древней Руси*, М. : Издательство Наука, 1971.

[105] Булычев Ю. Ю. *Православие : Словарь неофита*, СПб. : Амфора, 2004.

[106] Бурсов Б. *Национальное своеобразие русской литературы*, Л. : Советский писатель, 1964.

[107] Буслаев Ф. И. *Исторические очерки русской народной словесности и искусства*, СПб. : издание Д. Е. Кожанчикова, 1861.

[108] Буслаев Ф. И. *О влиянии христианства на славянский язык : Опыт истории языка по Остромирову Евангелию*, М. : Университетская типография, 1848.

[109] Веселовский А. Н. *Западное влияние в русской литературе*, М. : Наследие, 1910.

[110] Веселовский А. Н. *Историческая поэтика*, М. : Высшая школа, 1989.

[111] Веселовский А. Н. Опыт по истории развития христианской легенды, *Журнал Министерства Народного Просвещения*, 1875 (4) .

[112] Веселовский А. Н. *Сравнительная мифология и её метод*, Л. : Издательство Академии наук СССР, 1938.

[113] Виппер Р. Ю. *Возникновение христианской литературы*, М. и СПб. : Издательство АН СССР, 1946.

[114] Водорезов Н. В. *История древней русской литературы. Учебник для студентов*, М. : Просвещение, 1972.

[115] Гудзий Н. К. *История древней русской литературы*, М. : Учпедгиз, 1953.

[116] Гудзий Н. К. *Литература Киевской Руси и древнейшие инославянские литературы*, *IV Международный съезд славистов*, *Тезисы докладов*, М. : Издательство Акад. наук. СССР, 1958.

［117］Данилевский И. Н. Замысел и название Повести временных лет，*Отечественная история*，1995（5）．

［118］Данилевский И. Н. *Повесть временных лет：Герменевтические основы источниковедения летописных текстов*，М．：Аспект-Пресс，2004．

［119］Демин А. С. *О художественности древнерусской литературы*，М．：Языки русской культуры，1998．

［120］Еремин И. П. *Литература Древней Руси*，Л．：Наука，1966．

［121］Еремин И. П. Новейшие исследования художественной формы древнерусских литературных произведений，*ТОДРЛ XII*. СПб．：Пушкинский дом，Наука，1956，C. 98 – 131．

［122］Еремин И. П. О художественной специфике древнерусской литературы，*Русская литература*，1958（1）．

［123］Еремин И. П. *Повесть временных лет. Проблемы её историко-литературного изучения*，Л．：Издательство Ленинградского университета，1946．

［124］Есин А. Б. *Принципы и приёмы анализа литературного произведения*，М．：Флинта，2002．

［125］Зиборов В. К. *О летописи Нестора：Основной летописный свод в русском летописании XI в.* СПб．：Издательство СПбГУ，1995．

［126］Казазаева М. А. *Функционально-семантическая парадигма глагола "быти" в древнерусском языке：На материале "Повести временных лет" по Лаврентьевскому и Ипатьевскому спискам*，Иркутск：Иркутский университет，2000．

［127］Карпушина С. Карпушин В. *История мировой культуры. Учебник для вузов*，М．：Nota bene，1998．

［128］Кожинов В. В. *История Руси и Русского слова*，М．：Алгоритм，1999．

［129］Кузьмин А. Г. Фомин В. В. *Повесть временных лет*，М．：Институт русской цивилизации，Родная страна，2014．

［130］Лихачев Д. С. *Введение к чтению памятников древнерусской литературы*，М．：Русский путь，2004．

［131］Лихачев Д. С. Древнеславянские литературы как система，*Славянские литературы：VI Междунар. съезд славистов*，Л．：Наука，1968．

［132］Лихачев Д. С. *Поэтика древнерусской литературы*，Л. : Наука，1971.

［133］Лихачев Д. С. *Человек в литературе Древней Руси*，Л. : Наука，1958.

［134］Львов А. С. *Лексика "Повести временных лет"*，М. : Наука，1975.

［135］Ляпин Д. А. Апокрифические сказания и Повесть временных лет，*Вопросы истории*，2008（9）.

［136］Мильков В. В. *Осмысление истории в древней Руси*，СПб. : Алетейя，2000.

［137］Милов Л. В. *Кто был автором "Повести временных лет"? От Нестора до Фонвизина: Новые методы определения авторства*，М. : Вузовская книга，1994.

［138］Моисеева Г. Н. *Древнерусская литература в художественном сознании и исторической мысли России XVIII века*，Л. : Наука，1980.

［139］Мыльников А. Древняя Русь и литература XVIII века，*Вопросы литературы*，1982（1）.

［140］Мурьянов М. Ф. *История книжной культуры России*，Очерки: в 2 ч. Ч. I. СПб. : 2007.

［141］Мустафина Э. К. *Способы выражения значения будущего времени в тексте "Повести временных лет"*（к вопросу о будущем времени в древнерусском языке，Душанбе: Душанбинский университет，1984.

［142］Николаева И. В. *Семантика "своих" и "чужих" в Повести временных лет*，М. : Московский государственный университет，2003.

［143］Орлов А. С. *Древняя русская литература XI—XVII вв.*，Л. : Издательство АН СССР，1945.

［144］Орлов А. С. Адрианова-Перетц В. П. Литературоведение русского средневековья，*Изв. ОЛЯ*，1945（6）.

［145］Петрухин В. Я. *Иеротопия русской земли и начальное летописание*，Иеро-топия，*Исследование сакральных пространств*，М. : Индрик，2006.

［146］Петрухин В. Я. *Начало этнокультурной истории Руси IX—XI веков*，М. : Гнозис，1995.

［147］Платонов О. А. *Святая Русь. Энциклопедический словарь русской цивилизации*，М. : Православное издательство Энциклопедия русской цивилизации, 2000.

［148］ Понырко Н. В. *Эпистолярное наследие Древней Руси XI -XIII вв.* СПб. : Наука, 1992.

［149］ Рыбаков Б. А. *Древняя Русь, Сказания. Былины. Летописи,* М. : Издательство Академии наук СССР, 1963.

［150］ Рыбаков Б. А. *Язычество Древней Руси,* М. : Издательство Наука, 1981.

［151］ Силантьев И. В. *Литература древней Руси,* М. : Мнемозина, 1999.

［152］ Сперанский М. Н. *Из истории русскославянских литературных связей,* М. : Либрок, 1960.

［153］ Сперанский М. Н. К истории взаимоотношений русской и южнославянских литератур, *Изв. ОРЯС,* т. XXVI М. : 1960. С. 36 – 42.

［154］ Соловьев С. М. *Об истории древней России,* М. : Издательство дом Дрофа, 1997.

［155］ Татаринова Л. Е. *Древняя русская литература. Методические указания для студентов,* М. : Издательство Московского университета, 1985.

［156］ Творогов О. В. *Археография и текстология древнерусской литературы,* СПб. : Альянс-Архео, 2009.

［157］ Творогов О. В. *Лексический состав "Повести временных лет":* (*Словоуказатели и частотный словник*), Киев: Наукова думка, 1984.

［158］ Токарев С. А. *Религиозные верования восточнославянских народов XIX-начала XX в.* Л. : Издательство АН СССР, 1957.

［159］ Толочко А. П. Об источнике одной ошибки в географическом введении "Повести временных лет": Кавказские, иначе Карпатские, горы, Древняя Русь, *Вопросы медиевистики,* 2007 (3) .

［160］ Шайкин А. А. *Повесть временных лет: История и поэтика,* М. : НП ИД "Русская панорама", 2011.

［161］ Шайкин А. А. *"Се повести времяньных лет …" От Кия до Мономаха,* М. : Современник, 1989.

［162］ Шахматов А. А. Повесть временных лет и её источники, *ТОДР IV,* М. Л. : Издательство Академии наук СССР, 1940.

［163］ Юрганов А. Л. *Категории русской средневековой культуры,* М. : МИРОС, 1998.

索 引

征稿函附件 2：

第八批《中国社会科学博士后文库》专家推荐表 1

　　《中国社会科学博士后文库》由中国社会科学院与全国博士后管理委员会共同设立，旨在集中推出选题立意高、成果质量高、真正反映当前我国哲学社会科学领域博士后研究最高学术水准的创新成果，充分发挥哲学社会科学优秀博士后科研成果和优秀博士后人才的引领示范作用，让《文库》著作真正成为时代的符号、学术的标杆、人才的导向。

推荐专家姓名	荣　洁	电　话	13045169305
专业技术职务	教授、博士生导师	研究专长	俄罗斯文学
工作单位	黑龙江大学俄语学院	行政职务	
推荐成果名称	《古史纪年》研究		
成果作者姓名	史思谦		

　　该书稿对俄罗斯初始编年史《古史纪年》展开了较为系统、丰富与全面的研究，该研究从文本学、宗教、民族精神等层面逐次展开，多方位展示了《古史纪年》编年史文本所包蕴的深刻内涵，选题新颖，结构严整，语言流畅，文献资料收集丰富详实，政治导向明确，补充了国内针对俄罗斯古代文学领域展开的研究。

　　该文稿长于思辨综合，碍于篇幅在某种地方短于进一步延伸，如以《古史纪年》为代表作之一的俄罗斯古代文学的诗学特色的进一步归纳剖析等，建议今后在相关研究中予以加深与细化。

签字：荣洁

2018 年 11 月 16 日

说明：该推荐表须由具有正高级专业技术职务的同行专家填写，并由推荐人亲自签字，一旦推荐，须承担个人信誉责任。如推荐书稿入选《文库》，推荐专家姓名及推荐意见将印入著作。

第八批《中国社会科学博士后文库》专家推荐表 2

　　《中国社会科学博士后文库》由中国社会科学院与全国博士后管理委员会共同设立，旨在集中推出选题立意高、成果质量高、真正反映当前我国哲学社会科学领域博士后研究最高学术水准的创新成果，充分发挥哲学社会科学优秀博士后科研成果和优秀博士后人才的引领示范作用，让《文库》著作真正成为时代的符号、学术的标杆、人才的导向。

推荐专家姓名	杨朝军	电　话	13937846592
专业技术职务	教授	研究专长	翻译理论、语篇分析
工作单位	河南大学外语学院	行政职务	河南大学外语学院院长
推荐成果名称	《古史纪年》研究		
成果作者姓名	史思谦		

　　文稿《〈古史纪年〉研究》内容丰富，结构严整，论述规范，条理分明，文献资料收集详实，对俄罗斯学界与中国学界针对《古史纪年》展开的研究有一定的归纳、总结作用。该文稿从三个不同角度对俄罗斯早期编年史《古史纪年》展开了研究，具有一定的理论价值与现实意义，也反映了作者在本门学科方面较为坚实的理论基础与系统的研究能力。

　　该文稿的研究角度较为多元，希望在今后进一步研究中，以本稿为基础，对俄罗斯古代文学及《古史纪年》中所述问题予以进一步深入思索。

签字：杨朝军

2018 年 11 月 23 日

　　说明：该推荐表须由具有正高级专业技术职务的同行专家填写，并由推荐人亲自签字，一旦推荐，须承担个人信誉责任。如推荐书稿入选《文库》，推荐专家姓名及推荐意见将印入著作。